asSaggi

Collana diretta da Alberto Capatti

asSaggi

Alberto Capatti

L'osteria nuova

una storia italiana del XX secolo

Con epilogo di Paola Gho

Slow Food Editore

a Momi

Progetto grafico: Dante Albieri
Prima edizione: ottobre 2000

SOMMARIO

INTRODUZIONE

Le osterie esistono ancora? A questa domanda non si può rispondere con un sì o un no. Mentre è facile riesumarle dal passato, disegnandone i contorni, ridipingendole con i colori della bettola o quelli della locanda, oggi sono più nomi d'insegne che veri e propri esercizi, insegne appiccicate sulla fronte di trattorie da gestori nuovi, alla ricerca di un'identità. Come se la modernizzazione ne avesse spazzate via la maggior parte, senza estirparle del tutto e, mutate di ruolo e di aspetto, le nuove osterie fossero riapparse qua e là, con nomi evocatori, risulta difficile dire da dove vengano, se dalla nostra vita municipale e da paesaggi rurali lontani nel tempo, oppure se siano rinate oggi dalla nostra immaginazione e da una sfida contro il fast-food.

Questo libro è dunque l'ultimo capitolo della grande storia delle osterie italiane. Non comincia in quel passato remoto in cui, dalla mescita alla locanda esse offrivano, in ordine d'importanza, ospitalità, calore e ristoro a tutte le classi sociali, ma dal passaggio della strada ferrata, dall'avvento del gas e dell'elettricità nelle case e nelle fabbriche, da tutti quei fenomeni che hanno trasformato mobilità e servizi, mettendo in crisi il calendario agrario, i mercati, gli orari di lavoro. Non ha l'ambizione di schedare i frequentatori, operai e sovversivi, socialisti e disperati, che l'hanno eletta e maledetta, tinteggiando le descrizioni di un qualche colore popolare, nello stile dell'appendice; appena il benessere è arrivato, in Italia, questi stessi operai e manovali, le hanno volto le spalle, rinunciando al vino fuori pasto e ordinando caffè e bibite nei bar. Più che l'osteria, se ne descrive la dissoluzione, evidenziando l'humus commerciale in cui essa rinasce e si rinnova. Il camino, il litro di vetro spesso, i tavoli di legno nudo, le panche sono andati sparendo, a poco a poco, dai quartieri centrali, poi da quelli periferici delle città, quindi nelle campagne, perché condannati non da un generico progresso ma dalla vita stessa e dai consumi degli avventori. Anche le fotografie documentano la trasformazione avvenuta nelle etichette delle bottiglie, nel bancone della mescita, nelle luci del soffitto, negli specchi, prima che sui volti di uomini e donne, sorpresi e talora ignari del passaggio del tempo. Come è avvenuto questo trapasso?

I libri commissionati oggi dagli editori parlano delle osterie con studiata compunzione, ridisegnando, nelle mappe di una sola città o di una provincia, degli itinerari a zigzag, un po' ebbri, che permettono di visitare locali scomparsi, altri conservati dalle immagini d'archivio e altri ancora, al loro posto, rimessi a nuovo. Essi vengono a compensare i vuoti della memoria, dopo una sbornia millenaria, senza uscire dalle cinte murarie, dai bastioni, dalle righe delle vie già tratteggiate sulle carte e ripetute oggi con più grosso segno, color nero asfalto. Ma la nostalgia è una lucerna cieca. Fruga le ombre e trascura gli angoli illuminati, ignora persino che il catalogo delle insegne defunte e superstiti ha una solida tradizione, fuori delle biblioteche, e che tutto il XX secolo ha manifestato una curiosità "maniacale" per le proprie bettole. Agli occhi del viaggiatore, da un capo all'altro dell'Italia, l'osteria è sempre stata un punto di riferimento concreto, utile, persino a chi alloggiava in hotel, per valutare il menù del proprio ristorante, per annusare le tradizioni gastronomiche e misurare "negativamente" il progresso alberghiero. Viceversa, al di là dei capolinea ferroviari, nei villaggi traversati da strade polverose e da occasionali corriere, con il pomposo nome di locanda, essa non poteva che evocare nel viandante uno struggente desiderio di comfort e di urbanità. I letti, e soprattutto le latrine, lasciavano a desiderare mentre la tavola, per quanto povera, imponeva all'avventore un omaggio: visitandola come un altare sconsacrato, si esaudiva un voto, alle divinità locali del vino e del gusto.

Con la medesima sensibilità, ma con i vademecum, le monografie, le testimonianze che il turista ignora, abbiamo compiuto un itinerario cronologico e geografico, che ha per punto di riferimento finale la guida *Osterie d'Italia* di Slow Food. Partendo dal presupposto che molte sono le tipologie di ristoro ivi contemplate, è parso necessario risalire a quelle più comuni e più lontane. Con le spalle rivolte al futuro, senza perdere di vista il presente, a piccoli passi, comparando via via insegne e piatti, prodotti tipici e mezzi di trasporto, la disarmonia della ristorazione italiana risulta evidente, tale da offrire un guazzabuglio di stili, di gusti e di costi. Per quanto inaccessibile al turista straniero, e di difficile reperimento per gli stessi italiani, l'esercizio in grado di offrire prodotti e piatti tradizionali per una modica spesa, appare un punto fermo nella domanda di ospitalità. Solo nell'ultimo ventennio esso è stato onorato da puntuali segnalazioni, ma la sua caccia è cominciata molto prima. In passato, la sosta riusciva sempre aleatoria, preceduta dall'apprensione, sino al momento di calare nel piatto forchetta o cucchiaio e di domandare il conto. Una cucina pulita, gustosa ed economica è la fata morgana, e talora l'oasi, di tanti viaggi nel nostro paese.

Come chiamarlo, questo locale? La nomenclatura è più ampia di quanto non si creda. Basta consultare i prontuari turistici del passato, per notare come si incrociavano, con l'osteria, i destini di mescite, bettole, gargotte, liquorerie, caffè, trattorie e ristoranti e di tutti gli altri esercizi nati dallo spaccio di alcune bevande, come le birrerie, o dalle reti di trasporti, come i buffet delle stazioni. Punto di partenza, è stata una guida del 1908, scritta da un tedesco, il dottor Hans Barth. Da tale data l'osteria entra nella modernità, cioè nella babele delle tavole calde e fredde, e nella grotta d'utopia in cui il vino spilla dalla botte e il cibo vien cotto al focolare della tradizione. Oltrepassata questa soglia, ci siamo orientati, controllando in che misura cibi solidi e liquidi rispondessero alle attese, come fossero arredate e ripulite le sale, che idea l'oste avesse del proprio vino e quale faccia offrissero gli avventori. Continuando a interrogare le guide e calcolando le tre variabili di ogni esercizio (la cucina, la cantina e la clientela), abbiamo degustato i pranzi alla maniera degli storici, guardando ai menù e ai prezzi, senza troppo disquisire su profumi e sapori. Prima di arrivare alla constatazione della morte delle osterie, siamo incappati negli infiniti passaggi di proprietà, con restauri, ampliamenti e apertura di nuovi commerci, seguendone le linee guida, descrivendone le manifestazioni più vistose. Non un repertorio, dunque, né un ricettario né un album dei locali più antichi, quanto piuttosto un racconto in cui i giovani esercenti potranno ritrovare qualche motivo di fierezza e i loro avventori scoprirsi una genealogia e uno stemma. L'evocazione dei luoghi di ristoro non è solo un pretesto per prolungati soggiorni a tavola, a bersi vendemmie centenarie, a fissare i giri perpetui degli spiedi, ma un lavoro utile per proteggere il buon gusto, per disegnare la carta della felicità conviviale futura facendone emergere gli aspetti più accessibili e durevoli. L'osteria che si rinnova - ammettiamo pure che sia il titolo adatto al nostro copione - ha una sua storia poco nota.

Parlare di rinnovamento, parrebbe una licenza, se solo si spulcia la bibliografia recente. Negli album che le sono stati dedicati negli ultimi trent'anni, l'osteria evoca la vecchiaia. Avventori anziani e arredi consunti, vino sfuso e accenti dialettali[1]. Ogni dettaglio fotografico restituisce un oggetto desueto - il macinino del caffè o la lavagnetta con il gesso per indicare i piatti del giorno - ogni ritratto è quello di un defunto. Questa immagine rammenta agli uni che è un luogo del passato, agli altri che esso sopravvive grazie alla memoria. Anche il tavolino coperto di formica e le pentole di alluminio sono di ieri. Ripulito il locale della miseria e della violenza, dal vino versato e vomitato, tutto vi appare in ordine per celebrare la saggezza dei vecchi e per impartire un insegnamento alle future generazioni. Piatti e ricette, profusi fra le immagini, non mancano di ribadire che, se l'osteria è morta, ne sopravvivono i polli e i conigli, le trippe e le polente, una eredità lasciata al buon gusto di tutti.

Dal passato prossimo a quello remoto la distanza è breve. Altri libri riprendono il filo del tempo senza servizi fotografici, con cartoline e con documenti. Un quaderno di ricette, una insegna dipinta su di un muro e semicancellata dalle intemperie, sono il filo che conduce a raccontare le vicissitudini di una famiglia di osti, in un angolo della provincia italiana. A Conegliano, si chiamava *Caffè-locanda dei giardini* ma era meglio conosciuta come *dal Barbajan*, l'epiteto di barbagianni essendo

1. E. Magni - G. Mauri, *Vecchie osterie della Brianza*, Albese, Meroni, 1978

stato affibbiato dagli avventori al fratello dell'oste, Vico Verardo; ne sopravvive un album, o meglio alcune foto, con la famiglia Verardo e tutti gli amici e avventori distribuiti all'esterno, ma è inutile cercare di ritrovarla: «Ora al posto *del Barbajan* c'è la Banca di Roma». A Vercelli, invece, è stato riscoperto, e pubblicato nel 1993, il brogliaccio della *Trattoria Iris* con le ricette di Teresa Ameglio e i conti tenuti da suo marito[2]. «È quanto resta - racconta Giuseppe, un discendente - di tutta la proprietà della famiglia Bo dissoltasi negli anni fra il Quaranta e il Cinquanta»[3]. Della trattoria Iris sopravvive una foto con l'insegna dipinta sul muro e scolorita dal maltempo, sospesa sopra una finestra con inferriata, risultato di un successivo lavoro di muratura. Siccome tutto il lascito tiene in un plico di carte e qualche fotografia, la storia locale ne rammenda le lacune, ne ricuce gli strappi. Con quale risultato? Riaccendere la nostalgia, fomentare un sentimento di perdita che la visione di un qualsiasi bar con macchina di caffè e vetrinetta per i panini, trasforma in un senso di infelicità. La perizia del narratore, la rilevanza dell'archivio ovviamente contano nel rendere durevole e convincente questa impressione: i dettagli che accumula Gerosa Brichetto nel ricostruire l'osteria di Linate, borgo a nord di Milano, hanno il loro peso. L'immagine della Madonna dipinta a fresco sul portone, il suolo di creta bagnata e battuta, il soffitto d'assi, le grate di ferro alle finestre, le candele di sego - luce flebile e acre odore - marcano una frattura d'ordine cronologico e un recupero di verosimiglianza[4]. Sono ispirati da un atto notarile del 1803, e appartengono a una storiografia che, attingendo agli archivi e alle biblioteche, descrive e riscrive i documenti, con amore. Promuove un restauro contro l'oblio.

Le osterie di Milano di Giuseppe Barigazzi mostrano come

2. M. A. Orefice, *Ciao Barbajan! Storie di osti e di osterie a Conegliano dal 1400 al 1960*, S. Lucia del Piave, C.S.C., 1997

3. G. Bo - M. Pozzuolo, *Osterie & Ricette vercellesi (Iris e dintorni)*, Vercelli, Arti grafiche Gallo, 1993, p. 9

4. G. Gerosa Brichetto, *L'osteria di Linate ed altri racconti*, Peschiera Borromeo, Comitato celebrazioni linatesi, 1982, p. 41

l'indagine possa essere estesa da un villaggio, Linate, al capoluogo. La prima testimonianza citata è quella di Bonvesin della Riva del 1288, anno a partire dal quale atti notarili, registri, bandi, mappe catastali, con contorno di canzoni e di stampe popolari, permettono di incrociare la storia civica e quella dei servizi di vendita del vino, del cibo e dell'alloggio. Anche questo approccio a tutto campo, che coinvolge la metamorfosi di una grande città, è segnato da un vizio di nascita. Quando termina il racconto di Barigazzi? Nel 1968, data di stampa del libro e di morte dell'osteria. «Ma quante ne esistono oggi? Si contano su una mano. L'osteria, nel senso che comunemente si dà a questo termine, appartiene, si può dire, fisiologicamente al passato»[5].

Come sia avvenuto il *trapasso*, in tempi tanto vicini, è compito di questo libro descriverlo. Qualunque sia l'approccio e lo strumento d'indagine, la macchina fotografica o la macchina da scrivere, con il conforto di pochi o di moltissimi documenti, premesse e conclusioni dei citati volumi, e di altri ancora, non cambiano. L'apologia serve a compensare una perdita. Perché si ripete oggi che l'osteria, quella *vera* s'intende, è morta? Perché essa ha perso contatto con la vita attiva, priva di un territorio per alimentarla, di un mercato per farla rivivere qualche giorno alla settimana, di avventori fedeli. Ma il vizio di questo ragionamento sta in una visione del passato degna di un museo delle tradizioni popolari, e della nostra stessa vecchiaia come l'estremo confine della storia. A questo prezzo, le ultime osterie superstiti o gli album di immagini che ne fanno le veci, sono punti di osservazione meramente retrospettiva.

Solo arretrando negli anni e cercando testimonianze meno ossessionate dalla fine delle civiltà rurali, meno timorose delle capacità distruttive e ricostruttive del mondo moderno, è possibile guardare il problema con altri occhi. Le *Osterie Veneziane* di Elio Zorzi, pubblicate nel 1928, nate da una grande passione civica e topografica, facevano già il debito posto alle trasforma-

5. G. Barigazzi, *Le osterie di Milano*, Milano, Mursia, 1968, p. 14

zioni vecchie e recenti di una delle capitali della caffetteria europea. I capitoli consacrati alle "birrerie" e alla "gastronomia delle biennali veneziane" permettevano di mettere in relazione il mutamento dei servizi e della cultura lagunare alla vita delle osterie. Si dirà che nel 1928 queste ultime esistevano ancora, a Venezia, e non c'era bisogno di rimpiangerle, eppure la tipologia e il rinnovo degli esercizi meritano un più attento esame, in funzione del quale la nostalgia può venire corretta con altri sentimenti.

Elio Zorzi scriveva in anni in cui la battaglia delle autorità per obbligare gli osti «a non tener la cucina nel locale dove gli avventori mangiano»[6] sembrava minacciare le abitudini di moltissimi veneziani, eppure egli prende la decisione di subordinare le ragioni di costoro al delicato equilibrio di tutto il settore del pubblico esercizio. Definire la natura specifica di questi locali, proprio per la loro fragilità commerciale, era più difficile di quanto non sembri, e a questo margine di incertezza sulla loro identità conviene rifarsi prima di decretarne la scomparsa. Sussiste un ragionevole dubbio che la più antica delle insegne non abbia, nei secoli, ricoperto il ruolo unico attribuitogli di recente, e che sia morta più volte, risorgendo dalle proprie ceneri. Alla domanda «esistono ancora le osterie?» è possibile rispondere in modo diverso che affermativo o negativo, rinunciando al colore locale per mettere a fuoco le locazioni e i subentri, i consumi e i prezzi, il mercato italiano del vino e quello dei prodotti tipici.

La breve indagine storica che segue, tratta, in particolare, della presenza delle osterie nelle guide turistiche e nella letteratura gastronomica, tiene conto del vino, ragion d'essere commerciale, ma privilegia il ruolo del cibo caldo che, offrendo un ventaglio di consumi e permettendo margini di guadagno più ampi, ha fornito introiti da reinvestire in ampliamenti e ristrutturazioni. La tipologia degli esercizi e le loro inevitabili metamorfosi, nello stato italiano e nel corso del XX secolo, sono al centro dell'indagine, con la conseguenza di indurre il lettore a

6. E. Zorzi, *Osterie Veneziane*, Bologna, Zanichelli, 1928, p. 96

prendere atto di una immagine sempre più alterata del locale tipico e di una cucina dapprima ripetuta e tradizionale quindi, coll'avvicendarsi delle generazioni, "familiare" o "caratteristica". Anche gli avventori sono stati osservati sotto questo profilo, dimenticando spesso la loro condizione di operai e uomini di fatica, di beoni e di sovversivi, per privilegiare quelli che, oltre al bicchiere, alle carte e alle bocce, reggevano la forchetta.

Se pure, sino agli anni Cinquanta, l'osteria resiste al mutamento, ad avvicendarsi alla sua guida sono i proprietari, che talora cavano da una baracca una miniera d'oro, o viceversa la lasciano morire d'inedia, ma finiscono per cederla ai propri figli o ad altri gestori, decretandone una seconda o una terza vita. La scomparsa di un esercizio, la sua morte provvisoria e contabile, viene determinata da un atto di compra-vendita: nel vecchio bozzolo, a ogni passaggio, rischia di germinare la larva di una nuova forma di ristoro. La modernizzazione delle infrastrutture, acqua corrente, gas e luce elettrica, è un aspetto del rinnovo ineluttabile dei locali ed è stata presa in considerazione, come tela di fondo. Siccome non esiste una mappa catastale dei locali italiani, esempi, documenti, indirizzi sono stati pescati nella carta stampata, alla ventura, senza poter rispettare un equo bilancio nazionale - e molti lettori si sentiranno defraudati di una parte dei loro ricordi - ma quelli da noi scelti procedono dalla ricerca di una risposta alle tipologie comunemente accertate e allo sviluppo del modello ristorativo. Per questa ragione, per iniziare la storia delle osterie di ieri e di oggi, senza favorirne alcuna, e descrivere la loro metempsicosi in bar, trattorie e ristoranti, è bene affrontarne l'esistenza da un punto di vista linguistico. Che cosa dobbiamo intendere per *osteria*? È una parola presente in tutte le regioni italiane? Occorre rispondere a queste domande prima di calarci nelle vicissitudini di un piccolo commercio, con i suoi padroni, servi, clienti e storiografi. Non siamo ancora al piatto di sostanza, iniziamo con un sorso di vino.

Se l'osteria è il luogo della pubblica ospitalità, i servizi che essa offriva erano, sino alla seconda metà dell'Ottocento, molteplici e diversificati. Poteva essere una bottega di vino, un pubblico esercizio con ristoro, una locanda con stalla, una stazione della posta e tutto questo insieme. La migliore letteratura la nobilita in queste funzioni. L'*Insegna della luna piena* nei *Promessi sposi*, accoglie Renzo, un lecchese di passaggio a Milano il quale, avendo raccattato del pane per via, comanda solo vino e stufato[1]: nessuno fa mostra di stupirsi di questo comportamento, semmai gli avventori sorridono di tanta ricchezza non certo piovutagli in saccoccia. Dopo le bevute, è l'oste che lo sorregge e accompagna al letto. Altra osteria celebre è quella *Della posta* situata a Vercelli da Carlo Goldoni, che offre zuppa, lesso e pregevoli vini del Monferrato per un esile intrigo amoroso fra famiglie lombarde e piemontesi[2]. Romanzo e teatro aggiungono poco ai racconti dei viaggiatori. Nei centri urbani erano la qualità e l'ubicazione, il costo e il servizio, a fare una differenza che, nei villaggi, fuori dalle rotte postali, risultava sconosciuta. La gestione poteva essere familiare o no, e richiedeva un numero variabile di servi, sguatteri, stallieri, camerieri, cuochi. Nel caso in cui tutti costoro fossero necessari, si trattava di un vero e proprio albergo, altro termine antico per designare un edificio che accoglie gente in transito.

Più complesso è classificare l'osteria che offre solo da bere e da mangiare. Fino alla seconda guerra mondiale, ne esistono di ogni tipo: mescite di vino con la possibilità di consumare il cibo portato, cantine associate a panettieri, salsamentari e friggitori (presso cui veniva comprato il companatico), locali in cui si cucinava ciò che l'avventore recava con sé, e altri in grado di fornire solo un piatto freddo o una scodella di minestra calda, e infine vere e proprie "osterie con cucina" in cui era possibile

1. A. Manzoni, *I promessi sposi*, Milano, Guglielmini e Redaelli, 1840, p. 277
2. C. Goldoni, *L'osteria della posta*, *Tutte le opere*, vol. VIII, Milano, Mondadori, 1948, p. 302

mangiare a ogni ora del giorno oppure solo a mezzodì. Per estensione qualsiasi bottega o cànova poteva farle concorrenza e anche priva di camino, con la carbonella e un fornellino di fortuna, offrire un boccone caldo. I confini fra lo spaccio e l'ospitalità erano tutt'altro che precisi, e tracciati dal solo vino, ovviamente a credito.

> Anche chi mangiava a casa, in famiglia, senza aspettare di esaurire il pasto prendeva quanto gli restava degli ultimi bocconi e li metteva in un pezzo di carta, o anche li teneva nel pugno, o c'è chi sostiene se li ficcava addirittura in tasca con sugo, unto o intingolo se c'era, e spizzicando per strada se li andava a finire in osteria, dove si poteva pasteggiare col vino e c'erano gli amici con cui fare quattro chiacchiere prima di tornare al lavoro, o prima di andare a letto se era sera[3].

Sinonimi spregiativi dell'osteria erano *bettola*, esercizio inferiore per taglia, vino e frequentazioni, e *gargotta* indicato dal Monelli come «luogo dove la gente fa rumore mangiando, mangia male e senza cerimonie»[4]. Nei testi di pubblica sicurezza troviamo anche *cameraccia* che indica il luogo malfamato, in particolare ubicato nella campagna[5]. *Taverna* che il Tommaseo definiva «osteria da persone volgari», ne perde successivamente i connotati e si riscatta, forse per influenza del francese "taverne" o dell'inglese "tavern". Negli anni Trenta, con la moda del "rustico", si diffonde sia nei grandi alberghi che in alcune ricche case private, con il diminutivo *tavernetta*: è un ambiente destinato al consumo di cibi e bevande, arredato da architetti a imitazione del focolare rurale, della baita alpina o della casa di pescatori[6]. In una accezione ironico-canagliesca anche *bettola*

3. W. Di Renzo Vianello - G. Bravetti, *La Romagna in osteria*, Imola, Guidicini e Rosa, 1982, p. 52
4. P. Monelli, *Barbaro dominio*, Milano, Hoepli, 1957, p. 172 (1a ed. 1933)
5. A. Marescalchi, *Il libro dell'oste*, Casale, Cassone, 1911, p. 162
6. M. Balma, *Un documento dello stile rustico. La Taverna del Nico dell'Albergo Nazionale di Portofino*, "L'albergo in Italia", novembre-dicembre 1940, p. 379; M. Balma, *Osterie di campagna*, "L'Albergo in Italia", marzo-aprile 1941, p. 103

tenta una sua timida rivalutazione, la ritroviamo a Fabro in provincia di Terni, all'insegna de *La bettola del buttero*, locale meritevole di un cappello nella guida di Veronelli del 1978[7].

Fra il 1840 e il 1880, due termini di origine francese, trattoria e ristorante, si affermano in Italia, in aperta concorrenza con l'osteria, per designare locali di ristoro senza alloggio, di livello buono e decoroso. Il primo, "benché non bello" a detta dei puristi viene accolto con favore, ed è trattoria (da "traiteur" che in francese non ha un sostantivo derivato per designare il luogo della sua attività). Il secondo, nelle due varianti "ristorante" e "restaurant", incontra maggiori resistenze. Non si tratta di una disputa meramente filologica perché, in assenza di guide, stelle, e segnalazioni stampate, è in gioco la classificazione delle tavole secondo la qualità. L'esercizio di prim'ordine rivendica il titolo di ristorante e «crederebbe di scendere al grado di un'osteriuccia se accogliesse il vocabolo trattoria»[8]. Molto spesso viene abbinato, nell'insegna e nella gestione, a un hotel senza accento circonflesso.

La conseguenza principale dell'uso di questi gallicismi sarà quella di relegare provvisoriamente l'osteria in basso alla scala dei meriti, seguita dalla sola bettola. La connotazione popolare di queste ultime due contrasta con quella borghese o cosmopolita degli altri. La trattoria, guadagnando terreno, finisce per rappresentare la buona tavola italiana, e in quanto tale viene tradotta "restaurant" dall'edizione francese del Baedecker[9]. La disputa non termina con questo esito ma prosegue, dopo la prima guerra mondiale, seguendo le sorti delle politiche culturali e turistiche. Durante il Fascismo, in particolare, l'osteria torna in auge, in concorrenza con la trattoria, con il preciso scopo di rivalutare le denominazioni autoctone contro i barbari-

7. Si noti il doppio proparossitono dell'insegna per un locale rustico con camino di pietra e forno a legna. Una descrizione più ampia è in *I ristoranti di Veronelli*, Milano, Rizzoli, 1978, p. 105

8. A. Panzini, *Dizionario moderno*, Milano, Hoepli, 1905 (voce RESTAURANT); A. Panzini, *Dizionario moderno*, Milano, Hoepli, 1918 (voce TRATTORE)

9. *Italie - Manuel du voyageur par K. Baedecker - Deuxième partie, Italie centrale et Rome*, Coblentz, 1872, p. XXXI e p. 87

smi, senza per altro bandire il ristorante. Vittima invece delle censure della Reale Accademia d'Italia sarà il francese *restaurant*, definitivamente cancellato nel 1941[10].

Di particolare interesse è seguire questa guerra di parole, su un altro versante, quello dei dizionari dialettali che dopo l'unità d'Italia prosperano e si moltiplicano. La ricezione dei diversi livelli di ristoro attraversa le stratificazioni linguistiche e si traduce in riconoscimento della qualità gastronomica. Il termine osteria è presente nei principali dialetti centro-settentrionali e insulari (bergamasco: *ostarea*; bolognese: *ustarì*; bresciano: *ostaria*; cremonese: *oustaria*; friulano: *ostarie*; genovese: *ostaja*; piemontese: *ostaria*; romagnolo: *ostareja, ostarì*; romanesco: *osteria*; sardo: *osteria*; siciliano: *osteria*; veneziano: *ostaria*)[11]. Esso prova l'esistenza di una adesione a un modello italiano tradizionale e consolidato, con una miriade di piccole varianti locali, i *crotti*, per esempio, delle terre lariane e ticinesi. Nell'area napoletana e meridionale è invece assente a profitto di *cantina* che il Puoti definisce «quell'osteria dove si vende vino al minuto e alquanto di camangiare»[12], e di taverna (abruzzese: *taverne*; leccese e salentino: *taerna*)[13]. Questo non impedisce che l'italiano, a Bari per esempio, riprenda il sopravvento, o che la sostitui-

10. Bollettino di informazioni della Reale Accademia d'Italia, fasc. 8, giugno 1941
11. A. Foraboschi, *Vocabolario dei dialetti bergamaschi,* Bergamo, Bolis, 1873; C. Coronedi Berti, *Vocabolario Bolognese-Italiano,* Bologna, Monti, 1869-74; G. B. Melchiori, *Vocabolario Bresciano-Italiano,* Brescia, 1817; A. Peri, *Vocabolario Cremonese-Italiano,* Cremona, Ferabioli, 1847; J. Pirona, *Vocabolario Friulano,* Venezia, Antonelli, 1871; G. Casaccia, *Dizionario Genovese-Italiano,* Genova, Schenone, 1876; V. di Sant'Albino, *Gran dizionario Piemontese-Italiano,* Torino, società dell'Unione tipografico-editrice, 1859; A. Mattioli, *Vocabolario Romagnolo-Italiano,* Imola, Galeati, 1879; G. Vaccaro, *Vocabolario Romanesco Belliano,* Roma, Libri alfabeto, 1969; G. Spano, *Vocabolario Italiano-Sardo e Sardo-Italiano,* Cagliari, tip. Nazionale, 1852; A. Traina, *Nuovo vocabolario Siciliano-Italiano,* Palermo, Pedone, 1868; G. Boerio, *Dizionario del dialetto Veneziano,* Venezia, Cecchini, 1856
12. B. Puoti, *Vocabolario domestico Napoletano e Toscano,* Napoli, Del Vaglio, 1850
13. E. Giammarco, *Dizionario Abruzzese e Molisano,* Roma, Ateneo, 1979; A. Garrisi, *Dizionario Leccese-Italiano,* Lecce, Capone, 1990; G. Rohlfs, *Vocabolario dei dialetti salentini,* Galatina, Congedo, 1976

scano altre insegne, come la parola "vini" o il marchio di una specifica bevanda su ferro smaltato a forma di tappo, "Birra Peroni". In tutte le regioni si diffonde la traduzione dialettale di trattoria, mentre scarsi sono gli esiti dal francese restaurant. Solo in Veneto, *trattoria* designa un'altra realtà, la bottega del pasticcere o pasticceria. Nei dialetti, persiste la bettola intesa spregiativamente come "osteria da mal tempo", per "gente di bassa mano".

In margine ai dialettismi fioriscono termini d'uso locale, alcuni dei quali ispirati dal commercio del vino: il *trani* che indica, a Milano, «tanto il vino della Puglia (fosse almeno genuino vino pugliese!) quanto il negozio [l'osteria] dove si spaccia, sul quale è comune la scritta: Trani e Barletta»[14] e il *bàcaro* voce veneziana, introdotta dopo il 1869, per designare il medesimo vino e il relativo spaccio[15]. A essi può essere affiancata la *lucca* «trattoria, osteria, nei gerghi centro meridionali di fine Ottocento [...] dalla tradizionale intraprendenza dei ristoratori toscani sparsi in tutta Italia»[16]. La natura stessa del materiale di costruzione del locale contribuisce ad accrescere tipologie e denominazioni: a Napoli le *taverne* in muratura, poggiate ad altri muri, di tufo, si distinguevano da *pagliare* e *pagliarelle,* baracche o capanne edificate con mezzi di fortuna, frasche e paglia, arredate con botti, tavolacci, fornelli e l'immagine di un santo[17]. La ricchezza di questa terminologia è straordinaria: vini e luoghi del commercio o dello spaccio, insegne e recipienti per la conservazione e il trasporto sono all'origine di creazioni storicamente attestate sino a epoca recente.

Al loro inventario si potrebbe affiancare un glossarietto con altre voci di mestiere e di malavita: *cambusa*, a Genova e Vene-

14. A. Panzini, *Dizionario moderno,* Milano, Hoepli, 1905
15. E. Zorzi, *Osterie Veneziane*, p. 66; A. Panzini, *Dizionario moderno,* Milano, Hoepli, 1918
16. E. Ferrero, *Dizionario storico dei gerghi italiani,* Milano, Mondadori, 1991
17. S. Di Giacomo, *Taverne famose napoletane,* Trani, Valdemaro Vecchi, 1899, p. 45; M. Nahartii de Luco, *Trattorie e cuochi celebri nella Napoli dell'800*, Napoli, Regina, 1969, pp. 43, 188

zia, *piola* a Milano e Torino, hanno indicato l'osteria. I vocaboli raccolti da Ernesto Ferrero, per designarla, coprono buona parte dell'Italia e vanno da *quattordici* (nel gergo degli orafi e dei camorristi i 14 carati indicavano la mediocre qualità dell'oro, *id est* del vino) a *camera mortuaria* (locale buio in cui la permanenza è coatta). Gli esiti più gustosi li ritroviamo esplorando il gergo dei padroni e dei camerieri, di cui citiamo un campione a testimonianza delle pratiche illecite e del malcostume enologico. L'uso del dialetto napoletano serve qui a mascherare la frode. *O' pacco e' resti* è «una espressione napoletana del gergo dei ristoranti, che letteralmente significa: il pacco dei resti. Generalmente su ogni tavola, specialmente sulle tavolate dei banchetti, restano molti bicchieri semipieni di vino. La direzione del locale raccoglie questi resti in grandi fiaschi, mischiando le varie qualità. Il risultato è un vino rosato, di gusto non sgradevole, che taluni ritengono di poter servire tranquillamente ai clienti provinciali o euforici[18].

Queste dizioni creative hanno una circolazione limitata. Il modello italiano si riflette nelle parlate locali, rafforzando l'uso dei due termini principali, trattoria e osteria, ora sinonimi ora contrari. Quando essi entrano in conflitto, l'una ha dalla sua un certo decoro e una maggiore pulizia, l'altra piatti semplici e prezzi onesti; nella prima ci si spiega in italiano, nella seconda in dialetto. Ma queste distinzioni possono essere rimescolate da orientamenti politico-culturali: durante il Fascismo l'osteria diventa l'emblema dell'eccellenza nella tradizione, e serve per designare i punti di ristoro dall'apparenza modesta e dalle pietanze gustose. Giovanni Mariotti, Paolo Monelli, chiamano "osteria" locali che negli anni Cinquanta, senza aver mutato gestione, verranno comunemente detti ristoranti.

I passaggi di proprietà giocano spesso contro la codificazione, legittimando ogni sorta di abusi. Non c'è esercente che non ritenga onorevole attribuirsi la qualifica di trattore; non c'è oste che non consideri la modestia della sua bottega come una *di-*

18. M. Medici, *Vino e osterie nel gergo della malavita*, "Enotria", gennaio 1970, p. 41; *Dizionario del gergo della malavita italiana*, "Il delatore", giugno 1964, p. 84

minutio capitis. I gestori, nel rinominare le proprie botteghe, fanno spesso di testa loro, senza consultare il filologo. Così pure giornalisti ed estensori di guide, poco sottili nel classificare gli esercizi. Grazie a questa libertà d'espressione, si moltiplicano le insegne di fantasia, pseudoetimologiche o arcaizzanti. L'*Hostaria dell'orso* e l'*Hostaria romana* figurano nella guida gastronomica dell'CIST del 1955 classificate come ristoranti[19]. Quell'*H* conferisce loro un marchio da Roma antica, appiccicato a un vocabolo di purissimo vernacolo (*ostaria* al posto di *osteria*). È una lettera imbarazzante per gli italiani, usata in modo scorretto nelle piccole insegne - *osteria con chucina* aveva avuto occasione di notare Livio Jannattoni[20]- e scioccamente enfatica nelle grandi per rialzare la stima di un *Hotel*. Essa si ritrova in dizioni che mischiano latino e italiano (gli *Horti di Galatea*)[21] e in altre città, di prevalenza come referenza dotta alla cucina romanesca. Ad aumentare la confusione tale nome è associato anche a scritte ultramoderne:

> Davanti a un'insegna al neon che reca a grandi caratteri la scritta *Hosteria* - ne abbiamo visto un certo numero - c'è da rimanere perplessi. Salta immediatamente agli occhi il forte stridore che si viene a determinare tra il nome arcaico, latino medioevale e i colori freddi e piuttosto sterilizzati dell'illuminazione o lo stile moderno degli ambienti. Si tratta di un'ambizione e di una moda d'antichità, con orecchiamento del latino, peraltro della parola *hostaria* abbiamo trovato una sola attestazione. Che se poi l'impiego di questo termine vuole avere un carattere popolareggiante, resterebbe da discutere la grafia, mentre permane sempre lo stridore, il contrasto che abbiamo riscontrato[22].

Coerentemente con l'insegna, fra le proprie specialità l'*Hostaria romana* propone "la lasagna col prosciutto", mentre quella

19. *Turismo gastronomico-Gastronomic Tourism*, a cura del Centro Italiano Sviluppo Turistico, Milano, 1955 (anno quarto), p. 225
20. L. Jannattoni, *Osteria romana*, Milano, Ceschina, 1970, p. 81
21. *Itinerari della buona tavola 1970, Annuario dell'Accademia Italiana della Cucina*, Milano, 1969
22. M. Medici, *Tra taverne, ristoranti e osterie*, "Enotria", luglio 1966, p. 32

dell'Orso "il pollo alla diavola", "gli spaghetti alla papalina", la sogliola soffiata, tutti piatti "creativi" o "di moda" negli anni Cinquanta, non certo tradizionali.

Quale ne sia la denominazione tipologica, il luogo di ristoro resta una variabile che la guida condiziona: rivolta al turista straniero (Baedecker) con denominazioni italiane rigide, destinata al pubblico italiano (Touring) con una maggiore libertà espressiva. Osservato da vicino, infatti, dagli abitanti delle città, il campo linguistico della piccola e grande ristorazione è sempre in fermento. Così come le *botteghe del caffè* aspirano, sin negli anni Venti, a esser dei *bar*, le vecchie osterie cambiano gestione e pelle, si ammodernano, conservando il nome o diventando «eleganti e attraenti trattorie»[23]. Anche le mescite fanno pelle nuova. Nel 1927 Arturo Marescalchi e Giovanni Dalmasso propongono, a Conegliano, nel quadro della "Mostra internazionale d'arte ispirata alla vite e al vino", la creazione di locali arredati in stile rustico, per il consumo di vini alla carta. Vengono scartati i termini di *taverna* (per le ragioni predette) e di *vineria* perché inteso come luogo di produzione, più che di spaccio. Sono nate, sul modello delle *weinstube*, le *botteghe del vino*[24]. L'*enoteca* ne è la prossima erede, altra figlia del fertile ingegno di Arturo Marescalchi che la propone come un luogo di degustazione dei vini italiani, nell'ottobre 1934, nella rivista "Enotria". Alla fine degli anni Cinquanta, risorge come un locale provvisto di cantina in cui sono raccolti "vini tipici pregiati in bottiglia", con eventuale servizio di stuzzichini e di "contorni solidi" dolci o salati; venti anni dopo, diventa un esercizio commerciale con o senza servizio di ristoro[25].

23. L. V. Bertarelli, *Guida d'Italia del Touring Club Italiano - Napoli e dintorni,* Milano, 1927, pp.72-73 (introduzione di Maria Ortiz)
24. G. Dalmasso, *Botteghe del vino,* "L'Albergo in Italia", gennaio-febbraio 1940, pp. 21-23
25. M. Cortellazzo e U. Cardinale nel *Dizionario di parole nuove 1964-1984* (Torino, Loescher, 1986, p. 69) si limitano a informare che *enoteca* è entrata nello *Zingarelli* nel 1983. Essa figura tuttavia in articoli apparsi su *Enotria* prima della guerra (A. Marescalchi, *Enoteca italica,* "Enotria", ottobre 1934, p. 599) e, verso la fine degli anni Cinquanta, in altri consacrati alla *Enoteca Italica di Siena* ("Enotria", primavera 1960)

Un'indagine approfondita porterebbe in luce altri termini della ristorazione, dalla storia tormentata e curiosa. La fine dell'Ottocento è segnata da una crescente mobilità sociale, da flussi turistici nuovi e da consumi urbani pionieristici. La *pizzeria*, citata da Matilde Serao nel 1884 a proposito di un locale aperto a Roma e subito fallito, è uno di questi; verrà accettato nell'uso italiano dal Panzini nel 1918[26]. Si può definire la pizzeria una osteria napoletana? Rileggendo il romanzo d'appendice di Francesco Mastriani *Ciccio il bettoliere di Borgo Loreto*, ribattezzato nelle tardive ristampe *il pizzaiuolo di Borgo Loreto*, si direbbe di sì: «era qualcosa che riuniva in se la bettola, l'osteria, la taverna, la cànova e la pizzeria; era insomma un locale per tutti i gusti e per tutte le borse»[27]. Frequentata da «mulattieri, carradori, marinai, muratori, doganieri» aveva per insegna la frasca tradizionale «col pulcinella dipinto sul muro a latere», e vendeva pizze, calzoni e vino. Ci sono inoltre le *latterie*, osterie della moderna sobrietà, luoghi di spaccio di prodotti lattiero-caseari e di piccola ristorazione, fiorenti a Milano[28] ma segnalate anche a Napoli dalla rivista mensile del Touring Club Ciclistico Italiano[29]. Per clientela, tipo di cucina e ubicazione (ma non per il latte) anch'esse potrebbero essere classificate tali. E la *fiaschetteria*? Parente della bottiglieria e, forse, di origine livornese[30], attecchisce fuori della Toscana: citata dal *Vocabolario dell'uso toscano* del Fanfani (1863) viene iscritta, per la città di Milano, nel Baedecker del 1886[31]. Ma in questo caso, malgrado nasca come me-

26. M. Cortellazzo - P. Zolli, *Dizionario etimologico della lingua italiana*, Bologna, Zanichelli, 1999

27. F. Mastriani, *Ciccio il bettoliere di Borgo Loreto*, Napoli, Monte, 1912, p. 20. In versione modernizzata diventa: *Ciccio, il pizzaiolo di Borgo Loreto*, Napoli, Lucet, 1950, p. 22. Il romanzo, pubblicato da Salvati in volume nel 1880, è ambientato nella Napoli del 1836

28. R. Zezzos, *Vecchie botteghe e mercanti milanesi*, Milano, Bottega del '900, 1934, p. 126

29. *Rivista mensile Touring Club Ciclistico Italiano*, maggio-giugno 1897

30. M. Medici, *Tra taverne, ristoranti e osterie*, p. 34

31. *Italie - Manuel du voyageur par K. Baedecker - Première partie, Italie septentrionale*, Leipzig, 1886, p. 84

scita, diviene una trattoria del centro storico in cui il fiasco serve non solo al consumo ma anche all'arredo.

L'elenco non si esaurisce certo qui, e ancora dovremmo tener conto dei richiami pubblicitari, i cartelli con "cucina casalinga" che designano un livello gastronomico sensibilmente vicino all'osteria, estensibile a molti punti di ristoro, dal bar alla piccola trattoria[32]. Non sembra tuttavia che un lungo inventario possa correggere il quadro d'assieme. Alcuni neologismi entrano nell'uso, altri hanno una fortuna effimera, dando l'impressione che mentre osteria e trattoria permettono di identificare dei livelli di ristorazione generali, comprensivi di una gamma di esercizi, altri vocaboli concernono esperienze commerciali considerate singolari o precarie.

Come è avvenuto che la *taverna* sia risalita nella stima degli avventori, grazie all'inglese *tavern* e grazie ai consumi di birra, e adottata dagli architetti abbia finito per designare un ambiente *chic*, così i giudizi spregiativi, in campo commerciale, non sono sempre irreversibili. La riesumazione dell'osteria nell'ultimo decennio appare un esito delle predette considerazioni. Indica, nella guida *Osterie d'Italia* della casa editrice Slow Food, un locale con requisiti gastronomici ed economici di cui sarà detto altrove, cioè una tipologia all'interno della quale c'è posto per i sostantivi tradizionali (trattoria, ristorante), per nuovi nomi composti (bar-trattoria, ristorante-self service), e per una neologia accreditata (enoteca, azienda agrituristica). Nell'edizione dell'anno 2000, limitatamente a Piemonte, Friuli Venezia Giulia e Lazio, un piccolo numero di insegne porta il nome di *osteria*, con le varianti *ostu* (Saluzzese) e *hostaria* (a Casale, Novara e a Monte San Biagio in provincia di Latina): per il Piemonte 23 su 143, per il Lazio 8 su 80 e per il Friuli Venezia Giulia 13 su 110. Dopo dieci anni di vita, la guida ha una influenza linguistica sulla ristorazione, stimolando l'adozione di un termine che era percepito come improprio e desueto, e

32. R. Zezzos, *Vecchie botteghe e mercanti milanesi,* Milano, Bottega del '900, 1934, p. 109

viene di nuovo rivendicato, in percentuale maggiore, proprio nella regione in cui l'influenza di Slow Food è più forte. Sempre per il 2000, tale incremento sembra confermato dalle "osterie di recente fondazione", in precedenza assenti, di cui è interessante verificare i dati: 10 in Piemonte (su 143), 3 nel Lazio (su 80) e 2 (su 110) in Friuli Venezia Giulia. Il pregiudizio nei confronti dei vecchi locali da vino con cucina casalinga, sembra proprio caduto, e il giovane imprenditore considera un valore quello che la generazione precedente avvertiva come un ben povero retaggio. Mentre nel passato, il cambiamento di nome derivava da circostanze personali, da eventi pubblici, da approvvigionamenti diversi, l'editoria e la stampa hanno oggi voce in capitolo. Esse orientano le scelte gastronomiche e linguistiche della piccola impresa modificando le sue terminologie commerciali e le sue offerte culinarie. Quando l'associazionismo si somma a queste determinazioni, guidando assieme gestori e clienti, il risultato è scontato. Come già il Touring Club Italiano, Slow Food è diventata promotrice dell'onomastica della ristorazione generando titoli, insegne, piatti e "specialità", rimescolando un campo linguistico vivace.

UN NUGOLO DI BETTOLE

La storia delle osterie non è stata scritta dagli osti di cui ben pochi hanno lasciato un libro dei conti, il diario domestico e qualche riflessione pubblica, e nemmeno dai loro clienti più fedeli. Illetterati per la maggior parte, artisti del gomito e dell'ugola, gli avventori vi hanno consumato vino e speso parole, lasciando un ricordo presto ripulito come un fondo umido di bicchiere dal colpo di straccio del tempo. Pochissimi si sono presi la briga di metter nero su bianco, e fissare i propri ricordi. A scriverla, questa storia, ci hanno pensato coloro che ne erano spesso estranei, e si calavano, per osservarlo, in un luogo in cui ribollivano fermenti politici, patologie sociali, vizi inquietanti. Rappresentanti delle leghe antiacoliche e intellettuali in fuga dai salotti vi hanno portato la loro curiosità, particolarmente indirizzata, più che al vino e al cibo, agli uomini e alle loro disgrazie. A questi testimoni, colti e borghesi, è stata affidata la documentazione della "atmosfera" particolare che regnava nell'osteria dopo l'Unità d'Italia sino a fine secolo.

La parola *osteria* suonava diversa, secondo l'accento con cui veniva pronunciata e aveva ineguale risonanza nelle orecchie dei possidenti, degli impiegati, degli artigiani, dei manovali o dei contadini. Nelle città italiane dell'Ottocento, gli esercizi sono pari agli edifici, e una miriade di bettole e bettoline fungono da rifugio, da tana, da famiglia a coloro che scantonano dal luogo di lavoro o dalla propria abitazione. In Italia nel 1904, c'era una bettola ogni 174 abitanti; nel 1913 queste sono aumentate fino a raggiungere il rapporto di una ogni 156[1]. In alcune città questo rapporto scende ulteriormente: a Genova la proporzione è da 1 a 100, a Como da 1 a 95. Analizzati sotto un profilo antialcolico questi dati indicano consumi endemici confermati, subito dopo il grande terremoto del 1908, dal «pullulare di piccoli esercizi fra le appena risorgenti rovine di Mes-

1. R. Monteleone, *Socialisti o "ciucialiter"? Il PSI e il destino delle osterie tra socialità e alcolismo,* "Movimento operaio e socialista", gennaio-aprile 1985, p. 7

sina e di Reggio Calabria[2]» Nelle città esiste un reticolo fittissimo di punti vendita: a Trieste, nel 1910, gli esercizi pubblici, birrerie e osterie, trattorie e ristoranti, sono 813; a Udine gli spacci ove assumere alcol, 603, di ogni tipo, dalle bottiglierie «ai negozietti di fornai e pizzicagnoli, dove comprando della legna o del pane, ci si ferma anche a bere un bicchiere»[3]. Anche una baracca di legno o la casa del contadino con una frasca per insegna rientrano nella tipologia, senza per questo figurare nelle cifre citate. Le inchieste ufficiali, ispirate dalla lotta contro l'alcolismo, tendono a separare i locali da vino da quelli in cui è possibile prendere alloggio e consumare cibo: «Non v'ha dubbio che l'aumento degli alberghi, locande e ristoranti non costituisce, per se stesso, un indice di diffusa viziosità, comparabile a quello relativo alle bettole, ai bars, alle bottiglierie»[4]. Le misure ideate per combattere il fenomeno, di ordine più prefettizio che politico, come il divieto, del 1913, di concedere nuove licenze di rivendita minuta di alcol nei comuni in cui gli esercizi superino il rapporto di 1 ogni 500 abitanti, sembrano non avere avuto conseguenze. Ogni italiano ha la propria osteria e d'inverno la ritrova in città, mentre d'estate va fuori porta.

Sono luoghi ove si beve molto:

> Una statistica del 1884 ci informa che il consumo medio annuo di vino per abitante in Italia era di litri 68,4. Nell'ultimo decennio del secolo, questa media nazionale salì a 91 litri. In questo periodo, coi suoi 220 litri per abitante Roma deteneva un primato imbattibile; nelle altre maggiori città del nord si andava dai 168 litri di Torino, ai 152 di Firenze, 131 di Genova, 98 di Milano, fino a scendere nel sud ai 97 litri di Napoli e ai 71 di Palermo[5].

2. G. Prato, *I primi rilievi dei provvedimenti repressivi dell'alcoolismo,* "La Riforma sociale", febbraio-marzo 1916, p. 105
3. D. De Bianchi - N. Stradi, *Il rifugio negato: iniziativa antialcoolica e "socialità del vino" nel Friuli del primo Novecento,* "Movimento operaio e socialista", gennaio-aprile 1985, p. 66
4. G. Prato, *I primi rilievi*, p. 106
5. R. Monteleone, *Socialisti o "ciucialiter"?*, p. 6

Questi dati sono molto probabilmente sottostimati. Ce lo conferma l'indagine sull'enorme produzione di vinaccio - di rosso e di bianco - per il quale le statistiche mettono sotto accusa tutto il mondo enologico. Poco tipico, poco conservabile e difficile da trasportare: ecco il vino italiano, consumato per lo più a livello locale o interlocale, per il rifornimento delle città. Oltre alle cifre, impressionano gli orientamenti economici: «La pertinace ostinazione con la quale si è continuato da circa trent'anni a coltivare vitigni di gran prodotto, ma di scarso pregio, ha condotto a questo duplice fallimento: i bassi prezzi, non remunerativi del mercato interno; la perdita graduale dei mercati stranieri»[6]. Dalla mancanza di un'offerta qualificata e dalla politica dei prezzi stracciati si comprende perché ogni osteria fornisca il suo vino, talora un solo vino, e come questo a sua volta non contribuisca alla sua fama. La stessa denominazione della specie, nei consumi popolari, resta vaghissima e, a Venezia, si diceva Veronese un vin bianco della Padovana tagliato con vino pugliese[7]. A credito o a pagamento, si beve dunque moltissimo e male, più a nord che a sud, in misura maggiore nei centri urbani e nelle zone di maggior produzione. Nelle campagne l'autoconsumo perdura sino alle inchieste del 1952, in barba alle rilevazioni. I vini veramente tipici e superiori scarseggiano, mentre si sprecano i peggiori: solo la scaltrezza o l'onestà dell'oste può temperare il grado di nocività di quello che egli serve.

Quanto al cibo, le statistiche ci lasciano nel vago. Anche se la qualità di quest'ultimo è intuibile rapportata a quella del vino, mancano i dati ufficiali e non conosciamo in quante di esse avvenisse un piccolo servizio di refezione. Abbondano invece le fonti giornalistiche e letterarie, le indagini di medici e igienisti, tutte vogliose di perfezionare il quadro dell'indigenza e della sporcizia. Maccheroni e pizza a Napoli, ma la classe più misera fa consumo di minuzzaglie, «residuali frantumi di svariate qualità di paste» e, per la seconda, di impasti acidi, mal cotti,

6. F. Virgili, *Il problema enologico nazionale,* "La Riforma sociale", agosto-ottobre 1915, p. 720

7. E. Zorzi, *Osterie Veneziane*, p. 71

conditi di sugna[8]. Fritturine e *sguazzetti* di piedini di maiale, a Venezia, trippe oppure pane di mistura e *repubblica* (gli avanzi di affettato e formaggi messi da parte dal salumiere) per gli operai milanesi[9]. Impareggiabili nel descrivere l'infima qualità, queste fonti sono carenti nel rilevare il buono, quando c'è, e nell'individuare la scala di valori gastronomici da zero in su. Riflesso di un mercato municipale multiforme, di zone periurbane al di qua e al di là delle barriere daziarie, al centro del villaggio oppure sul ciglio delle strade carreggiabili, le osterie hanno fonti di approvvigionamento molteplici e riflettono una economia stagionale e congiunturale. Ma di tutto questo poco o nulla viene tradotto in cifre.

Meglio conosciuta è invece la loro distribuzione geografica, più densa nelle città che in campagna, più fitta a nord che a sud. Sviluppo industriale e inurbamento, alloggi sovraffollati e scarsa igiene ne favoriscono la proliferazione; l'esistenza di una economia agricola più arretrata che produce il proprio vino, in condizioni climatiche diverse, con minore bisogno di locali chiusi, ne rallenta la diffusione meridionale. Il contadino ha meno occasioni di frequentarla, al di fuori della domenica e dei giorni in cui va al paese per vendere i prodotti del campo. Ma anche il mito di un Meridione sobrio e senza bettole suscita lo scetticismo, e vi è chi cita *La cavalleria rusticana* di Verga e le ore passate da compare Turiddu a «smaltire l'uggia cogli amici a l'osteria[10]».

I consumi, per città, sono interessanti proprio perché il numero delle bettole non è necessariamente proporzionale alla quantità di litri assunti. L'osteria infatti è una casa pubblica, dove si può riposare, riunirsi fra amici, giocare a carte, fare attività politica, predicare l'intemperanza e praticarla. Quanto più ci si sposta a sud, essa è riservata esclusivamente agli uomini; donne e bambini ne sono allontanati per mille ragioni, non ulti-

8. A. Spatuzzi - L. Somma, *Saggi igienici e medici sull'alimentazione del popolo minuto di Napoli,* Napoli, Stamperia della R. Università, 1863, pp. 59-60
9. M. Alberini, *Nascita della mensa operaia,* "La Gola", novembre 1984, p. 16
10. M. Medici, *Tra taverne, ristoranti, osterie*, p. 33

ma quella di garantire a padri, mariti e compagni la sovranità fuori di casa e, a distanza, sulla stessa famiglia. Luogo della cultura operaia e artigianale, transito dell'emarginazione e della criminalità, sede offerta alla politica del lavoro e all'eversione, è, per chi vi opera come per chi se ne tiene lontano, la scena di ogni dramma sociale[11]. I borghesi, meno bisognosi di evadere dalle mura domestiche e cultori dell'intimità, vi mettono raramente piede, perché ne trovano il corrispettivo nel caffè o nel circolo privato. Non allentano, tuttavia, la loro sorveglianza esterna, ispirati da un timore di natura sociale, o da princìpi igienici ed etici.

L'identificazione del proletario con l'avvinazzato, dell'agitatore con il bettolante, era la conseguenza di questa osservazione ispettiva e colpevolista. Come veniva recepito questo atteggiamento all'interno dell'osteria? I socialisti che vi hanno trovato sede politica e luogo di propaganda, in una prima fase, mettono la questione sociale all'origine dell'alcolismo, rinviandone la cura a tempi migliori. All'inizio del Novecento, operano un cambio totale di rotta, facendo della temperanza una disciplina e un'arma di lotta. Circoli vinicoli e cantine offrono un rifugio alla politica, quindi, con il rafforzarsi delle lotte sociali, esauriscono la loro funzione e vengono messi al bando e disertati. Lo slogan «libro contro litro», lanciato da Turati, dopo la grande guerra, per designare una lotta frontale dell'istruzione contro l'alcolismo, dà l'idea di questa evoluzione, e di un aggiramento progressivo dei problemi del consumo e della cultura vinaria[12].

Osservata dall'esterno o dall'interno, dall'alto o dal basso, e a distanza di tempo dai suoi stessi avventori, l'osteria sembra mutar d'aspetto, alimentando una letteratura cospicua e creando le proprie leggende. L'alto numero delle attestazioni d'archivio e delle testimonianze diaristiche o romanzesche, impedisce di recensirne le tipologie, tuttavia alcuni tratti comuni emergono da un capo all'altro dell'Italia. Nelle città come nei

11. G. Sacchetti, *Ubriachi e sovversivi,* "Slow", gennaio-marzo 1997, pp. 100-104
12. R. Monteleone, *Socialisti o "ciucialiter"?*, pp. 18-19

villaggi, l'osteria assomiglia a un cordone ombelicale. Attira a sé gli uomini, li disseta e li nutre, e per quanto si dibattano per distaccarsene, li riprende giorno dopo giorno. Il suo fascino è tale, che suscita sospetti e ostilità, in particolare nelle madri e nelle mogli, non solo perché vi si spaccia e mesce il vino, ma perché è porto franco e libero di costumi. Ha nei sacerdoti e in una parte della società temperante, degli oppositori feroci, che non esitano a scrivere romanzi[13], mandare diffide e chiederne la chiusura alle autorità. Il problema non è se essa sia da evitare, ma dove sia più nociva, in campagna o in città. Quella che rovina i figli dei contadini, o quella in cui, davanti a un bicchiere d'assenzio, perdono il senno i giovani borghesi. Indissociabile dalle lotte contro l'alcolismo, non se ne conosce la versione sobria.

Paradossalmente l'osteria trova anche i suoi filosofi e ad alcuni appare scuola di morale. Ne citeremo uno solo affidandogli il ruolo di cicerone. Carlo Pisani Dossi, scrittore e diplomatico, ha dedicato a essa una parte importante del suo diario, le *Note azzurre*. È un testimone silenzioso, con occhi felini:

> Cucina d'osteria. Affumicatissima, a grosse travi, con un caminone. Sul caminone un baldacchino di stoffa e sotto una madonna coi lumi a olio accesi. Tutte le pareti letteralmente ricoperte di rame lucidissimo, dal più grosso caldajo al minimo padellino[14].

Pavese di origini nobili, milanese d'adozione, emigrato nella Roma ministeriale, ama la penombra, i dettagli, gli aneddoti con cui crea dei bozzetti. A Milano, rivisita tutti i luoghi dove s'è ubriacato il suo maestro e amico Rovani, l'autore del romanzo *Cento anni*. Lo rivede seduto a bere e a scrivere, e, a sua volta, prende nota su carta cilestrina. Uno dopo l'altro, che il lettore si prenda la briga di contarli, i titoli delle insegne milanesi formano un elenco lunghissimo e spiritato. L'*Osteria degli Angioli*

13. A. Torri, *Cecco l'imbriacone ovvero I disordini dell'osteria, libro proposto principalmente al popolo di campagna*, Milano, Pirola, 1848
14. C. Dossi, *Note azzurre*, Milano, Adelphi, 1964, t. I, p. 240

dove Rovani degusta "il Bordeaux (gran tipo)" nei boccali comuni, e quella *dei Promessi Sposi* in cui elegge domicilio, forse per devozione verso Manzoni; *Al Cappello* invece sentiva freddo e preferiva sedersi accanto al braciere «e tenere la paletta - oppure al camino con su un fuoco d'inferno». Nel cortile della *Noce*, la più celebrata e rimpianta osteria di Milano, Rovani tiene lezione di estetica «a una eletta schiera di letterati e di artisti». Seduto a un tavolo, come il suo modello, Dossi rificca lo sguardo nella storia della città, di cent'anni profondo. Al *Bisciončell* gli accattoni si ritrovano a ballare e, al numero 5 di Piazza Fontana, una delle più importanti alle cui porte «in certi giorni della settimana e sul primo albore» avviene «la distribuzione della michetta, cioè dei secchetti di pane, dei pezzetti di cacio» ai poveri della città.

Il catalogo delle osterie è un genere antico, di cui troviamo tracce in molte culture europee. Poteva prendere le forme più bizzarre, canore e ludiche. Il Mitelli aveva inciso, nel 1712, il *Gioco novo di tutte le osterie che sono in Bologna*, gioco dell'oca in cui a ogni casella corrispondeva un'insegna, una specialità gastronomica e un premio (o una penalità)[15]. Nella variante proposta dalle *Note azzurre*, figurano incasellati anche gli avventori: Giuseppe Rovani, il Perelli a lui devotissimo, il medico Paolo Gorini, ecc. Ritratti di amici e di bevitori alternati ai vini che cominciano per B (Barbera, Barolo, Bordeaux, Bourgogne) e per M (Malaga, Marsala, Moscato), e ai cibi, in ordine ambrosiano d'importanza: il panettone, il risotto, il manzo allesso, la cotoletta, l'arrosto annegato, la cazzuola e il cervellato. Saltando da una pagina all'altra, il gioco può durare quanto le *Note azzurre*.

Trasferitosi nella capitale, Carlo Dossi si dedica a uno studio «della topografia delle vie antiche di Roma e delle osterie nuove», frequenta il caffè Greco di via Condotti, e continua a spulciare gli indirizzi: «La trattoria di zio, taverna romana dove convenivano gli artisti e dove per vedere gli artisti traevano

15. G. Maioli - G. Roversi, *Civiltà della tavola a Bologna*, Bologna, Ges, 1981, p. 270

pure personaggi forestieri (1840-1870)». L'osteria degli artisti era un genere caro agli scapigliati milanesi, ai pittori di Montmartre, e sin dai tempi del Vasari anche romano, quindi universale. Dossi che cerca l'uomo prima del vino, s'imbatte in nuovi personaggi: il mendicante-imbonitore incontrato all'*Osteria del Pino* a Porta Furba, il vetturale che lo ascolta recitar versi latini, in una osteria della campagna, e s'illude - romano - di comprenderli.

A queste noterelle affida qualche cosa di più che la sua curiosità vagabonda:

> Progetto di un libro, dal titolo "*L'Osteria*" in cui dopo avere - in una Prefazione - ineggiato a questo punto franco dei dispiaceri, a questa terra della perfetta eguaglianza, a questa casa di chi non ne ha - si raccontano alcune storie, per bocca di vari avventori, che vanno appunto all'osteria, per annegare nel vino i dolori[16].

È un progetto senza meriti particolari, come altri d'epoca, in cui il vino funge da macchina "sociale" della verità e da strumento per vomitare meriti e colpe del genere umano. Un'idea che era appiccicata alle bettole come il nerofumo, e che tanta parte aveva avuto nel suscitare verso di loro attrazione e repulsione, campagne di risanamento igienico ed etico. Questo appunto tacevano le guide ai "forestieri", avventori occasionali e turisti: una volta dentro, si sarebbero trovati davanti a uno spettacolo che aveva tutta l'aria di essere vero, quello offerto dai loro simili.

Non serve chiedersi quante di queste osterie milanesi e romane siano sopravvissute. Tutte e nessuna. Dal 1870 al 1900 fanno parte della vita privata e intellettuale del Dossi, e di altri che verranno dopo di lui, come Hans Barth, che descrive l'*Osteria del pino* dopo l'abbattimento dell'albero[17]. Sono luoghi ad

16. C. Dossi, *Note azzurre*, t. I., p. 203
17. H. Barth, *Osteria Guida spirituale delle osterie italiane da Verona a Capri*, Roma, Voghera, s. d., p. 170

alta frequentazione, aperti ai bevitori, cancellati dai piani urbanistici e riscoperti dagli storici municipali. Hanno in comune di essere tutte scomparse, l'una dopo l'altra, a causa di un decesso, di un crollo, di un fallimento, di un nuovo progetto edilizio, prima che il turismo ne dettasse astute ristrutturazioni e restauri costosi. Che molte di esse siano svanite nel nulla senza lasciar altra traccia se non letteraria, sembrerebbe provare una loro inadeguatezza alle mute della città, a differenza di quei locali milanesi, l'*Osteria del Boeucc* di via Durini, ad esempio, la quale nel 1934 poteva considerarsi una trattoria di lusso[18]. *Boeucc* a Milano era la *buca,* la bettola, ma a simili bettole si può ancor oggi render visita senza rischiare di confonderle con i loro antenati.

Che tutti i locali con un'insegna sghemba e una faccia oscura, con una scala che scende a precipizio e pareti di tufo pitturate d'azzurro, siano porte che aprono sull'immaginario, non è una novità, e forse è una ragione della loro fortuna letteraria. Il passante, un turista, si insinua timidamente nel locale con l'apprensione che fosche minacce e strane storie gli hanno istillato; una zaffata di fondi di bottiglia gli punge subito il cuore, già stretto dal presentimento di violenze sanguinarie e di inedite libertà. L'osteria romana, segnalata dai primi Baedecker e dipinta come un festivo teatrino popolare, è il riflesso di questa letteratura, attinta ai romanzi d'appendice e a racconti orali. Dal Testaccio a Trastevere, sarà un gioco constatare che i luoghi più spudoratamente letterari, sono la quintessenza della socialità.

A Milano, a Roma, a Firenze, a Venezia, le osterie sono zone franche, costantemente sotto la vigilanza dell'autorità. Nei sobborghi e in aperta campagna appaiono affrancate anche da questa, mal frequentate e imprevedibili. O, troppo misere, hanno poco da offrire, oppure, pessimo indizio, fanno mostra di un'opulenza di facciata. Le conosceva bene Pellegrino Artusi, commerciante di sete, su e giù in diligenza per l'Appennino tosco-emiliano, o sulle strade del Polesine, a cavallo! Erano gli

18. R. Zezzos, *Vecchie botteghe e mercanti milanesi,* p. 85

anni, a metà dell'Ottocento, quando non esistevano le ferrovie. Dopo una giornata di viaggio, veniva la sosta serale e la richiesta di cibo. In una locanda di Romagna sulla strada di Modigliana, ecco il menù: coppa di maiale secca e un piatto di tagliatelle. In un'altra di Polesella: un piattone unico, di riso alla cacciatora[19]. Alla ventura, si prende quello che viene, senza reclamare, sperando che il cavallo abbia la sua parte di biada. Arrivati dopo il tramonto, ripartiti alle prime luci dell'alba, ogni sosta è fatica e rischio.

L'osteria di passaggio non offre solo imprevisti alimentari. Anzi questi sono il danno minore, quando vi si giunge nel buio. Fioche luci, con insegne scricchiolanti sopra l'uscio, gufi impagliati per soprammobili, sono le cascine del diavolo in cui il diavolo ha la faccia accogliente dell'oste. Luoghi deputati «alle bricconate nella narrativa popolare»[20] servono da monito a tutte le età. La favola di *Pinocchio* pubblicata sul "Giornale per i bambini" a partire dal luglio 1881, lo insegnava nel celebre capitolo intitolato *L'osteria del "Gambero rosso"*. Il vitto vi è eccellente e, di una abbondanza sospetta, pare la quintessenza della cucina toscana di mare (triglie al pomodoro), di città (trippa alla parmigiana), di campagna (pollastre ingrassate e galletti di primo canto), di bosco (lepre in dolce forte) e di fiume (il gambero dell'insegna "rosso" cioè sbollentato). C'è chi si abboffa, il gatto e la volpe, e chi, come Pinocchio, si accontenta di «uno spicchio di noce e un cantuccio di pane». A questa immagine golosa (e magra) dell'osteria, ne corrisponde un'altra meno allegra. Al "Gambero Rosso", i malandrini tramano il colpo e, scrocconi, si nutrono bene per perpetrare meglio i propri misfatti. L'oste, che ha "mangiata la foglia", complice, si limita a dar la sveglia a mezzanotte suonata e a presentare a quella marionetta del cliente un conto salatissimo. Anche senza vino, è un luogo pericoloso e ingannevole, come tutti quelli in

19. P. Artusi, *La scienza in cucina,* Torino, Einaudi, 1970, pp. 77, 105
20. C. Collodi, *Opere*, Milano, Mondadori, 1995, p. 969. Per il capitolo XIII di *Pinocchio*, p. 401

cui il vitto abbonda e il conto cresce secondo la capoccia dell'avventore.

Dossi e Collodi descrivono le due facce dell'osteria, inurbata e isolata, familiare e furbesca, vinosa e nutriente, istruttiva e distruttiva, luogo ideale per conoscere (gli uomini) e per esserne vittime. Nell'uno e nell'altro caso, essa fa parte di un passato prossimo o remoto, come i monumenti e i casolari abbandonati, altri edifici fiabeschi, ed esige di essere visitata per trarvi ispirazione, con una curiosità rivolta non alle pietre ma agli uomini. Per cercarvi chi? Degli spiriti. Dossi, il fantasma di Rovani; Collodi, le maschere feline e volpine di qualche coppia di mariuoli incontrati per caso. Se pure questa osteria è esistita fuori dagli incubi dei letterati, perderà, a poco a poco, il suo falso calore, le sue ingannevoli prelibatezze, e, sempre più povera e fatiscente, come i propri avventori si spegnerà di vecchiaia. Solo la sua versione turisticamente consigliata, quella romanesca, sembra poterle sopravvivere per alcuni decenni. Viaggiatori e turisti vi trovano non certo la predetta scuola di filosofia, ma un teatrino vociante, allegrotto, con vino a poco prezzo e comparse pittoresche. Dopodiché l'osteria non muore ma, con un destino ineguale nelle varie parti d'Italia, rivive una seconda vita, di trattoria più che di mescita, con giovani osti e avventori motorizzati.

L'OSTE, L'INSEGNA E L'OSTESSA

Per aprire un esercizio, un'osteria o una bettola, il testo unico di pubblica sicurezza del 30 giugno 1889 prescrive che si faccia domanda al sindaco del circondario. L'autorità, soprattutto nel caso in cui si vendano alcolici, ha facoltà di rifiutarla, sulla base del calcolo del numero degli esercenti rispetto alla popolazione. Ottenuto un permesso scritto che è personale e annuale, la gestione diventa un obbligo: il locale deve restar sempre aperto e il ritiro della licenza è previsto per chiusure che eccedono gli otto giorni. A meno di tumulti o disordini, di mancata segnalazione degli ospiti alloggiati o delle riunioni pubbliche, l'apertura non verrà revocata. Passando alle leggi fiscali, l'oste deve pagare la tassa di esercizio e il dazio sulla minuta vendita. Adempiuto a tutto questo, il suo problema principale è quello di comprare e vendere vino.

Arturo Marescalchi ha dedicato all'oste un volume, pubblicato nella "Biblioteca agraria Ottavi"[1]. Sono consigli spiccioli di vinificazione, di cura della cantina, di imbottigliamento e conservazione. Sotto la sala comune c'è un piccolo laboratorio chimico dove si colora il vino, lo si taglia, lo si addolcisce, lo si rende frizzante. Con dell'anidride carbonica, un Moscato o una Malvasia diventano spumante; passando acqua sulle vinacce si ricava il vinello, mentre con sciroppo d'uva secca, alcol e infusione di mallo di noci si imita il Malaga. Il capitolo sulla cura dei vini difettosi o malati è istruttivo: trentasette "difetti", dall'eccessiva acidità alla fioretta, passando per il gusto di petrolio e di sego, mostrano quanto la materia prima sia di qualità modestissima, esposta ad alterarsi e medicata con sofisticazioni empiriche. Non di rado le malattie sono imputabili all'oste stesso: potendole correggere egli compra prodotti semiavariati mentre le minori tariffe daziarie che pesano sull'uva e sui mosti, lo spingono a importarli nella città per vinificare in proprio. La

1. A. Marescalchi, *Il libro dell'oste,* Casale, Cassone, 1911

legge fornisce una definizione del "vino genuino" che viene attuata pensando al prezzo e al guadagno.

Risalendo dal fondo della cantina verso la stanza dove si mesce, mentre al buio profondo subentrano luci fioche e chiarori fumosi, l'odore di fondi e di legno fradicio si attenua per far posto a un altro sentore più umano. Dappertutto bottiglie, fiaschi, litri e mezzi litri tarati, boccali e bicchieri coloriti con righe, macchie, sfumature nere, rosse, rosate, gialline. Ora la stanza è piena: ubriaconi, facchini e operai appaiono diluiti nell'atmosfera del locale o stingono su di essa, macchie vinose sopra macchie più antiche. L'oste invece è una figura inconfondibile, onnipresente e vigile. Apre e chiude l'esercizio, accoglie e rifiuta i clienti, mesce ed è questa la sua principale fonte d'autorevolezza, talora intruglia delle minestre o delle polpette, regolate dai medesimi princìpi dei fondi di botti e bottiglie. A Trieste, prima della Grande guerra, all'*Osteria del fumo*, nel popolare quartiere di Città Vecchia, è un dalmata, ex-marinaio, che vive e lavora con i suoi avventori, braccianti, marittimi, carbonai. Li sa riconoscere, a uno a uno, come "componenti della sua famiglia" e ne segue le parole e le boccate delle pipe, calcolando il numero dei litri, questo soprattutto perché deve affrettarsi a riscuotere le ultime consumazioni prima che il bevitore cada in letargo. Verso mezzanotte, con il proprio aiutante, ex-marinaio anche lui, inizia le operazioni di scarico del locale[2].

Questo rituale si ripete, con piccole varianti, dovunque. Eppure l'oste non è mai lo stesso, perché non lo si diventa solo per volontà paterna. Ex-fabbro, ex-marinaio, ex-combattente, con alle spalle spesso una vita avventurosa e travagliata, è un artigiano il quale ha aperto una bottega particolare. Per contrassegno commerciale ha il vino: vendere "il migliore" del proprio paese, del proprio quartiere, della propria via, costituisce un vanto, scovare un buon fornitore, un merito e un segreto. È il

2. A. Leghissa, *Trieste che passa 1884-1914* (Trieste, Italo Svevo, 1971) citato da: L. Fabi, *Alcoolismo, osterie e classi sociali nella Trieste industriale del primo Novecento*, "Movimento operaio e socialista" cit., p. 52

suo sangue blu e la fronda del proprio albero genealogico: proporre Frascati o Vernaccia a Udine rappresenta un modo di segnalarsi e di ostentare orgoglio per le proprie origini romane o toscane. Ma l'oste non è un semplice vinattiere, traffica all'occasione e, in particolare nei paesi, non ha vergogna a esercitare una seconda professione, connessa alla prima come agricoltore, o distinta, come il barbiere. «Un'occupazione alternativa che appare, stando ai risultati d'inchiesta, in frequente accoppiata con quella dell'oste, era quella del sarto»: in una bettola di Longiano, in Romagna, tale doppio impiego si era tramandato per generazioni, a conferma dei miseri guadagni procurati dalle botti[3]. Tutte le "abilità" ereditate o acquisite nel corso della vita, sono offerte al banco, insieme a un litro. I suoi svaghi e i suoi hobby rientrano nella gestione: cacciatore serve la preda in salmì, girovago preleva funghi e lumache, dilettante dal bel canto ne fa profittare a tutti. Come si diventa osti? La filiera più banale è quella del traffico vinario, da produttore a commerciante a mescitore, con un traguardo ambitissimo, la piccola ristorazione. Questa arriva per caso, prima coi salumi o i formaggi, poi con un piatto caldo, tenuto sempre in serbo. Ex-cambusiere, ex-cuciniere durante la naja, ecco un tipo che sa sbrogliarsela. Il mestiere lo si apprende con la pratica ma, per esercitarlo con frutto, richiede prestanza, intuito, senso della responsabilità e comunicazione. Procurare il vino, curarlo e correggerne i difetti, destreggiarsi con la Pubblica Sicurezza e con gli ufficiali del Dazio, scegliere e disciplinare i clienti, soddisfarli senza impicciarsi dei loro affari, dar loro un credito ragionevole e prudentissimo, esigono polso. Che tutte queste doti non siano sempre facoltative, lo attestano il rilascio del permesso d'apertura e la sorveglianza che gli organi di polizia esercitano costantemente sui gestori.

Oltre all'identità sociale, ce n'è una di facciata. Possente o smilzo, generoso o meschino, irreprensibile o malfattore, è un personaggio, e da un capo all'altro dell'Italia porta - come

3. W. Di Renzo Vianello - G. Bravetti, *La Romagna in osteria,* p. 71

quasi tutti i suoi clienti - un nomignolo che ricorda la provenienza, l'antico mestiere o semplicemente un difetto fisico, di cui sarebbe lungo dare solo i più significativi. Se fa cucina, veste un costume essenzialmente formato da un grembiule, lungo sino ai piedi o rimboccato alla vita, di colore blu a Venezia[4]; la sua berretta invece varia secondo le mansioni e le mode, da cuoco, ma floscia, oppure a visiera, come un qualsivoglia avventore. Recita fra quattro mura, e conoscendo meglio di ogni altro i ruoli che via via indossano i suoi clienti, beve con loro, come loro e più, li dirige, li consiglia e li supera in bravura. Il ruolo induce al vizio: venditori e venditrici di alcolici, osti e ostesse, bottai e operai delle distillerie, sono in cima alle statistiche europee dell'alcolismo di fine Ottocento[5]. Mascherare questo vizio, abbellirlo, e recitare il personaggio che si cela dietro l'altro, al banco, costretto a servire i clienti, è un'arte carismatica. Ex-combattente ha delle imprese da narrare, renitente alla leva ruba quelle dei migliori beoni del suo locale. Ogni osteria inoltre ha avuto, nella sua vita, l'onore di ricevere un avventore particolare. Pare che Guglielmo Oberdan fosse capitato una sera da *Marietta di piazza Spada* a Roma[6]: a distanza di una generazione si parla ancora del bel triestino biondo, con gli occhi azzurri, con i lineamenti regolarissimi. Altro cimelio patriottico: Galliano Raddi, compagno di Nazario Sauro, il 12 giugno 1916 nell'impresa di Parenzo, finita la guerra, apre la *Trattoria dei pescatori* a Mariano Lagunare, servendo ai clienti, oltre all'ottima cucina marinara, la propria leggenda[7]. Nella tipologia dei visitatori insoliti, lo scrittore ha un posto a sé, e lascia nel locale qualcosa di più che un nome celebre, anche il proprio fantasma: le visite pastorali di Giosuè Carducci a osterie e trattorie italiane, i banchetti partenopei del 1894 in

4. E. Zorzi, *Osterie Veneziane,* p. 84
5. F. Carpentieri, *Il vino e l'alcoolismo,* Casalmonferrato, Ottavi, 1923, p. 235
6. E. Giovannetti, *Marietta di piazza Spada,* in *Osterie romane,* Milano, Ceschina, 1937, p. 87
7. C. Ermacora, *Vino all'ombra, guida sentimentale delle osterie del Friuli, di Trieste e dell'Istria con un panorama dei vini ad uso del bevitore intelligente,* Udine, Le Panarie, 1935, p. 344

onore di Emile Zola[8], raggiungono lo scopo di arricchire i lari della casa, di insediarvi un idolo straniero che ai distillatori, alle *tabernae* o a Bacco ha consacrato una parcella del proprio talento. Il fatto eroico, l'avventore misterioso, il poeta o il romanziere immortale finiscono per far parte della personalità di chi gestisce, dando al locale un'ulteriore attrattiva che, contagiosa, si trasmette alle pareti, sotto forma di fotografie, e all'insegna. Prima della diffusione della radio e del cinematografo, oltre l'uscio, saliti o scesi tre scalini, c'è un teatrino con attori dilettanti e un gestore-animatore. Costui recita Mangiafuoco, Matamoro e l'Orco, in versione per adulti. In alcune osterie bolognesi si andava oltre le apparenze e, per divertire i bambini e i ragazzi al traino di padri e madri in libera uscita, «ci si prendeva la briga di organizzare un trattenimento» ospitando il teatro dei burattini[9].

L'insegna è la locandina di questo spettacolo. Sospesa sopra la porta d'entrata oppure affissa al muro prepara e avverte l'avventore, racchiudendo in un sol messaggio la quintessenza del consumo e del piacere. Talora dipinta dall'oste stesso, più spesso da un pittore, funge da richiamo simbolico al vino e al cibo. La più semplice e antica consisteva in una frasca, legata a un bastone e sospesa all'esterno, specialmente nelle campagne; il suo uso sino all'inizio del Novecento è attestato dalla Lombardia alla Puglia, con varianti locali e regionali (il grappolo d'uva nel napoletano)[10]. Il ramo frondoso, di pino in Friuli, di alloro o di ulivo più a sud, appariva sulla porta dei casolari dopo la vendemmia, oppure, forgiato in ferro battuto con valore augurale, diventava eterno. Altri distintivi erano i cerchi di botte, le ruote di carro, la bandiera rossa (richiamo, come la frasca, al vino nuovo). Per l'analfabeta assetato, tanto bastava, e il prezzo veniva indicato da un cartone con cinque grandi cerchi, disposti

8. F. Cimmino - V. Pica, *Trattorie popolari napoletane,* Napoli, Pierro, 1900, pp. 19-20

9. R. Monteleone, *Socialisti o "ciucialiter"?,* p. 13

10. A. Marcovecchio, *Osti trattori e venditori di cibi cotti,* "I segni dei mestieri", Roma, Leonardo de Luca, 1992, p. 137

come i punti del domino, i cinque soldi del mezzo litro, le cinque dita della mano. Nell'elaborare un messaggio pubblicitario più complesso, gli osti attirano il cliente marcando con una immagine e una scritta quanto offrono di meglio, un prodotto particolare ("vera grappa di Piemonte") o un prezzo conveniente ("Vino toscano per réclame cent. 75 litri 2 e 1/2"). Lo stereotipo "vino buono" è speso un po' ovunque, abbinato al nome del locale, con varianti sorprendenti e rebus che, nel Veneto, prendono l'aspetto di «due oche accanto alle quali è scritto *vin* e altre due con accanto scritto *bon* e voi potete leggere: *o che bon vin, o che bon vin*!»[11].

Tra le insegne bergamasche registrate da Luigi Angelini e riprodotte nel 1931, ne figura una di Urgnano con una nave a vela che trasporta botti, con l'epigrafe: *vero vino Trani e Barletta*, e una seconda, di Monte di Nese, con il sibillino annuncio: *Alla quiete vino cattivo*[12]. Un vino può essere imbevibile solo per scherzo e questo motto di spirito ha fortuna in molte regioni: «Curioso è anche l'osservare come spesso il venditore si burla della propria merce: chi non ricorda di aver visto mille volte a Roma *vino cattivo* e di aver udito da un venditore ambulante lodare il suo *sapone puzzolentissimo*?»[13]. Dall'oste al cliente, l'antifrasi è ripresa e centellinata, e serve a designare le proprietà perfidamente inebrianti della bevanda, la sua capacità di pizzicare i nervi, di tagliar le gambe e mettere in testa certe idee, come risulta da un passo celebre di *Quer pasticciaccio brutto de via Merulana,* in cui l'ispettore Ingravallo, inalata l'aria pura come un'ambrosia, s'avvia pregustando una buona sosta davanti ad una bottiglia, una di quelle vere dei Castelli: «A Marino artro che quel'ambrosia ce sta! a la grotta der sor Pippo ce steva un bianco malvagio: un vigliacchetto de

11. D. Provenzal, *Insegne popolari fiorentine,* "La lettura", novembre 1909, p. 944

12. L. Angelini, *Insegne d'osteria bergamasche,* "Rivista di Bergamo", luglio-agosto 1931, p. 346

13. D. Provenzal, *Insegne popolari fiorentine,* p. 944

quattr'anni, in certe bottije che cinque anni prima avrebbe elettrizzato il ministero Facta»[14]

Epigrafi, icone, simboli, figure del gioco e della fortuna sono le diavolerie sospese ai muri, ammiccanti al sottostante rifugio. Danzano al vento e sfidano le tempeste lanciando spesso oscuri avvertimenti. Per attrarre e dissuadere il cliente, alla rappresentazione di fiaschi e botti, s'alternano le scritte in versi che scoraggiano il consumo a credito e la turbolenza. Varcata la soglia, vige un codice contraddittorio secondo il quale tutte le libertà sono concesse agli avventori che devono rispettare alcune regole:

Entrate cantando
Uscite pagando

Entra pure amico mio
Mangia bevi e godi
Ma non piantar chiodi[15].

Se è vero che la bettola è il rifugio degli assetati, non mancano gli annunci di miglior ristoro: all'ingresso di un'osteria di Romagnolo nei pressi di Palermo, sino alla metà del XX secolo, una tabella di gran taglia, vivacemente colorata da un pittore di carretti, rappresentava «un gruppo di persone intente a banchettare intorno ad una tavola rotonda»[16]. Non è tuttavia l'approccio più indicato per i viandanti incerti, con qualche lira in fondo alla tasca e timorosi di pagar cara la loro scelta: se Pulcinella sta in agguato sulla porta col suo nasone, se i colori dell'insegna sono troppo vivaci non ci sarà forse sotto un inganno? Più dei gaudenti e dei dissipatori, degli osti con o senza maschera, sono i cibi, di buon sugo e modico prezzo, a far da richiamo e a deciderli. Il migliore presentimento è la proposta di un piatto caldo.

14. C. E. Gadda, *Quer pasticciaccio brutto de via Merulana, Romanzi e racconti II*, Milano, Garzanti, 1989, p. 54

15. L. Angelini, *Insegne d'osteria bergamasche*, p. 299

16. A. Buttitta, *Cultura figurativa popolare in Sicilia,* Palermo, Flaccovio, 1961, p. 255

La specialità gastronomica, laddove si tratti di osteria con cucina, può essere enunciata all'esterno tramite un pannello che recita in toscano: "paste al sugo-pronte", "fagiuoli cotti in forno", "oggi caciucco". La figura dell'oste o del garzone accanto alla scritta, appare nelle insegne fiorentine del primo Novecento, e proclama la disponibilità ininterrotta del cibo effigiato ("fagioli sempre bollenti") offrendo un ritratto del gestore che, sulla porta, invita a entrare, mostrandosi grasso, cordiale, sincero e, grazie al grembiule e alla berretta bianca, pulito. Permettere di vedere il cuoco dalla strada, mentre solitamente se ne sta confinato in un angolo protetto e fumoso o in un vano separato dalla sala, è un espediente per esibire e garantire la genuinità degli alimenti. La sua immagine su di un pannello sagomato di dimensioni "reali" rappresenta, nelle trattorie prospicienti alle vie di passaggio, una ulteriore estensione di tale forma di richiamo.

Le più originali di queste insegne, esposte nel 1992 in una mostra del Museo nazionale delle arti e tradizioni popolari di Roma[17], non devono tuttavia indurre a credere che la segnaletica pubblicitaria avesse codici complessi e raffinati: immagini scherzose, giochi di parole figurati-scritti, avventori sorridenti e pignatte fumose, cuochi-servitori e venditori al banco, gobbi e pulcinella fanno parte di quella comunicazione da strada cui ricorrono anche gli ambulanti. Il richiamo variopinto e polifonico di questi ultimi non è universalmente accolto da chi tiene bottega: può venire frainteso come un trucco da imbonitori e, ricordando le voci gridate per via, seminare il sospetto. Poco si addice alla gravità dell'osteria che conta sulla propria rinomanza e su di una clientela fedele. C'è un modo altrettanto sicuro e diffuso per attrarre clienti, puntare sulla discrezione, affiggendo il nome o soprannome del proprietario o il titolo dell'esercizio, ovvero occultandoli dietro un semplice: "vini" o "vini e cucina".

Nelle insegne citate, non appare, per riserbo o per pudore, il ritratto di una donna anche se il suo nome, Marianna o Caterina,

17. *I segni dei mestieri, banchi, grida, insegne,* Roma, Museo nazionale delle arti e tradizioni popolari, 10 giugno-31 dicembre 1992

passa all'osteria e serve a identificarla verbalmente. In realtà, dietro l'oste, o in sua vece, c'è un'ostessa cui spetta la cucina, per il suo uomo, i suoi figli e, talora, gli avventori. In città, dove c'è un mercato e degli approvvigionamenti regolari, è lei che dà l'impronta al locale, con un breve conto della spesa e con i suoi piatti, gli stessi per tutto l'anno. Sulla loro confezione si esprime con reticenza: sono onesti e genuini e, quando incontrano l'approvazione, rimangono un suo "segreto" che non si ritrova codificato in alcun libro. A differenza della massaia che compie il medesimo lavoro per un numero limitato di persone, ha la tempra e la durezza di una commerciante e la stretta economia dell'una diventa, nell'altra, una gestione remunerata. Che aspetto ha un'ostessa? La fisiognomica ha ricamato sul suo profilo. A Roma, sono «tutte basse e grasse» e spesso sono le titolari di un esercizio che offre vino e cucina[18]. Più che l'avvenenza, la mole incute rispetto e affetto - pappa e ciccia per gli avventori - e titilla l'ugola. Nessuna porta un indumento professionale, a meno che si considerino tali il grembiule e le ciabatte delle cuoche, o lo stesso grembiule meno macchiato e un ninnolo della servente. Non sono rari i casi in cui tutto il personale sia femminile: ne *L'Osteria delle tre ragazze*, nella capitale, la madre sta in cucina, una figlia gestisce mentre la seconda riceve le ordinazioni; a esse si è aggiunta una sguattera che arranca qua e là[19]. Nulla vieta che la maggiore delle figlie finisca per occupare il posto della genitrice, a preparare le medesime minestre e pastasciutte. Memoria e testimonianza di queste filiazioni sono giunte sino a tempi recentissimi: l'osteria, poi ristorante tipico, *Manuelina* di Recco porta il nome di tale Emanuela Capurro, defunta nel 1950 (a ottant'anni) cui è subentrata la figlia Emanuela Cichero. Scomparsa anch'essa, nel 1967 restano le due nipoti (Mariarosa ed Emanuela Cichero) che continuano a parlare e a cucinare in dialetto[20].

18. E. Giovannetti, *Marietta di piazza Spada*, p. 85
19. L. Huetter, *L'Osteria delle tre ragazze*, in *Osterie romane*, Milano, Ceschina, 1937, p. 243
20. G. Colorni, *I segreti dei grandi cuochi*, Milano, Franco Angeli, s. d. (1967), pp. 165-167

Lo spazio in cui la cuoca lavora e serve è di dimensioni modeste: nella maggior parte dei casi, si tratta di un localetto senza pretese, consistente in un cucinino, con due stanze basse e adiacenti in cui pranzano e bevono vetturini e operai. Le dimensioni variano poco perché l'acquisizione di nuovi vani e i lavori per renderli accoglienti cambiano la natura dell'esercizio. È invece necessario, per una pigione modesta, che la metratura resti quella di una bottega con eventuale pergolato sul retro e qualche tavolino sulla via. La fisionomia dei gestori ha la sua importanza nel trasformare questo luogo di passaggio in un ritrovo, nell'assicurare ai clienti la presenza di una coppia che ha il compito di garantire l'ordine, nutrire, regolare il gioco e lo svago. Oste e ostessa sono un padre e una madre, nell'accezione pubblica e civica del termine. Lui pranza al proprio tavolo, in mezzo agli avventori, servito dalla moglie. Quando i fondatori sono defunti, e il locale viene gestito dai figli, i loro ritratti fotografici ricordano che essi sono sempre lì e che, dall'oltretomba, non hanno perso il vizio di vigilare.

Questa famigliola può estinguersi oppure allargarsi trasformandosi in un'impresa che assume i prossimi parenti e qualche figlioccio come apprendista. Costoro non saranno necessariamente dei futuri osti, confinati nei limiti imposti dalla categoria dell'esercizio. Fra tutti ci pare significativo il caso di Luigi Carnacina, divenuto non solo uno dei più reputati direttori d'albergo ma il maestro di cucina dell'Italia del secondo dopoguerra. Racconta egli stesso gli inizi a Roma, sua città natale, in una osteria vicina alla stazione ferroviaria:

> Avevo dodici anni, non possedevo una lira e nessun mestiere. Il 2 settembre 1900 feci la Prima Comunione, ed il giorno dopo iniziai a lavorare presso l'osteria del mio padrino (un romagnolo tanto buono che era stato amico di mio padre) in qualità di camerieretto. Dalle sette e mezzo del mattino fino a sera, per fare la pulizia del locale e servire con la massima sveltezza vetturini e conduttori, i quali, in attesa dell'arrivo dei treni, bighellonavano tra un'osteria e un caffè, e non mi risparmiavano né frizzi né motti, quando non si

trattava di insulti e contumelie per un attimo di ritardo o di disattenzione[21].

Orfano dei genitori, con quattro fratelli minori a carico, Gigi Carnacina, la sera, con il permesso del padrino, racimola i resti di minestra e di pane, e li porta a casa. La mattina, un'ora prima di prender servizio, riceve lezioni di francese da un povero storpio in cambio di 5 lire mensili e una tazzina di caffè nero. Cosa sogna, nei momenti di pausa? La marsina del cameriere. Il suo tirocinio dura due anni a capo dei quali viene assunto in una pensione di via Veneto, e non ritornerà più indietro a lavorare in siffatti locali.

Avrebbe potuto, con umiltà, pazienza e senza l'ambizione che lo rodeva, succedere al padrino. Il lavoro è il primo capitale investito in un esercizio e spiana la strada alla proprietà. Nell'*Osteria Beltramme* in via della Croce 39 a Roma, scomparso Beltramme Moscardini che l'aveva fondata nel 1889, gli succede Felicita la figliola, ma di fatto ne esercita le funzioni il vecchio Cesare, entrato al servizio a tredici anni e mezzo[22]. È lui che fa tutto e continua la tradizione toscana del locale, dell'olio della Lucchesia, della finocchiona, del vino di Poggibonsi. Sono figure non insolite, segnate da un destino minore, questi figli naturali del bettoliere che finiscono per confondersi con le mura e i tavolati di legno, sino a reincarnasi nel padre. Confermano anch'essi come la famiglia allargata da adozioni e incroci sia la struttura forte su cui poggia l'osteria, e come questa eserciti nei confronti della propria progenitura, i servi e gli avventori, una singolare autorità. Al contrario di Cesare, Luigi Carnacina, orfano e ambizioso, sfugge deliberatamente la piccola impresa familiare, cercando nell'albergo di lusso il modello di una società ricca, gerarchica e moderna.

Questa scelta non deve essere interpretata come un segnale

21. L. Carnacina, *A la carte*, Milano, Veronelli, 1958, pp. 5-6

22. E. Veo, *Beltramme in via della Croce*, in *Osterie romane*, Milano, Ceschina, 1949, p. 300

sfavorevole all'esercizio in cui aveva appreso i rudimenti del mestiere. L'emigrazione e la ricerca di un lavoro meglio retribuito caratterizzano nel 1902 lo status di moltissimi giovani. Quando tornerà dai suoi viaggi per ricoprire la carica di maître dell'Excelsior di Napoli, nel 1926, la situazione del ristoro popolare era di poco cambiata ma egli sedeva ormai all'altro capo della tavola. Il mutamento radicale lo si vedrà nel secondo dopoguerra, non tanto a causa di una lenta evoluzione dell'osteria in trattoria quanto per i cambi di proprietà e per i traslochi che ne alteravano la natura originaria. La scomparsa di una fetta di un quartiere, con i suoi abitanti, sostituito da qualche edificio nuovo o restaurato, il passaggio di una clientela turistica e danarosa che impone di acquisire nuovi spazi e nuove luminarie, tolgono la patria podestà all'oste, e imborghesiscono sua moglie. Si scioglie il legame con gli avventori e si dissolve il nodo saldissimo tra vita domestica e pubblica della coppia. Anche in questo destino, che ha caratterizzato moltissimi esercizi, si può leggere il riflesso di una trasformazione della famiglia di commercianti, passata da un ruolo eminentemente sociale a uno economico, imprenditoriale.

La (prima) morte dell'osteria, iniziata fra le due guerre ma precipitatasi negli anni Cinquanta, non è il frutto di una rivoluzione dei fornelli né di chissà quale nuovo e diabolico stile nutritivo, ma di un regime matrimoniale e patrimoniale. La celebre coppia dell'oste e dell'ostessa non celebrerà le sue nozze d'oro con i clienti, ma la ritroveremo rapita in un vortice di calcoli commerciali e finanziari, pronta a desistere o a scommettere di fronte alle avversità. Basta guadagnare un po' di più o un po' di meno, sentirsi schiavi dell'orario o volersi affrancati, per ricominciare da capo. Non c'è più avvenire sotto l'insegna "vini e cucina": marito e moglie hanno piani autonomi, anche se possono e talora vogliono realizzarli insieme. Per adeguare il locale a questa progettualità, investono nei muri, arredano le sale, cambiano il menù e scommettono sulla clientela. Divenendo ristorante, l'antica buca offre piatti simili, progressivamente ingentiliti o pasticciati, in una sala cui manca il sentore della cantina, il fumo del vano di cottura e il servizio fatto dalla serva cinta del suo grembiule. Nessuna delle consuetudini, dall'impiego dello strofinaccio sul tavolo al travaso dei liquidi, dal recupero dei fondi al riuso dei resti, con i nuovi ordinamenti igienico-sanitari deve essere tollerata. Le polpette e il litro di bianco della casa scompaiono. Quell'igiene che gli antialcolisti avevano invocato invano dalle autorità, nelle mani della burocrazia diventa obbligo, teoricamente sospeso sopra il capo come una mannaia. Tasse, contributi sociali, regolamenti amministrativi stimolano la conversione di una "cucina casalinga" in un esercizio con una quotazione di mercato. L'osteria sarebbe dunque morta per legge.

La resurrezione recente di locali chiamati *osterie* non poteva coincidere con un ritorno alla mentalità e al lavoro di un tempo, con un restauro museale della comunità popolare, ma avviene nel rispetto di un quadro normativo rigido, imposto a tutti, piccoli e grandi ristoranti, fast food e bar, e porta un segno diverso, gastronomico ed enologico. L'oste non è più l'ex-marinaio né il vinattiere divenuto mescitore, ma un cliente amante delle buone cose che ha deciso di mutare ruolo, di passare dall'altra parte per vendere e per insegnare. Il cibo è, per lui, lo strumento con il quale riqualificare il commercio scegliendo prodotti ben selezionati, espressi nella formula vaga *cucina di territorio*, al fine di imporre consumi attenti ai messaggi sensoriali e di valorizzare piatti intesi come patrimonio collettivo. I suoi vini, non più misurati a litri, sono una piccola enciclopedia di buon gusto, indicizzata dai prezzi e dalle etichette. La socialità della nuova osteria, che è un luogo di civile ristoro, passa ora attraverso i beni di consumo e s'è trasferita in essi.

LE PRIME INDICAZIONI

Il turista straniero in Italia, nel 1872, conosce a malapena la parola osteria. Inglese, francese o tedesco l'ha letta nel Baedecker, dove figura nel volume consacrato in lingua francese all' "Italia Centrale" con la seguente descrizione: «panche di legno, molta sporcizia, vino variabile. Chi vuole cenarvi, faccia provvista di prosciutto, salame, formaggio, dal salumiere»[1]. È Roma la sola città dove la sosta vi è raccomandata, per una ragione che non ha nulla a che fare con il ristoro. Le osterie sono infatti «il vero teatro della vita popolare». Al Testaccio, di domenica, c'è un pieno di gente che va a divertirsi, e lo spettacolo vale un giro e una sosta con le precauzioni d'uso. «Nelle osterie (cabarets) si beve vino locale buono (da 6 a 10 soldi la foglietta), talora si può avere del pane e del formaggio, o dei piatti caldi (osterie con cucina)». Come sceglierle? È presto detto, bisogna dirigersi verso quelle più affollate: lo spettacolo sarà migliore.

Il ristoro nella capitale è affidato in prima istanza agli alberghi, quindi alle trattorie, da quelle eleganti, con cucina francese, alle meno care, con piatti romani, piemontesi e "italiani", quindi ai caffè, alle liquorerie, alle birrerie. Altre soste, nelle cantine e nelle mescite non sono raccomandate, i rischi essendo quelli ben noti: la sporcizia e i prezzi fissati in base alla faccia del cliente (e comunque derisori). Per i piatti tipici - il fritto, l'abbacchio e le carni in umido - ci pensano le trattorie; solo il vino potrà riservare qualche piacevole sorpresa più in basso.

Oltre alle osterie di piazza Colonna, del Pantheon e del Teatro Marcello, ci sono quelle fuori porta. Sono menzionate solo quando figurano nei percorsi come tappe imposte dai trasporti o dal paesaggio. I turisti le vedono sulla via Appia, a Ostia antica, come una parte dei siti, sfuggita al lavoro degli archeologi. Allontanandosi dalle zone suburbane, se ne incontrano altre, a

1. *Italie - Manuel du voyageur par K. Baedecker - Deuxième partie, Italie centrale et Rome,* Coblentz, 1872, p. XXXI e pp. 87-88

intervalli regolari. Sulla strada per Tivoli o su quella per Palestrina, o andando verso Bracciano, le osterie segnalano un bivio, offrono sosta ai carri, forniscono la base per escursioni. In assenza di un albergo raccomandato, i turisti ne devono ignorare i servizi, portando con sé la propria colazione. La malaria e le febbri tifoidee sono sicuramente all'origine di questo ostracismo.

Un principio di elementare prudenza consiglia dunque l'osteria solo entro le città murate, nei centri dove il visitatore ha già un rifugio, nel proprio albergo. Bere in bicchieri sporchi, mangiare in piatti unti, farsi imporre i cibi, domandare l'ubicazione delle latrine inesistenti o inaccostabili, sono rischi che i compilatori delle guide non consigliano di correre. Siccome cibo e vino hanno prezzi ridicoli, tanto per vedere, talora si varca una soglia, si guarda. A Firenze, ne è menzionata una, "Il Barile", per una particolarità curiosa: vi si domanda un fiasco e si paga in proporzione a quello che si è bevuto[2]. A Venezia, a Milano e in tutte le città sulla linea ferroviaria che le unisce, non ne è indicata, nei Baedecker, una sola. La grande attrazione dell'Italia sono i caffè, con i loro servizi di gelateria, sorbetti e granite, con le misture di cioccolato e di latte.

Il silenzio calato sulle osterie, che pur sono numerosissime, si spiega con una particolarità: l'esistenza della trattoria. Teoricamente può essere l'equivalente del francese "restaurant" o del ristorante italiano, in realtà essa offre un ventaglio assai ampio di servizi e di cibi, ivi compresi quelli discreti e modesti. Da un punto di vista lessicale, anche trattoria sarebbe un francesismo derivato da *traiteur* (colui che fornisce cibo pronto da asporto), a conferma che l'unico termine autenticamente italiano resta l'osteria, riservata però agli autoctoni. A complicare questa organizzazione dei servizi di conforto, si aggiunge, qua e là, l'offerta ambulante, quel cibo occasionale che fa parte del teatro urbano e popolare. Napoli, naturalmente, è al primo posto, per una di-

2. *Italie - Manuel du voyageur par K. Baedecker - Première partie, Italie septentrionale*, Coblenz, 1873, p. 338

stribuzione eteroclita cui fa difetto, nel Baedecker del 1872, la menzione della pizza. È la patria dei maccheroni, distribuiti per le vie conditi con cacio piccante, e un grande mercato di pesce, buono, ovunque. A Santa Lucia, il meglio è consumarlo nelle stesse botteghe, dove «volendo studiare il carattere del popolo, ci si deve sedere senza riguardi alla tavola del proprietario»[3].

Gli itinerari gastronomici indicati dai Baedecker verranno aggiornati nei decenni seguenti. La gerarchia dei locali rimane la stessa, con alcune integrazioni significative, stimolate da un maggior interesse al commercio del vino e alla cucina locale. Cominciano a diffondersi nelle grandi città le insegne con i termini *Toscana* e *Firenze*, grazie a un abbinamento di cucina e cantina che incontra molto favore. A Milano nel 1886 è raccomandata la *Fiaschetteria toscana*[4]. Altre due fiaschetterie sono indicate a Padova nel 1913, di cui una con offerta di «carni fredde»[5]. È il vino che guida la scoperta di nuovi esercizi: a Napoli, nel 1903, si suggeriscono «alcune mescite dall'organizzazione primitiva, in particolare l'*osteria Vincenzo Bifulco* vicolo Conte Mola, e *da Luigi Trevisan* via S. Giacomo 41/43» per il «vino caldo»[6]. Una maggiore sensibilità ai consumi locali dischiude settori della ristorazione sino ad allora taciuti, iniziando i turisti alle gerarchie gastronomiche apprezzate dagli stessi napoletani: intorno alla città è segnalato il pullulare di trattoriucce di campagna, frequentate, in estate, dalla piccola borghesia e dagli impiegati. Le sovrasta dal Vomero la trattoria dei Pallino, con le sue celebrate pietanze: la zuppa di soffritto, la minestra maritata, i vermicelli alle vongole e il capretto al forno[7]. Vincenzo, nipote e figlio d'arte, aiutato in cucina dalla madre e da due zie, col suo paio di baffoni biondicci e il ven-

3. *Italie - Manuel du voyageur par K. Baedecker -Troisième partie, Italie du sud et la Sicile,* Coblenz, 1872, p. 26
4. *Italie - Manuel du voyageur par K. Baedecker -Première partie, Italie septentrionale,* Leipzig, 1886, p. 84
5. *Italie septentrionale - manuel du voyageur par Karl Baedecker,* Leipzig, 1913
6. *Italie méridionale - manuel du voyageur par Karl Baedecker,* Leipzig, 1903
7. F. Cimmino - V. Pica, *Trattorie popolari napoletane,* p. 13

tre capace accoglie i clienti sberrettandosi e pronunciando la frase rituale: «Quanti simme?» senza abbandonare il mestolo nella mano sinistra[8].

Si arricchisce, a Roma, la segnalazione delle osterie di cui talora è indicato il solo indirizzo. Nel 1909, non sono più soste facoltative per godere di uno spettacolo popolare, ma hanno qualcosa da offrire. Da *Pacifico Piperno*, piazza Monte de' Cenci 9, un nome che non uscirà più dai vademecum, in aprile e in maggio, si potranno ordinare «i carciofi fritti all'olio, *alla giudea*»[9]. L'esplorazione delle osterie del ponte Molle e di Porta Pia è pure consigliata, mentre per le soste fuori dall'urbe, le indicazioni di prudenza non mutano. Non è certo l'inserimento di qualche insegna, le osterie di *Malafede*, di *Mezzocammino,* di *Tor di Valle* e del *Ponticello,* fra Ostia e Roma, a correggere un quadro generale dai pesanti sottintesi igienico-sanitari.

Dal 1872 al 1909, la revisione più significativa non concerne la ristorazione. Nel 1872 si viaggiava in treno, battello a vapore e diligenza; trentasette anni dopo il vetturino è scomparso, o meglio confinato nelle città, e a sostituirlo ci sono la bicicletta (bagaglio a presso in ferrovia) e le prime pesanti automobili. L'azione del Touring Club Ciclistico Italiano (TCCI), fondato a Milano nel 1895[10], è recepita nei Baedecker con grande favore. I nuovi veicoli sono fattori di omogeneità culturale tra le varie nazioni e insegnano a comunicare in modo diverso. A tre velocità (carbone, pedale, motore) anche il paesaggio gastronomico viene modificato e si apre dalla grande città con stazione, alla campagna e alla provincia. Un'analisi ravvicinata dell'escursionismo sportivo fa apparire tutta la sua rilevanza in una storia dell'osteria italiana.

Le guide del TCCI, edite dal 1895 e firmate da Luigi Vittorio

8. F. Cimmino - V. Pica, *Trattorie popolari napoletane*, p. 8; M. Nahartii de Luco, *Trattorie e cuochi celebri nella Napoli dell'800,* p. 52

9. *L'Italie centrale, Rome - manuel du voyageur par Karl Baedecker,* Leipzig, 1909

10. Per una breve storia dell'associazione si consulti: Touring Club Italiano, *90 anni di Turismo in Italia 1894-1984,* Milano, TCI, 1984

Bertarelli, affrontavano i problemi posti dal viaggio per ordine di priorità: lo stato delle strade, le indicazioni del percorso, le tappe. Subordinatamente prospettavano le esigenze di manutenzione (del veicolo) e di ristoro. Pilastro dell'escursione restava l'albergo-ristorante che imponeva il pernottamento in piccole-medie città; tutta la tappa si svolgeva invece in un paesaggio in cui la campagna prevaleva, solcata da vie e segnata da villaggi e casolari. Fuori porta, lasciatasi alle spalle l'urbe, cominciava la vera escursione. Per renderla possibile occorreva bere, e le guide del TCCI sono una mappa idrica preziosissima. Sorgenti, fontanili, pozzi sono indicati con precisione, così come le acque infette e quelle a rischio. Vengono quindi le osterie. Esse hanno molteplici funzioni. Servono da indicatori di percorso, situate nei vecchi tragitti per carri e diligenze, vicino ai ponti, presso i bivi e i crocicchi; sono punti di ristoro che garantiscono acqua e vino; sono un tetto per ripararsi quando il maltempo o il sole cocente rendono difficile la prosecuzione della scampagnata. Affrontate di giorno, scendendo dalla bicicletta, in numerosa brigata, fanno meno paura. Nel giro di pochi anni, alcune di loro diverranno soste attrezzate per l'emergenza grazie alla dotazione «di cassette di riparazione ad uso esclusivo dei soci»[11].

Studiate sotto il particolare profilo della locomozione, le guide ciclistiche si rivelano insufficienti agli occhi di quei soci che amavano le brevi soste, per bere una bibita e per visitare un monumento, e non valutavano il tragitto in termini di sola pendenza. Olindo Guerrini, che era salito in sella per emulazione nei confronti del figlio, se la prende con i compilatori laconici. Autore di un'*Arte di utilizzare gli avanzi*, restata manoscritta sino alla morte, ha concesso il suo vernacolare talento a osti e ostesse, in particolare a tal Rosa Betti, in arte *Zabariona* del Borgo di porta Adriana di Ravenna. Ricordiamone la silhouette:

Lì la puretta l'era una grassona

11. *Rivista mensile del Touring Club Ciclistico Italiano,* ottobre 1896, p. 196

Con un cul ch'è' pareva una capana
E la faza più tonda ch'n'è la lona[12].

Avendone le ostesse cullato l'estro, con l'amore delle «pancificae musae» di Teofilo Folengo, più di una insegna egli è in grado di riconoscere sollevando il capo dal manubrio, e non le disdegna perché lo sport gli ha irrobustito l'appetito («Andate in bicicletta coi figli e dopo un mese digerirete le cipolle crude»)[13]. Colazione al sacco, durante il giorno, soste alla ventura, raramente nelle piccole città di cui alcune sono chiuse, per ordinanza municipale, al traffico cicloturistico, e pranzo in albergo la sera: questo è il regime dei soci, con una variante, non indicata nelle guide ma messa in pratica tacitamente, il rifornimento di cordiali e di bevande energetiche. Olindo Guerrini, prima di partir di casa, la mattina dell'escursione prendeva «un caffè forte con qualche goccia di cognac»[14]; notizie indirette su tali consumi, li abbiamo soprattutto nel periodico mensile del TCCI che affronta con prudenza lo spinoso problema della sete degli sportivi. Sono menzionati i vermut d'incoraggiamento alla partenza, gli aperitivi all'arrivo preludio di cene con almeno quattro portate, copiosamente annaffiate. Dopo di che il sonno, nella stanza di un grand hotel, con un bicchiere d'acqua zuccherata sul comodino: il biciclo che nel 1897 costa dalle 400 alle 500 lire, è un segno di agiatezza che si riflette in tutti i consumi. Poco chiaro invece è il vitto dello sportivo in sella, e soprattutto il contenuto della sua borraccia. La questione viene affrontata per così dire indirettamente, traducendo nel 1901 un articolo della *Deutsche Warte* dal titolo *Ciclismo e bevande alcooliche. Teoria e pratica*. Un passo in

12. W. Di Renzo Vianello - G. Bravetti, *La Romagna in osteria*, p. 98. I sonetti *Da la Zabariona* sono cinque; l'ultimo è scritto alla vigilia della morte, nel 1916, e pubblicato dal figlio nel 1920. Ci siamo serviti di una recente edizione: O. Guerrini, *Sonetti romagnoli*, Bologna, Zanichelli, 1957, p. 17-21
13. L. Stecchetti, "Come divenni ciclista", *In bicicletta*, Catania, Giannotta, 1901, p. 23
14. *ibidem*, p. 119

particolare merita attenzione:

> «Sono rarissimi però i casi di ciclisti i quali, per amore della bicicletta, abbiano completamente abbandonato l'uso delle bevande spiritose. Molti notano anche, nella risposta all'inchiesta, che nelle osterie non si può sempre avere senza difficoltà latte o limonata, e ciò si capisce! L'inchiesta è interessante e sarebbe utile il farla anche in Italia...[15].

L'inchiesta non si fece e nessuno si pronunciò nel merito, benché non mancassero le fonti per ipotizzare le risposte e persino le raccomandazioni concluse da un invito a moderare il consumo degli alcolici e a diffidare dei vinacci. In margine alla rivista mensile dei soci del TCCI fiorisce una letteratura spregiudicata, moderna, piccante di cui Alfredo Oriani, pioniere del pedale nel 1894, produttore di un vino, il *Cardello*, e gran frequentatore di osterie faentine, era stato con *La bicicletta* un promotore[16]. Esistono persino dei diari cicloturistici e, fra quelli più singolari, vi sono i cinquantun sonetti romagnoli di Olindo Guerrini che commentano, tappa a tappa, il gran *tour* di una comitiva organizzata dal TCCI. Era un percorso irto di difficoltà, con escursioni montane, lacustri e marittime, da Ravenna a Gressoney con ritorno per Milano e Venezia, trasbordo in nave sino a Trieste e rientro a casa, passando per la scuola enologica di Conegliano. È l'anno 1901, e il poeta cita alberghi (Gressoney), ristoranti (Modena), rifugi alpini (Monte Rosa), birrerie (Trieste), confermando i citati indirizzi organizzativi che privilegiano l'ospitalità qualificata. Ci mette del proprio recensendo piatti e prodotti tipici (zampone di Modena, agoni del lago Maggiore, biscotti di Novara, salsiccia di Treviso, salama da sugo) e qualche vino tra cui il Gattinara, il Lambrusco e il Val-

15. *Rivista mensile del Touring Club Ciclistico Italiano,* aprile 1901, p. 114
16. A. Oriani, *La bicicletta,* in *I racconti,* Roma, Salerno, 1977, t. II (quattro sono le novelle raccolte con i titoli: *Il velocipede, La bicicletta, Il tandem, Il triciclo*); vedasi anche di P. Zama, *Alfredo Oriani e le osterie di Faenza,* "Enotria", agosto 1933

policella. Visita le osterie del Lago Maggiore e di Verona senza mai reprimere, per tutto il viaggio, la nostalgia di quelle romagnole. Le prime tagliatelle al ragù con molto formaggio, dopo una lunga astinenza, le mangia a Ferrara, e gli strappano un grido di gioiosa rimpatriata: «*Oh al parpadell cun 'e ragù ch'e'-gronda E infurmaiedi come queli d'Frera!*». È a un passo, a una forchettata dall'arrivo. Lasciata alle spalle *Frera* (Ferrara) e passato *Portmagior* (Portomaggiore), fa l'ultima sosta in una bettola *d'Arzenta* (Argenta), davanti a un mezzo litro vigliacco e traditore: «*e' mezz ven fort arabì...*». In sella di nuovo sino *agli Infulsen* (Alfonsine), quindi l'effetto acido del vino comincia ad arrivargli a fior di labbra: le ultime pedalate si avvicendano stracche sopra i cicli barcollanti, con il bruciore allo stomaco e il corpo sudato. «*E andemia adesi da la gran stracona Cvirt de la porbia e cun e' sol in t'i'occ*»[17]. Guerrini e il figlio Guido non demordono, hanno un sussulto di insperata determinazione e, assetati, entrano in Ravenna al grido di «Forza da la Zabariona!».

Con questo ruolo di dispensatrice di spiriti agli audaci, l'osteria è riammessa nei circuiti turistici e nelle vacanze borghesi, e se ne vedranno le conseguenze dopo la prima guerra mondiale. Grande merito delle guide del TCCI è una segnalazione che permette di valutarne la densità relativa (da calcolarsi combinando i due indici della "ospitalità" e del "tracciato"), alta vicino a Roma poi sempre più bassa a mano a mano che ci si allontana: sette osterie sul tratto Roma-Albano (21 chilometri), una sola fra Albano e Velletri, nessuna fra Velletri e Cisterna di Roma[18]. Comparando la guida della Lombardia (1895) e quelle del Piemonte e del Lazio (1898) notiamo come, in pochi anni, il loro numero aumenti, in virtù non solo del tipo di habitat descritto ma dell'esperienza stessa dei soci desiderosi di pianificare meglio le proprie soste. Dalla Lombardia al Piemonte, ciò è spiegabile più che con rilevazioni statistiche, con una evoluzione del costume e

17. «Andavamo adagio per la gran fiacca coperti dalla polvere e con il sole negli occhi», O. Guerrini, *Sonetti romagnoli*, p. 105
18. *Guida itinerario dell'Italia - Parte II - Guide regionali, fascicolo III - Lazio*, Milano, 1898, p. 118

una crescente sensibilità ai tempi del viaggio, a un ritmo meno agonistico, di diporto. Per il Lazio, le ragioni sono altre: la sua conformazione geografica, la sua storia segnata dai pellegrinaggi, l'importanza sociale dello spaccio di cibo e di vino, ne fanno la regione italiana con maggior densità d'osterie. Sarà questa una costante della loro promozione nel primo Novecento.

Per modificare spazio e consumi, ci vogliono delle strade e dei turisti in movimento. Nel 1907 il Baedecker non risparmia elogi al TCI (con le prime automobili la sigla è stata modificata) e consiglia l'itinerario cicloturistico ben collaudato Firenze-Roma, di sei giorni con pernottamenti ad Arezzo, Perugia, Foligno, Terni, cittadine con un'organizzazione alberghiera soddisfacente, collegate anche dalla ferrovia. L'esistenza di quest'ultima, in alternativa alla strada carreggiabile, mostra quale impulso la ristorazione possa ricevere dai nuovi sistemi di trasporto alternativi e incrociati: i buffet delle stazioni (e i prospicienti alberghi) sostituiscono ormai le locande della posta, offrendo al viaggiatore un cibo più "italiano" che locale. Anche il caffè e la trattoria vengono attratti in questa orbita. La bicicletta e l'automobile obbligano a ricalcolare le distanze in chilometri/ora tra le città e impongono una riorganizzazione extraurbana dei punti di rifornimento. Combinando le necessità della dieta sportiva e di una costante reidratazione, l'esigenza delle colazioni al sacco e di apporti energetici occasionali, favoriscono la trasformazione delle "piccole" soste. Vengono cancellate quelle al di fuori delle nuove rotte, in aperta campagna accanto ai ponti e ai guadi, o meglio sopravvivono solo grazie al transito contadino dei giorni di mercato, ne spuntano altre in margine alle città, con funzione di ristoro occasionale, in grado di richiamare una clientela diversificata. La mancanza di comfort condanna le une ad avventori modestissimi, la velocità, l'urbanizzazione ne fa aprire altre che devono misurarsi con richieste crescenti di acqua corrente e di servizi igienici. All'incrocio di esigenze complesse, rinnovare le comunicazioni e garantire la pulizia, moltiplicare l'offerta di cibo rendendo obbligatorie le tappe, sta la crisi, il tramonto e la risurrezione delle osterie.

HANS BARTH

Fra l'egemonia alberghiera e i primi fermenti di un turismo ciclo-motorizzato, si inserisce un evento singolare nella storia della cultura, la pubblicazione di una *Guida delle osterie italiane*. L'autore, che si chiama Hans Barth, l'ha redatta in lingua tedesca e fatta stampare nell'aprile 1908 da Julius Hoffmann di Stoccarda[1]. Nato in questa città nel 1862, vive a Roma, parla e scrive l'italiano, legge il latino ed è corrispondente del *Berliner Tageblatt*. Una sua biografia di Crispi, con interviste epistolari di personaggi dell'ambiente politico-diplomatico e della cultura italiana (Cesare Lombroso e Matilde Serao, Giosuè Carducci e Paolo Mantegazza), appare nel 1893 e ne mette in luce il ruolo attivo negli anni della Triplice Alleanza[2]. È un amante del vino e della civiltà classica, conosce a menadito le cantine e, formulato il suo progetto, le visita col caricaturista Romeo Marchetti, incaricato di «*pupazzettare* locali e personaggi, per la primissima edizione tedesca». L'uno prende appunti su appunti, l'altro «schizza gli ambienti e le figure più caratteristiche»: «in ogni osteria si consumava mezzo litro di vino e visitavamo una media di dieci osterie per sera»[3]. È una ebbrezza, la sua, dai molteplici aspetti, dionisiaci e politici, essendo un convinto difensore dell'asse italo-germanico e della contiguità intellettuale dei due imperi, ritrovando in una grotta, davanti alla *foglietta*, il baricentro e gli equilibri del mondo. Nessun evento, nemmeno la grande guerra, covincerà Barth a mutare sentimenti e piaceri: dopo la parentesi bellica trascorsa in Svizzera, ritorna nella sua città d'elezione per morirvi nel 1928. La sua salma sarà sepolta nel cimitero del Testaccio[4].

1. *Osteria Kulturgeschichtlicher führer durch italiens schenken von Verona bis Capri von Hans Barth-Rom*, Julius Hoffmann, Verlag Stuttgart, [18 aprile] 1908
2. H. Barth, *Crispi*, Leipzig, Rengersche buch handlung, 1893
3. R. Marchetti, *Mezzo secolo*, Roma, Ferri, 1940, p. 193, citato in L. Jannattoni, *Osteria romana*, pp. 227, 295; L. Jannattoni, *Il ghiottone romano*, Milano, Bramante, 1965, p. 205
4. L. Jannattoni, *Il ghiottone romano*, p. 205

La *Guida* viene tradotta da Giovanni Bistolfi e presentata da Gabriele D'Annunzio che ne sposa con prudenza le tesi e la segnala come opera originale e degna d'attenzione, redigendo le sue pagine a Roma e firmandole nel mese di ottobre a Marina di Pisa, proprio nel corso della vendemmia 1909[5]. Quale titolo del proprio contributo, aveva proposto *I vini e il lurco*[6], una chiave di lettura ambigua, ironica e scherzosa, che l'editore Enrico Voghera non aveva avvallato preferendo, senza intestazione, un approccio confidenziale, una lettera dall'inizio incoraggiante, amichevole: «Mio caro Hans Barth...». Solo con la ristampa del 1921, questa lettera verrà preceduta, a tutta pagina, da un solenne: "Prefazione".

L'edizione originale assomigliava più a una guida e meno a un libro da leggere tutto d'un fiato. Non si differenziava solo per l'assenza dell'illustre presentatore, ma per un consistente inserto (18 pagine) a fine testo con messaggi pubblicitari di grandi hotel, birrerie, caffè delle maggiori località turistiche. Vi figurava altresì il listino librario (un volume sul *ju-jitsu* e uno sul consumo dell'alcol) e l'elenco delle opere del dottor Barth, che lo accreditava come pubblicista di rispetto con saggi su Crispi, Leone XIII e libri su Roma e l'Italia[7]. L'editore Voghera la vorrà tutt'altra, più colta, più tendenziosa, al punto da poterla leggere come un breviario politico-enologico cui non poteva addicersi la chiosa *I vini e il lurco*. Col passare degli anni e coll'avvento del Fascismo, la *Guida delle osterie* appare come un libro a lungo atteso e indebitamente procrastinato dai letterati italiani, precursore della continuità fra mondo classico e moderno, della politica neo-imperiale e, sul finire degli anni Trenta, di un patto fra il germanesimo e la civiltà latina e mediterranea, festeggiato con un brindisi di vino e birra.

5. H. Barth, *Osteria, Guida spirituale delle osterie italiane da Verona a Capri*, Roma, Voghera, s. d.
6. A. Andreoli, *Il vivere inimitabile - Vita di Gabriele d'Annunzio,* Milano, Mondadori, 2000, p. 443
7. *Unter sudlichem Himmel (Bilder aus Italien und dem Orient), Roma Aeterna (Eine Wanderung durch Rom), Römische Allotria (Vademekum für Italienbummler)* quest'ultima citata in *Osteria,* p. 107

Hans Barth, romano tra i romani, immagina di compiere un viaggio da nord verso sud, quale nessun italiano si sarebbe sognato di pianificare. Varcato il Brennero e disceso il Garda, l'itinerario consigliato, da Verona a Capri, era quello di Goethe, con soste nelle principali stazioni ferroviarie (Verona, Milano, Torino, Genova, Venezia, Bologna, Firenze, Roma, Napoli). A Roma, l'escursione continuava verso la campagna e i castelli. La novità della guida non risiedeva certo nel gran *tour* con finale partenopeo, ma nei vagabondaggi urbani e periurbani, nelle soste tra una visita e l'altra ai monumenti, nella scoperta di piccoli e freschi paradisi sotto una torre sbreccata e dietro un uscio modesto. Che cosa intende Hans Barth per *osterie*? Non sono né le trattorie né le locande, ma tutti i luoghi per bere che comprendono birrerie, caffè, cantine, bottiglierie, fiaschetterie, buche e crotti e persino i buffet delle stazioni. Siccome in molti locali ci si disseta senza potersi rifocillare, completano l'elenco i pizzicagnoli e i salumai adiacenti. Il cibo infatti viene dopo il vino, l'oste, l'arredo, gli avventori, la storia delle mura. La molla di questa ricerca dalle Alpi a Posillipo, è la sete, una sete da birreria: sin da Verona l'incontro di «un buon vinello bianco frizzante» precede quello delle «grandi bottiglie [...] di Valpolicella, Valpantena, Bardolino» e tutto il viaggio procede scolando alla ventura calici, frizzantini, vermut, bitter, Marsala e birra, sino all'ultima bottiglia, a Capri, di "lagrime di Tiberio". La politica dei vini "di scarso pregio" e di infimo prezzo, con le comitive guidate da Barth, premiava. Come tutti i viaggiatori ai primi assaggi della lingua italiana e del vino, ama i nomi suggestivi, "Barbacarlo" e "Sangue di Giuda", e cede al fascino del primo bicchiere; al secondo si sente un avventore abitudinario e non reclama altro che continuare. Sino alla richiesta di un nuovo mezzo litro sfuso. All'odore vinoso si unisce quello dell'aria, dei muri, del tufo, dei pini, dei limoni e delle donne. A differenza del turista arroccato nell'hotel o in giro al guinzaglio del suo Baedecker, il seguace di Barth è libero nei movimenti e per nulla intimorito. Predilige la notte, apostrofa i vicini e non dimentica la faccia, il seno e i fianchi di una sola ostessa (e ancor meno delle sue figliole). È ciarliero e fracassone sino ad ammettere, nella propria lingua o con forte accento in italiano, che la sbornia è un piacere, anzi un dovere. Prosit!

D'Annunzio, che era di preferenza astemio, aveva apprezzato l'omaggio a Roma di un suddito imperiale, le sue citazioni in latino e le dotte ubriacature. Nella sua generosa lettera gli rende onore e, forse rispondendo a una privata richiesta, si scusa della propria scarsa conoscenza delle taverne pisane, consigliandogli invece un giro nella Lunigiana, sino alle Cinque Terre e alla Vernaccia di Corniglia (lacuna della *guida* segnalata anche dal traduttore Giovanni Bistolfi nel capitolo su Genova). Lo incoraggia quindi a più ampie escursioni, uscendo dalle grandi linee ferrate, per visitare, «in velivolo», i vigneti sardi. Il mito di una terra antica «piena di pastori e di tessitrici, ricca d'olio e di miele, ospitale tra i Sepolcri dei Giganti e le Case delle Fate»[8] che, come vedremo, suggestiona e crudelmente delude D.H. Lawrence, è già enunciato, con una tonalità di voce esaltata. Se il vino fa buon sangue, dalla fratellanza con il tedesco avrebbe potuto nascere una bella razza di poeti dionisiaci.

L'edizione italiana portava qualche rettifica a quella tedesca, e segnava con una croce le osterie defunte nello spazio di un anno o poco più, sei a Roma di cui due per i «lavori della zona archeologica» dell'Appia Antica. A Milano veniva aggiunto il Savini (in Galleria), "ristorante di lusso", giustamente omesso dal Barth. L'impostazione originaria era accolta: tante osterie quante birrerie a Milano, Torino, Genova, Bologna, Firenze, quindi, arrrivati a Roma dove l'autore risiedeva, un'abiura ai propri natali a base di litri ed ettolitri dei Castelli. Nella capitale infatti la sua guida diventa uno strumento preciso ed efficace, con una indicazione di locali promessi al successo (*Il Fidelinaro* dirimpetto alla Fontana di Trevi) e alcuni piatti tipici: dopo i carciofi alla giudìa, citati nel Baedecker, le alici e le cipolle cotte all'o-

8. H. Barth, *Osteria, Guida spirituale delle osterie italiane da Verona a Capri* [1909], p. XIV

lio, i "fedelini (vermicelli)", il pesce fritto e i panini imbottiti con burro e alici, i supplì e la zuppa di pesce. Un censimento degno dell'urbe con 46 indirizzi per vino e companatico, 13 tra birrerie e caffè, 13 osterie di campagna e 12 dei Castelli.

Malgrado ciò era una guida che poteva irritare i lettori, non solo per un spirito anti-germanico assai diffuso nell'Italia del primo Novecento, ma per l'incontinenza verbale dell'autore che, tra un boccale e l'altro, più bevitore che degustatore, vociava versi in latino e in tedesco, senza perder di vista il culo e i seni della serva. In un'esemplare dell'edizione di Stoccarda, si possono leggere, annotati a penna da anonima mano, pesanti giudizi sulla figura di Barth: «Quest'anima tedesca rispetto all'Italia è sempre d'una prepotenza e d'una albagia ineffabili. Tutto quell'umanesimo d'ubriaconi si estrinseca in una attitudine di conquista congenita dei luoghi, delle tradizioni, delle donne, di tutte le cose nostre, come se fossero materia bruta, pronta, anzi creata per questi majali». «Il classicismo e il nazionalismo retorico» di D'Annunzio veniva egualmente preso a partito. Come se la difesa dell'osteria avesse dei presupposti ideologici, oppure fosse un gioco di intellettuali ebbri, l'intera pubblicazione suscitava resistenze che il populismo del dopoguerra contribuì a indebolire. Ritrovare il tono per una più misurata perorazione, per giudizi pertinenti sul vino, riconquistare con la scrittura il territorio della memoria e della propria terra, sarà l'obiettivo dei futuri compilatori di guide.

Osteria aveva il merito di invitare i frequentatori dei caffè eleganti e dei ristoranti d'albergo a farsi coraggio e guardare l'Italia davvero e da vicino; riceverà buona udienza nella critica gastronomica, non solo grazie al proemio dannunziano. Mettendo un dito su un problema che stava particolarmente a cuore sia ai turisti stranieri che a quelli italiani, rieducava il viaggiatore alla scoperta del piacere e del vino. Rischiava di rendere più severo il giudizio sull'hotel, e più generoso quello su bettole, crotti, buche, cantine. Il suo successo in Italia rimbalza in Germania dove una seconda edizione esce nel 1911 con la prefazione ("Vorrede") di Gabriele D'Annunzio, accorciata, e con un inserto di quaranta pagine dedicato al Lago di

Garda e una escursione in Val Sugana[9]. I ritocchi dell'editore Voghera vengono solo in parte recepiti (Barth tiene duro sul *Savini* di Milano) e i più importanti concernono la capitale.

Finita la guerra, durante la quale Barth aveva cercato rifugio in Svizzera, di ritorno nell'amata Roma, fa ristampare *Osteria* nel 1921 dall'editore Le Monnier, aggiungendo un *Epilogo al proemio* dell'autore, siglato dalla "Sala stampa, San Silvestro, Roma"[10]. Le prime parole, a distanza di dodici anni, sono di rimpianto: «Questo libro è un camposanto, seminato di croci. Un camposanto di illusioni e di... osterie». La litania prosegue sul tema "Ma dove sono gli osti d'un tempo?" con i necrologi: Zi' Pippo, la «mastodontica Zinnona in via dei Serviti» e tutti gli altri. 31 croci su 127 insegne, e solo 19 nuovi indirizzi[11]. Quali erano le cause della morìa? Anzitutto il modernismo deleterio: i camions che trasportano le botti, i sifoni di selz in luogo dei fiaschi, i frac subentrati ai grembiali e i lindi grembiali al posto dei frac, famose mescite divenute *tea-room*. Poi i prezzi: 40 centesimi costava un litro di Frascati prima della guerra, che scendevano a 20 a Rocca di Papa, e nel giro di un decennio, per effetto dell'inflazione, lo scotto è salito ben oltre la lira, sospinto dai balzelli e dai prelievi, quali l'uso di far pagare due lire di "coperta" per godersi due fogliette. Quindi alcune ragioni di ordine culturale: «Come a Roma così anche in tutta l'Italia il culto di Bacco è in triste decadenza». Il classicismo vinoso è al tramonto e il Dioniso barbuto del Museo Nazionale ha ragione di sentirsi solo e mesto, perché imprigionato all'asciutto, fra lapidi e marmi. Infine la guerra che ha falciato gli osti e i loro avventori, e ripopolato di alpini tutte le bettole del Nord e di fanti quelle del Centro Italia, una guerra che ha diviso e muti-

9. *Osteria Kulturgeschichtlicher führer durch italiens schenken von Gardasee bis Capri von Hans Bart-Rom, zweitw auflage,* Julius Hoffmann, Verlag Stuttgart, 1911

10. H. Barth, *Osteria, Guida spirituale delle osterie italiane da Verona a Capri,* nuova edizione riveduta e ampliata, Firenze, La Monnier, 1921, p. XXXIX

11. Nella 2a edizione, vengono mantenute le osterie già defunte nel 1909 e vengono aggiunti due indirizzi erroneamente segnati da una croce

lato i popoli e indotto la bella genia dionisiaca a un pessimismo cupo.

Malgrado ciò non siamo di fronte a una guida ridotta a due sedicesimi. È cresciuta di pagine e il salasso di esercizi, per sopravvenuta morte o cambio di proprietario, lo si avverte appena, o meglio lo si legge nella presenza di una croce accanto all'insegna. È stato modificato il percorso con un'escursione sul Lago di Lugano e una puntatina sorprendente ad Acqui, al fine di avvicinarsi non già alle acque termali ma alle bottiglie d'Asti Spumante, alle botti di Barbera e di Dolcetto. La visita non va oltre, verso la Langa, testimoniando che, in Barth, il rapporto vino-territorio è molto meno importante di quello vino-mescita: da tedesco inebriato dalla vicinanza dell'Italia, ordina Lambrusco di Modena nell'*osteria italiana* di Lugano con la stessa indifferenza con cui fa spillare della *Pilsener Urquell* da Mucke a Firenze. Modificato nelle prime tappe, il viaggio continua verso il Sud, senza escursioni impreviste. Il meridione e la costiera adriatica da Loreto a Lecce, così come le Isole, restano *terrae incognitae*. Gli indirizzi non cambiano nelle ricche città del nord (Milano e Torino), ma là dove il gran numero di bettole corrispondeva a una realtà commerciale modesta e diffusa, quindi più fragile. Le censure, solo quattro per la capitale, concernono locali non assimilabili alla tipologia, due caffè (Greco e Faraglia), una birreria e un *american-bar*. Lo stile rimane immutato per quanto concerne la scelta e la degustazione dei vini: dai Valpolicella, Valpantena e Bardolino assaggiati più di dodici anni prima a Verona si arriva, alternando litri di sfuso, boccali di birra e bottiglie con etichetta, al grande mistero del vigneto caprese e alle citate "lagrime di Tiberio". Nel 1921, le carenze enologiche del bevitore sono sempre compensate dall'entusiasmo e dalla sete, beato come un papa se può ancora con quaranta centesimi anteguerra offrirsi un bel litro di vino bianco[12]. Con tutti questi limiti, formidabile strumento promozionale, la

12. H. Barth, *Osteria, Guida spirituale delle osterie italiane da Verona a Capri*, 1921, p. 244

Guida diventa, per i giornalisti, libro dei morti e bibbia. Che sia considerato uno strumento serio e affidabile, lo dimostra il fatto che viene consigliato ai soci del Touring, nella sezione bibliografica delle guide di Roma[13].

Le ultime righe sono di commiato a Capri, in un tono oratorio che ritorna in auge pochi anni dopo: «Addio, voi tutti. Bevo un ultimo sorso alla vostra cara memoria. E tu, lettore "onore di calici" avrai finché il sole risplenderà sulle vitifere terre d'Italia!». La guida di Barth non solo è la prima di una serie ma quella che pone in maggior evidenza il tema della vitalità dionisiaca e della fine di un'epoca. Il suo addio, di un vecchio che saluta i benefattori della propria giovinezza, viene ripetuto da altri con accenti diversi, con formule che fanno vibrare più sommessamente le corde della nostalgia e del rimpianto. Dalla città ai villaggi, fuori dalle cinte del dazio, sui crocicchi e presso i ponti, le osterie d'Italia vengono sempre più elette e celebrate come rifugi sacri e precari di una umanità isterilita dal progresso. Questo messaggio era ovviamente tendenzioso, per quanto riguarda gli anni immediatamente seguenti. Molti figli dei suoi osti hanno ripreso l'antico mestiere in una Roma che il Fascismo nomina capitale dell'Impero, e centro di un turismo in cui l'anima popolare dell'urbe, le sue bottegucce e le sue trattorie, sono parte preziosa di un patrimonio culturale. Alcuni di essi faranno fortuna, altri ripuliranno appena le mura ereditate e continueranno ad accogliere comitive spaurite all'inizio, poi, bevendo, sempre più canore. Barth lascia un'impronta duratura e un nome che non viene dimenticato. Lo citano come un precursore tutti gli storici e i poeti dell'ospitalità vinosa: da Elio Zorzi[14] a Luigi Medici[15] a Paolo Monelli di cui si parlerà in seguito. Col passar del tempo le sue scorribande, la sua *verve* da goliardo ingrigito perdono l'insolenza teutonica per apparire forme di

13. L. V. Bertarelli, *Guida d'Italia del Touring Club Italiano, Roma e dintorni*, Milano, 1933
14. E. Zorzi, *Osterie Veneziane*, p. 65
15. L. Medici, *Vecchie osterie milanesi*, Milano, Quaderni di poesia, 1932, p. 53

una passione sincera e patetica per l'arte vinaria, per i suoi reperti italiani, per quella strana concrezione di storia, vecchiume e piacere che era l'osteria. L'ultimo volto che guizza nei ricordi del beone tedesco, stampato nella sua memoria e ristampato nella guida, lo ritroveremo nei decenni seguenti, in altri libri: appartiene a una fanciulla che mesce il proprio sorriso e il proprio sale a fauni e a bacchi. Il suo nome viene ripetuto e passa di bocca in bocca, dalle strade alle cantine, dischiudendo, come una formula, usci fradici e caverne: «Ma io conosco a Roma un buco ove Felicetta, la più graziosa delle figlie di un oste, mi versa il rosso. Essa ha la lingua più spiccia di Roma...».

GUERRA E PACE

La prima guerra mondiale segna una violenta frattura fra le due culture, germanica e italiana. Essa era preannunciata da segnali contraddittori, di ordine storico-politico da un lato e ambientale dall'altro. L'animosità verso i "tedeschi" era diffusa in molte parti del paese e nella stessa cultura gastronomica: Pellegrino Artusi, che era stato iscritto alla Giovine Italia, registra la leggenda secondo la quale essi preparavano «un brodo con le candele di sego». Ne aveva stigmatizzato la cucina «di pessimo gusto e nauseabonda per untumi di grasso d'ogni specie»[1], assolvendone solo i dolci che «in Germania si sanno fare squisiti». In senso contrario, la calata dei turisti nordici verso Capri veniva frenata da pregiudizi altrettanto forti, igienico-sanitari e socio-antropologici, e compensata solo in alcune città dai monumenti, dalla vita a buon mercato, dall'aria frizzante e dal vino. Raramente il visitatore, tanto italiano che tedesco, usciva dal tracciato ferroviario per tuffarsi in una cultura provinciale dalle radici profonde, di cui ignorava il dialetto e le usanze. Entro le barriere nazionali, le linee di confine, come rughe su una pelle, si moltiplicavano a mano a mano che si cedeva alla tentazione di lasciarsi alle spalle le capitali dell'arte, e chiedere un'ospitalità non programmata dalle guide. A tavola, ascoltando il menù parlato dell'oste, il cliente stentava a scegliere, prendeva fischi per fiaschi, e si ritrovava servito d'autorità. Nelle stesse osterie urbane, piatti dal nome ben noto avevano un gusto regionale se non municipale e, storpiati dall'accento delle serve, diventavano "italiani" solo alle orecchie di un estraneo. Quelli più diffusi su tutto il territorio nazionale, la trippa, i fagioli e le paste, venivano poi declinati, secondo le stagioni, negli stili concessi dai mercati del luogo, diversissimi fra loro, e la loro ricetta era considerata patrimonio e orgoglio dell'oste. Con questa puntualizzazione, la guida di Barth poteva considerarsi "italiana".

C'erano terre in cui la sua caccia dei locali caratteristici

1. P. Artusi, *La Scienza in cucina,* Torino, Einaudi, 1970, p. 570

avrebbe trovato serie difficoltà a essere condivisa. Il Meridione innanzitutto, ritenuto inospitale e comunque non idoneo a ricevere i viaggiatori tedeschi e italiani. Non che mancassero i punti di ristoro: a Bari a fronte dei due alberghi indicati nel Baedecker 1880 e dei quattro dell'edizione 1912 con un unico ristorante e la sola trattoria *dell'ostricaro*, «nel 1881 troviamo ben 80 taverne nella città e 9 fuori della cinta daziaria, che nel 1902 ammonteranno a 102. Al 1914, tra osterie e trattorie ve n'erano 92, e al 1935 ben 169»; alcune di esse pregevoli per il pesce, altre per i polpi, i mitili e i frutti di mare crudi, altre ancora per la trippa e fagioli e le fritture di carciofi[2]. Il pescato arrivava di notte con l'alta marea, passava in padella e veniva servito con un mezzo litro di rosso, di "primitivo" e una boccata d'aria marina. "Vini", "Vini e cucina", oppure "Vendita di vini cotti e crudi e cucina" stava scritto su molte insegne baresi, ma ben pochi turisti avrebbero potuto leggerle, dirottati e scoraggiati dalle pessime ferrovie, dalla modesta ospitalità alberghiera, dalla fama insalubre e siccitosa di terre che, nell'immaginario nordico, cuocevano al sole in qualche parte fra Napoli e la Sicilia. Eppure la Puglia non era quella *finis terrae* rappresentata dalla Basilicata e dalla Calabria, distretti che non sembravano far parte se non militarmente dell'Italia.

In altre parti del Regno, benché dotate di vie di transito con soste accoglienti e meravigliosi vigneti, la comitiva di Hans Barth si sarebbe egualmente trovata a disagio. Nelle zone austriache del Nord-Est al confine con l'Italia e in quelle italiane al confine con l'Austria, la tensione va crescendo negli anni successivi alla pubblicazione della sua guida, e molte osterie erano già entrate nella leggenda dell'irredentismo. A Trieste, l'*Ostaria de ciodi*, cosiddetta dal soprannome del proprietario Paulicich (*Giovanin dei ciodi*), aveva accolto sino al 1903, anno in cui venne definitivamente chiusa, il fior fiore dei partiti nazionali[3].

2. L. Sada, *I tabernacoli baresi dell'onesto peccato*, Bari, Edizioni Santo Spirito, 1972, p. 63

3. F. Babudri, *Patria e vino in una vecchia osteria di Trieste*, "Enotria", luglio 1937, p. 278

Anche le bettole, attirando operai internazionalisti, slavi apolidi e irredenti, borghesi pro-italiani e pro-austriaci, avevano fatto scelte di campo e si erano schierate. Ognuna aveva un proprio stile, una clientela fedele, un'identità politica amministrata o tollerata dal proprio reggitore. All'approssimarsi del conflitto e del 24 maggio 1915, esse servono da centri di cospirazione per i patrioti e da punti di sorveglianza e di repressione per le autorità: nella *Trattoria al Monte* a Udine, Romeo Battistig e Attilio Venezia scrivono e stampano *Ora o mai!*, primo giornale interventista in Italia. Non era «luogo per i credenti nella diplomazia: solo gli eccessivi avevano diritto di accedervi e di esprimere la loro opinione»[4].

Lo scoppio delle ostilità provoca un rimescolamento senza precedenti di popolazioni maschili, strappate alle proprie terre, alle proprie abitudini e spesso alla miseria nera, per essere inviate al fronte e irregimentate in programmi dietetici nuovi. La guerra, oltre a polvere da sparo, dispensa caffè e carne in scatola, alcol e 2400-3000 calorie al giorno, favorendo lo spirito di corpo e un'ideologia che fa del vino la fonte energetica e patriottica per eccellenza. Ai 250 grammi di vino al giorno previsti dalla razione per le truppe mobilitate, fra il 1916 e il 1918, si aggiungono, per quelle in trincea, rum, Cognac o Marsala[5], in misura tuttavia da stimolare la caccia sistematica alle bevande alcoliche. In una regione come quella veneta, un secondo fronte di vigne e mescite fa da rincalzo all'altro, il carnaio degli altipiani e delle montagne. Molte delle osterie, dal Friuli a Trieste, erano state focolai di cultura irredentista, prima del 24 maggio 1915, e subiranno le alterne fortune del conflitto, dalla "liberazione" italiana alle requisizioni austriache, fra carestie e mercato nero, chiusure e aperture continue, occupazioni e saccheggi.

4. C. Ermacora, *Vino all'ombra*, pp. 106-107

5. G. Zingali, *Il rifornimento dei viveri dell'esercito italiano durante la guerra*, in R. Bachi, *L'alimentazione e la politica annonaria in Italia*, Bari, Laterza, 1926, p. 540

Non poche, menzionate sulle carte militari e trasformate in obiettivi strategici, scompariranno sotto le bombe. Era la vendemmia di vino e di sangue della guerra.

> Ma offesa ben maggiore dovevano patire le cantine friulane nell'ottobre e nel novembre del 1917, quando la grande valanga dilagò fino al Piave. La vendemmia era stata abbondante quell'anno, ottimo il vino. I conquistatori, vuotate le dispense domestiche, si buttarono ai porcili, ai pollai, alle cantine. I porci cadevano urlando sotto le baionette, e finivano squartati e schidionati nei cortili; le galline, a metà spennacchiate, venivano divorate quasi crude; le cantine vuotate in un attimo. La bestialità fù più grande dello scempio. Non bastò bere sino all'ultimo vomito, sino a crepare nei fossi delle strade; talchè ai comandi era balenato il sospetto che cibi e fonti fossero avvelenati: furono lasciate correre le spine, sfondate le botti, fracassate a colpi di fucile le bottiglie, molte cantine trasformate in pozze dove galleggiavano i cadaveri degli annegati. Lo storico non sorride, annota. In quei giorni gli arditi tedeschi, infilzati dagli alpini sul Grappa, rigurgitavano vino e sangue: anche in grazia del vino, dunque, gli invasori morsero la terra sulla sponda del Piave[6].

Da Caporetto al 4 novembre 1918 lo scempio non s'arresta. L'impresa di Fiume lascerà un nuovo strascico di eroici ricordi, profondi rancori, sbornie epiche. Dopo di che, si diffonde lo spirito della commemorazione. Nel Friuli, nel Veneto, trattorie e bettole ospitano reduci e smobilitati, superstiti dei reggimenti con cappelli piumati e casacche militari prive di mostrine. A Buttrio, in Friuli, alla vecchia insegna si sostituisce la nuova, *Osteria del mutilato*, in onore del padrone, senza un braccio e senza una gamba: era un rito commerciale che, da Waterloo in poi, tutta l'Europa aveva purtroppo conosciuto, moltiplicando i richiami ai passanti nel nome dei gradi guadagnati sui campi di battaglia, delle compagnie decimate dal nemico, degli eroi veri

6. C. Ermacora, *Vino all'ombra*, pp. 34-35

o presunti. Nel corso delle lunghissime bevute accompagnate dai canti, i morti sono presenti, alpini, bersaglieri, civili e muli. Fotografie, affreschi, cimeli, sulle pareti, li ricordano, e il cappello con una sola penna o con tante piume funge da seconda insegna. Si tracanna vino per ritornare giovani e per dimenticare i vent'anni sepolti nel Carso, per rievocare e dare un senso alla pace e alla guerra, per vincere la frustrazione provocata dalla vittoria. Le cuoche, vedove e madri senza figli, partecipano in disparte a un cordoglio in cui le canzoni, le lacrime, il vino e la polenta si rimescolano. Qualche ricordo lieto s'alza da un gruppo raccolto intorno al tavolo, e si trasmette agli altri, con brio: chi non rammenta l'*Osteria all'ancora d'oro* di Udine, con quella cantina in cui si scendeva, per ripararsi dai bombardamenti, continuando, a lume di candela, bevute e partite a carte, tra le botti?

Il Fascismo benedirà questa santificazione della battaglia moltiplicando monumenti, lapidi, stele, discorsi celebrativi e soprattutto brindisi. La guida ai campi di battaglia del Friuli si arricchisce di segnalazioni patriottiche e politiche, comprendendo una casupola di Ronchi dei Legionari dove ebbe a sostare Gabriele D'Annunzio diretto a Fiume, poco distante dalla *Trattoria Berini* (poi *albergo Oberdan*) in cui era stato arrestato Guglielmo Oberdan. Non passa sotto silenzio la tappa del caporale dei bersaglieri Benito Mussolini all'*Albergo Sottocorona* di Forni Avoltri il 26 aprile 1916. Mutando il paesaggio cambiano le piccole divinità votive e il proprietario della *Trattoria dei pescatori* di Mariano Lagunare, fra zuppe di pesce e bicchierate mantiene vivo il culto per le imprese di Nazario Sauro. Il libro che Chino Ermacora dedica ai beoni, ai martiri e agli osti del Friuli nel 1935, con l'ironico titolo di *Vino all'ombra*, è un omaggio a questo capitolo della storia dell'osteria, e reca una prefazione di Arturo Marescalchi, sottosegretario all'Agricoltura. Comincia dunque con la lode al vino, alla patria e alla romana taverna che diventa parte attiva di una promozione dell'italianità, per finire con il dito puntato verso Trieste e gli scenari della conquista adriatica. Ironia della sorte, è pubblicato in anni che vedono i teutoni di Barth riavvicinarsi sicuri e sorridenti alla capitale e, in capo a due o tre anni, accolti a braccia aperte e riconosciuti come alleati.

La riforma e la promozione dell'osteria durante il ventennio ha queste radici e, dopo i campi minati, tocca quelli agricoli e archeologici, penetrando nei quartieri centrali e periferici delle grandi città. Sottrarla all'influenza dei cospiratori sociali, svuotarla degli operai internazionalisti e dei malcontenti, riempirla di ex-alpini e di militi in orbace, diventa un ottimo obiettivo politico mascherato dall'ideologia del ritorno alle *tabernae* antiche e ai focolari dell'identità furlana. Tacendo la miseria della mescita che spesso portava nell'insegna e nell'uscio la propria condanna, e quell'arte di arrangiarsi che vedeva osti-cacciatori a fianco di osti-sarti, osti-barbieri e osti-ricettatori, e un popolo di vignaiuoli fare il vino, trasportarlo e venderlo in proprio per pochi centesimi al litro, con la moglie ai fornelli, la parola osteria viene forbita e lustrata. Sinonimo, nel linguaggio dell'ENIT, della migliore ospitalità, è consigliata ai turisti italiani e stranieri.

Se nazionalismo, irredentismo, guerra e fasci littori segnano con violenza la storia del territorio friulano, secondo Chino Ermacora, vini e cibi testimoniano invece una civiltà pigra, restìa al mutamento, all'ombra dei tini, con una piccola polenta e una minestra di rape per i più poveri, la carne di vitello e gli spiedi di carne per i fortunati. La gastronomia friulana resta uguale a se stessa, malgrado gli alti e i bassi della contingenza economica e politica, e gli episodici saccheggi. Qualcosa cambia, più che nei modi di bere, nei discorsi degli avventori. A Udine sono descritte, nel 1935, 22 trattorie e 13 osterie e il numero di queste ultime comincia ad assottigliarsi nei cambi di gestione. Ogni esercizio, o quasi, ha un programma culinario unilineare ("fagioli ogni giorno, polenta ogni sera, gnocchi ogni domenica", oppure "trippa a qualsiasi ora") con qualche specialità di rincalzo, chi una formaggella piccante di pecora, chi un salame, chi l'acquavite alla ruta, chi il proprio vino, un Refosco di Faèdis. In due sole, il padrone viene da fuori, uno da Bertinoro e l'altro da Carpi : il primo tira una sfoglia di sette metri sottile come la carta, per le sue tagliatelle; il secondo ha, per i Romagnoli di passaggio, la piada pronta. La loro presenza è avvertita come un lustro, dato il prestigio di cui la cucina emiliana e romagnola godono. Immigrazione e incroci matrimoniali, in una terra che esporta le sue braccia in America, sono fenomeni inconsueti e fanno specie: a Cividale c'è un leccese che fa venire dalla terra d'origine le uve per vinificare personalmente (pagando un dazio inferiore a quello del vino). Il trani penetra a grappoli in un Friuli che gode di una perfetta autosufficienza, che produce e consuma poveramente, senza elemosinare. Le tagliatelle e gli spiedi di cacciagione, che l'autunno porta al focolare, non appaiono solo indici di ricchezza ma sintomi di una voglia di sfuggire al retaggio della bettola verso forme di ristorazione decente, meno faticosa e più confortevole.

Anche qui, la cucina borghese ha le sue varianti che attingono all'area veneta, e ne basta una sola per assicurare la fama di un locale: il *risotto alla sbirraglia* "a base di pollo" servito nella *Trattoria al vitello d'oro* tanto reputata per i "suoi piatti tradizionali". Nelle città, il Friuli conservatore si apre timidamente a modi di nutrirsi dai quali è possibile solo intuire che esistono altre regioni, con sapori e vini molto diversi. Il passaggio dall'Austria all'Italia è stato appena avvertito a tavola come se dopo la guerra, parte degli abitanti fossero fuggiti lontano, in America, e parte si fossero rintanati intorno ai focolari riprendendo vecchissime abitudini. Chi vuole visitare la cucina del castello di Fratta, con una escursione in epoca pre-napoleonica, non ha che da recarsi alla *Trattoria dell'ortolano* o all'*Osteria Florio*; in altre, se non troverà l'antro così perfettamente affumicato con un gatto acquattato nell'ombra, ne riconoscerà, col naso, almeno gli odori e i fumi. Gli Asburgo se ne sono fuggiti e pressoché scomparsi dalle insegne; una sola, l'*Osteria del Kaiser*, ricorda a Udine un proprietario tedesco, mentre l'Italia appare di preferenza su quelle degli alberghi che, rispetto alle bettole, riflettono una concezione borghese e nazionale dell'ospitalità. Le birrerie contribuiscono a render più complesso questo rapporto con il passato preunitario, imprigionato in un Impero e privo di un baricentro nazionale. Qualche mutamento lo si avverte dunque, nelle nuove frontiere interne ed esterne, ma silenzioso, perché ogni oltraggio violento alla tradizione appare una perdita dell'anima[7]. Chino Ermacora che ha collaborato, nella primavera del 1927, alla "Mostra internazionale d'arte ispirata al vino" di Conegliano[8], progettando e facendo ricostruire una osteria friulana tradizionale che servisse da modello a nuove bottiglierie italiane, sente questa oscillazione del tempo, fra passato e avvenire, come un moto impercettibile, un turbamento che lo spinge a interrogare facce d'osti e d'avventori, a scoprire linguaggi antichi in piccoli gesti quotidiani. Lavata col vino la politica e la guerra, resta una dignitosa povertà alla quale non si riesce a dare risposta se non tornando a bere. Fra vignaiuoli ed ex-alpini, ubriaconi taciturni e reduci in camicia nera, l'oste *Delle nuvole*, mostra ancora dove penda l'ago della bilancia, nell'oscillazione fra rinnovamento e spirito conservatore. È il più bel ritratto di Chino Ermacora e il migliore che possiamo affiggere alle pareti della nostra rinnovata osteria:

> A richiesta dei clienti, il padrone, un certo Bidin, traeva un pizzico di sale o di pepe dai taschini del panciotto, per rendere più saporosa la zuppa di verdura fatta col brodo di una zampa di bue e con foglie da lui raccattate al mercato[9].

7. «*Trattoria all'antico Gambero*. Salita al grado di trattoria, è stata rinnovata secondo i canoni del gusto novecentesco. Di friulano non conserva che alcuni versi alle pareti e il sorriso dell'ostessa». C. Ermacora, *Vino all'ombra*, p. 77
8. G. Dalmasso, *Botteghe del vino,* "L'Albergo in Italia", gennaio-febbraio 1940
9. C. Ermacora, *Vino all'ombra,* p. 134

UNA LOCANDA A SORGONO

Che la promozione delle osterie in trattorie e di queste in ristoranti, fosse spesso poco più di un espediente per ben figurare nelle guide, attirare gli avventori o semplicemente dar lustro al gestore, è provato da molti indizi. Tanto più è disagevole, lento e fuori mano, il percorso per raggiungere la meta, tanto maggiori erano le probabilità di avere una accoglienza modestissima. Alberghi con ristorante, in zone senza infrastrutture idriche e igieniche, sono sicuramente osterie con alloggio, prive di servizi. La guida della Sardegna edita dal Touring nel 1918 utilizza una formula singolare per designare codesto gradino della scala di valori ospitali, senza qualità e senza insegna (o con insegna menzognera): «vitto e alloggio in qualche modo presso (il signor tal dei tali)» oppure «Albergo Stella vitto e alloggio in qualche modo» dove «in qualche modo» vuol dire «di qualsiasi risma», ivi inclusa la pessima. Un solo esempio darà la misura di quante difficoltà esistessero in alcune plaghe dell'Italia insulare, per ottenere un letto e un pasto, e come le forme più arcaiche e miserevoli dell'osteria sopravvivessero con l'effetto di scoraggiare il turismo. Tali locande non rappresentavano ovviamente il grado zero dell'accoglienza che troviamo in quella che è diventata una delle più ricercate coste della Sardegna, detta oggi volgarmente *Smeralda*: «al Palau nessun conforto e nessun alloggio»; a Santa Teresa di Gallura, non un indirizzo. Il TCI non intendeva rischiare la propria reputazione citando il nome di un abitante. L'interno della Sardegna era appena meglio. Ecco la testimonianza di una coppia di turisti inglesi.

In viaggio per Sorgono: così D. H. Lawrence intitola un capitolo di *Mare e Sardegna*, un libro scritto subito dopo un viaggio, in compagnia della moglie Frieda. L'ha cominciato a Taormina nel gennaio 1921, proseguendo per nave sino a Cagliari, e il tutto doveva durare una settimana. Sorgono è una stazione ferroviaria, in una zona dei Monti del Gennargentu, «termine e ganglio di tutte le strade all'interno dell'isola». Perché Lawrence finisce proprio lì? Per il desiderio di visitare la Barbagia, la «parte più selvaggia della Sardegna»? È una domanda con risposte tanto complesse e difficili da risultare inutile. Diciamo che Sorgono è un crocevia e un capolinea, del viaggio e della propria vita.

La bussola degli escursionisti britannici si chiama *Baedecker*. Nell'anno 1880 raccomandava ai visitatori della Barbagia di fornirsi di una guida locale, di cavalli, di provviste e di coperte, per passare, in caso di bisogno, la notte in una capanna di pastori. Una strada legava Sorgono a Nuoro, da percorrere in sella. Quarant'anni dopo, c'è la ferrovia, e la *Guida d'Italia del Touring* che avverte: «Sorgono m. 688 ab. 1876. Vitto e alloggio in qualche modo presso Salvatore Mereu vicino alla stazione». Ma i due inglesi, che sono in viaggio da sette ore per un tragitto inferiore ai cento chilometri, hanno letto nel loro Baedecker l'esistenza di un *Albergo Italia* e, appena scesi dal treno, ne chiedono notizia al vecchio cencioso che li guida fuori dalla stazione:

> Dov'è l'Albergo Italia?» facevo i miei conti sul Baedecker.
> «Non c'è più» rispose l'uomo dagli stracci. Una simile risposta, molto frequente al giorno d'oggi lascia sempre sconcertati.
> «Bene, che altro albergo c'è allora?».
> «Non c'è nessun altro albergo[1].

Forse i due inglesi si erano sbagliati con Sassari, dove esisteva un *Albergo d'Italia*, mentre a Sorgono l'unico alloggio si chiamava *La Sardegna* ed era tenuto da un certo Concas, o forse avevano letto proprio così in un'edizione diversa da quelle da noi consultate. Devono quindi accontentarsi del *Ristorante Risveglio*. Niente *Italia*, niente *Sardegna* ma una costruzione desolata sotto l'enorme insegna rosa, con la "N" di *Ristorante* a rovescio. Il padrone che ha la camicia macchiata di vino, apre ai viaggiatori una stanza, al primo piano, sordida, con una finestra che s'apre sul pollaio. Niente acqua, niente servizi igienici, solo macchie, sporcizia e puzza. I coniugi Lawrence ridiscendo-

1. D. H. Lawrence, *Libri di viaggio*, Milano, Mondadori, 1981, p. 121

no in basso. «Sotto non c'era che quella specie di bar, aperto e pubblico, che sembrava far parte della strada».

È una sera di sabato, e questa osteria "del mal tempo" dà tutta la misura della sua inospitalità. Dopo mille rinvii e calcolate incomprensioni, linguistiche, mercantili, ambientali, un vecchio accende un fuoco nel camino e comincia ad arrostire lentissimamente il capretto, la specialità dell'isola. È notte quando la cena è pronta. Davanti alla bottiglia di «freddo, morto vino nero» l'attesa si è protratta nel gelo. Al fine, persa la speranza, la serva reca il piatto:

> quanto ci mandavano erano cinque pezzi di freddo arrosto, un pezzo a testa. A me toccò una specie di grosso pettine di costole con un velo sottile di carne sopra: trenta grammi di carne sì o no. E dopo aver assistito a tutto il procedimento di cottura dell'arrosto era questo che ci toccava! Arrivò inoltre un piatto di aspro cavolfiore bollito che letteralmente divorammo, accompagnandolo col pane raffermo, dalla gran fame. Infine si ebbe un'arancia acida a testa.

Appena sfamati, gli ospiti sono condannati al letto e al buio. Per tutta la notte, dal sottostante pollaio, il canto del gallo risuona nella stanza e il supplizio si ripete al *Risveglio* al momento di chiedere la prima colazione:

> «C'è caffè? ».
> «No, non c'è caffè».
> «Come mai?».
> «Perché non si può avere zucchero».
> «Oh!» ride il contadino che beve acquavite «Che fate il caffè con lo zucchero?».

In viaggio per Sorgono non è il frutto di una perfida immaginazione. Se D. H. Lawrence ne ha descritto i disagi con risentito puntiglio nel 1921, nel 1938 i *Quaderni della Medusa* pubblicavano *Sea and Sardinia* nella traduzione di Elio Vittorini. Negli anni in cui il Fascismo propagandava con maggiore enfasi le proprie conquiste interne ed esterne, e vantava di aver modernizzato il regno, c'era ancora spazio editoriale per un documento sull'arretratezza delle zone insulari più impervie. Era un modo di render tangibile il progresso di quei diciassette anni? O, dopo le sanzioni, doveva intendersi come una manifestazione di xenofobia? Stupisce che la *Medusa* facesse del "neorealismo" nell'anno del "patto d'acciaio" e, forse, spostando l'analisi, occorrerebbe domandarsi perché proprio l'osteria fosse il bersaglio e non altro, un luogo di inospitalità turistica che era l'esito di una concreta miseria autarchica e dell'inerzia imprenditoriale, con un passato millenario e nessun avvenire. Comunque, nel 1938, l'*Albergo Italia* e il *Risveglio* non esistevano più, sostituiti dalla trattoria della stazione «con cucina nazionale e regionale, specialità dell'isola e vini sardi»[2].

Di gestori simili a quello del *Risveglio*, «abbietto, lercio giovanotto unto di vino» con la camicia macchiata e il bicchierino di acquavite alle labbra, l'Italia era popolata. La deficienza morale e igienica è, per così dire, in alcuni osti, una seconda natura, e pare evidente anche agli storici che hanno consacrato all'osteria il loro nostalgico lirismo. Purtroppo, gran parte della letteratura sull'argomento è ispirata da idee di riforma, contro l'alcol, la sovversione e l'indecenza, e tace pudicamente sulle cause della mala ospitalità, sulla sozzura umana e ambientale, oppure le denuncia, utilizzando quelle fonti stesse che sono inquinate da pregiudizi morali. È possibile ripetere l'esperienza di Lawrence e ficcare in quelle stanzacce uno sguardo timido, senza simpatia e senza orrore? Col tempo le bettole sono quasi tutte scomparse, e bisogna affidarsi alle loro tracce scritte. Fermiamoci dunque a rileggere le insegne, e a indovinare a che osti siano appartenute. Un breve elenco, per così dire pittoresco e turistico, ci permetterà di precisare meglio quali possono essere state le remore a varcarne la soglia e a domandarvi un mezzo litro di vino.

Torniamo nella Roma della metà dell'Ottocento, con quella straordinaria guida che sono le *Notizie storiche intorno all'origi-*

2. *Trattorie d'Italia 1939*, Roma, 1939, p. 148

ne dei nomi di alcune osterie, caffè, alberghi e locande esistenti nella città di Roma, del Cavalier Alessandro Rufini. Vi sono recensite le insegne di 808 osterie, tanto ammontavano nell'anno 1854. Cominciamo dalla prima:

> Vicolo di S. Agata n. 4 - *Osteria dello schizzetto* - Raccontasi che l'antico padrone di questa osteria essendo un uomo assai burlone e faceto, scherzasse di sovente con gli avventori, ora con parole ed ora con i fatti, e vuolsi che frà le altre bizzarrie, si annoverasse anche quella di *schizzare* in volto del vino, che in antecedenza aveva posto in bocca, operando ciò per sola celia e con persone di confidenza. Dell'accennata cagione ne nacque, che il di lui spaccio di vino si chiamasse *schizzetto*[3].

Nell'insegna, spennellata sovente in cambio di un litro ma più spesso recitata a voce dagli avventori, è lo specchio di chi gestisce la bottega, e il cattivo vino comporta la taccia di *Acetaro* (via Paola 51 e via della Scala 35). Questo specchio mente di rado e mette in evidenza dell'oste: l'origine contadina (*Osteria del Borrino*), la malformazione fisica (*Osteria del zoppetto*), le consuetudini estortive (*Osteria di tre once,* id est tre once in meno su qualunque prodotto), la malacreanza (*Osteria del moccio* «cosiddetta perché il proprietario soffiavasi sempre il naso con le mani»), la pessima ubicazione (*Osteria della chiavica*) e, sovrana, la sporcizia (*Osteria del pulciaro, Osteria dei sorci*). Dal 1855 ai primi decenni del Novecento, i nomignoli scurrili passano di mano, con le licenze, da un capo all'altro dell'urbe, con un effetto di fogna tracimante e di gusto di feccia sulla lingua. Nel vicolo del Colonnato, racconta Alessandro Rufini, al numero 44 c'era l'*Osteria della Cacarella* «... detta in tal guisa, perché la proprietaria... aveva il soprannome della cacarella, attribuitogli pel costante brutto colore del di lei viso». Il nomigno-

3. A. Rufini, *Notizie storiche intorno all'origine dei nomi di alcune osterie, caffè, alberghi e locande esistenti nella città di Roma*, Roma, Tipografia legale, 1855, p. 1

lo volgare e impertinente fa parte del ruolo e i gestori sembrano menarne vanto ma le autorità non sempre chiudono un occhio. A via Benedetta «un'ampio cristallo con alcuni versi romaneschi: *Si ve sentite male alle budella - venite a beve qui da Cacarella* fino a qualche tempo fa trionfava sull'ingresso; un bel giorno però, la denominazione non sembrò più di buon gusto all'ufficio rionale del Governatorato». Viene pertanto sostituita da una insegna rossa con la scritta "Qui sta Ercoletto". Il soprannome dell'oste, grande e grosso, evocava la codardìa, il diminutivo, vagamente mitologico, riporta comicamente l'accento sulla sua forza, ma per gli avventori non era cambiato nulla. Continuava a essere *Cacarella a via Benedetta*, rifugio dei poeti dell'improvviso[4].

Chi fosse tentato, Belli alla mano, di sostenere che il fenomeno era a Roma nato e circoscritto, si ricreda, perché la miseria del bettoliere e la sua scurrilità vernacolare sono fenomeni appiccicati al mestiere e alla bottega. I soprannomi baresi, riportati alla luce da Luigi Sada - basti quello di Adriana delle Vergini detta *caca-metande* alla strada Santa Barbara 48 - avrebbero tenuto fronte validamente a quelli degli omologhi capitolini[5]. Lo stesso dicasi, nella valle padana, per le ostesse di campagna e peggio ancora di periferia, insediate in capannoni di recupero, come quella *Catarnaza* di Faenza che, sul finire dell'Ottocento, vendeva vino, latte, carbone e fascine di legna, fra nugoli di mosche, ragnatele pendule e topi sfreccianti fra i piedi degli avventori. *Catarnaza*, forma dialettale di Caterina, suonava, per via referenziale, come i precedenti insulti[6]. Anche in fiorentino, *Gigi porco* o *il Troia* evocano più la porcilaia che l'arista arrosto[7]. Fino almeno al 1938 e oltre, questo stile ingiurioso e giocosamente triviale si perpetua nei documenti e nelle fotogra-

4. *Osterie romane,* Milano, Ceschina, 1937, p. 289
5. L. Sada, *I tabernacoli baresi dell'onesto peccato,* p. 78
6. P. Zama, *Alfredo Oriani e le osterie di Faenza*, "Enotria", agosto 1933, p. 518
7. G. Gandi, *Antiche e caratteristiche trattorie fiorentine,* Firenze, Rossi, 1929, p. 37, P. Monelli, *Il ghiottone errante,* Milano, Treves, 1935, p. 112

fie, negli aneddoti e nelle caricature; verrà ripreso dal cinema comico del dopoguerra nello scenario offerto dalla trattoria trasteverina. Le anomalie, rispetto al codice imperante della mala creanza, sono semmai certe descrizioni castigate alla Dossi di chi frequentava taverne per bene, o l'idealismo "furlano" di Chino Ermacora. Scatologica, morbigena, immorale, insopportabilmente vinosa e malodorante di feccia, tale era la natura di osti e ostesse. Diciamo era, perché ci appare il riflesso di un contesto urbano o rurale in cui risaltano tutte le carenze pubbliche, in cui lo scolo delle acque, la mancanza di servizi igienici, l'esistenza di topi e parassiti, la viabilità mediocrissima e il consumo stesso del vino (l'acqua era preziosa e centellinata dagli acquedotti) sono cause e non effetti. A esse si aggiungono le magagne di un'economia della miseria, il prestito contro pegno, il gioco d'azzardo, il mercimonio delle serve, l'adulterazione degli alimenti e la penuria dei consumi, le quali nascono da salari infimi e da una precarietà collettiva. Il viaggio verso Sorgono era dunque una sfida scontata che si sarebbe potuta ripetere scendendo le cantine di tufo, entrando negli usci adiacenti alle stalle, penetrando in un buchetto buio della grande città, cioè frequentando quella indigenza che era il letame della società italiana.

LA GUIDA GASTRONOMICA DEL TOURING

Alle guide mancavano, come abbiamo visto, non tanto turisti coraggiosi quanto informazioni esaurienti sull'ospitalità e sui costumi alimentari della penisola. Negli alberghi con ristorante, presenti solo nelle città e nei siti di villeggiatura, piatti e prodotti tipici annuali e stagionali, venduti nei mercati e nelle botteghe, erano per lo più ignoti. I Baedecker parlano di trattorie all'italiana (sottintendendo che vi si servivano piatti nazionali) e di "débits de vin" o mescite, in cui si spacciava "vino, pane, formaggio e uova". Più laconico ancora il Touring menziona la sola categoria dei ristoranti. A Napoli, nel 1927, si considera la ricchezza gastronomica come un aspetto del folklore (e non del consumo): infatti gli abitanti «saranno sempre attaccati con tutta l'anima, e non per vizio di gola, ai loro pittoreschi mercati e alle loro pittoresche osterie». Il sospetto che, in viaggio, si mangiasse a proprio rischio e pericolo, e bisognasse farsi consigliare le soste dal medico di famiglia, è suffragato da altre guide nate all'insegna della salvaguardia della salute del turista come *Milano in campagna* del Dottor Redaelli, specialista delle malattie nervose e interne[1]. Tutto ciò condannava il viaggiatore a un vitto anonimo, atipico, genericamente alberghiero e "italiano". Come si imbandisse la tavola domestica e che cosa offrissero le fiere, quali fossero le principali sagre, restava perfettamente ignoto.

I ricettari temperavano solo in parte questa carenza informativa. Il più stimato, *La scienza in cucina*, fornisce un'immagine della nutrizione casalinga di tipo borghese, mettendo in guardia contro i rischi del ristoro popolare e ambulante. I piatti descritti da Pellegrino Artusi appartengono ad alcune regioni soltanto dell'Italia, l'Emilia, la Toscana e la Romagna, mentre gli è pressoché sconosciuta la gastronomia a sud di Napoli. Pur avendo viaggiato, le sue conoscenze erano state condizionate

1. G. Redaelli, *Milano in campagna. Guida delle Villeggiature Italiane*, Milano, 1920 (anno X)

da percorsi rigidi, con poche tappe, e da un mercato nazionale in cui gli scambi restavano modesti. Mettersi in bocca cose nuove era difficile e percepito come rischioso; i prodotti locali e le ricette non viaggiavano, con la conseguenza che anche le grandi città offrivano di sé una immagine più provinciale che regionale. La scoperta della melanzana a Firenze, considerata ortaggio vile "come cibo da Ebrei" risaliva alla metà dell'Ottocento, e Artusi non manca di far rilevare il proprio anticonformismo nel proporla[2].

A questa situazione i soci del Touring Club vogliono porre rimedio. Nel corso di una riunione del Rotary Club di Milano, nel 1928, nasce in alcuni di loro l'idea di pubblicare una guida che non assomigli a un ricettario ma a un censimento di tutte le specialità di cucina e di bottega, fornite da ogni provincia. Doveva essere il vademecum che il turista portava con sé per informarsi, chiedere, gustare e acquistare "specialità" locali. Il progetto si traduce in un questionario inviato, oltre che ai soci, a tutti i potenziali soggetti della cultura alimentare italiana associativa (consorzi agrari, fasci provinciali femminili, podestà, direttori didattici) e imprenditoriale (cento ditte produttrici). La documentazione raccolta da tutte le province italiane, ripartita per regioni, viene selezionata e tradotta in un repertorio che dal Piemonte alla Sardegna, passa in rassegna, dopo una illustrazione generale dei prodotti e dei piatti tipici di ogni terra, "le specialità" e la loro localizzazione geografica. L'approccio linguistico, merceologico e consumeristico fornisce una istruzione all'utente tale da permettergli di affrontare l'impatto con un costume nutritivo nuovo. Chi, invece, intende viaggiare nella propria poltrona, può consultarla come un piccolo dizionario e, ricercati nell'indice i *vincisgrassi*, scoprirli in provincia di Macerata, con la variante linguistica *pincisgrassi* e con la definizione di minestra asciutta di pasta fresca con ragù e una decina di righe di commento. Niente ricette, ma un buon lemmario con descrizioni esaurienti. Come sottolinea l'onnipresente Arturo Mare-

2. P. Artusi, *La scienza in cucina*, p. 363

scalchi nella premessa, la guida allarga la clientela "dei prodotti italiani", incitando la loro migliore valorizzazione. Il fatto poi che fra di essi ve ne siano di "localissimi" permette a borghi e villaggi di acquisire un'identità gastronomica nazionale.

Ai vini, invece, è riservato un approccio contrario: ogni regione presenta complessivamente i propri, con indicazioni tipologiche relative alla loro qualità e al loro commercio. Di fronte alla carenza di piccole produzioni pregiate, a un consumo prevalentemente locale e a una clientela disattenta alle "marche", si ritiene opportuno rafforzare la conoscenza dei principali, rappresentativi e accessibili. La creazione di un mercato enologico nazionale è una delle maggiori preoccupazioni del Marescalchi. Questo criterio, più vicino alla mentalità corporativa che all'iniziativa dei buoni produttori, suggerito ai soci del Touring dalla mancanza di rilevazioni, è convalidato dall'assenza di correlazioni gustative fra i prodotti agricoli e dalla scarsa sensibilità agli abbinamenti. Rafforza il commercio, invoglia l'esportazione, permettendo di promuovere ogni vino come espressione non di un vitigno e di un'azienda, ma di un villaggio, di una regione e dell'Italia tutta. Anche terre, come la Puglia, tristemente celebri per l'esportazione di filtrati e ribolliti, di vinacci da vermut e da taglio, possono esibire bottiglie fini, senza marca né etichetta, da pesce (Torre Giulia) e soprattutto da dessert (Moscato di Trani e Verdeca di Gravina). A questa fascia pregiata e ristretta della produzione viticola va l'onore di accompagnare la multiforme cucina.

Come consultare questo libricino verde? Con un esempio pratico, la finalità dello strumento ideato dal Touring apparirà più chiara. Nella guida generale della *Sicilia* del 1919, a Trapani figuravano due hotel con ristorante, senza menzione di altri indirizzi consigliati; nella *Guida gastronomica* del 1931 si suggerisce di richiedere il tradizionale *cùscusu* «e di bere a fin di tavola il *Passolato* del luogo». Incrociando i due approcci turistico-monumentale e consumeristico, il viaggiatore si attiva, si informa, esige questo piatto dal nome arabo e la qualità del suo soggiorno ne guadagna. Il cibo serve da motore per una ricerca sul campo e per la scoperta di nuovi punti di ristoro, senza vietare ovviamente al turista di ordinare nel suo hotel siciliano una bottiglia di Barolo e un risotto alla milanese[3]. A un programma promettente fa difetto solo l'ineguale cognizione delle proprie risorse nelle diverse terre e la sensibilità del personale degli esercizi alle esigenze degli avventori. Chi si prende la briga di consultare la guida, non deve misurare la propria distanza dai luoghi semplicemente in chilometri ma in termini di qualità dei trasporti e dell'ospitalità, verificando personalmente se un alimento qualsivoglia possa essere reso indisponibile dall'assenza di servizi. Al campanilismo di alcuni soci fa riscontro la scarsa sensibilità di altri, che identificando pasto e festa, al di fuori delle solennità hanno scarsa consapevolezza della natura del proprio e dell'altrui vitto quotidiano.

A una ricchezza così iniquamente disomogenea, dal Piemonte alla Calabria, si riparava con una mistificazione ideologica, coltivata dagli estensori forse al fine di attenuare i loro sensi di colpa di fronte allo spettacolo della denutrizione e della miseria contadina. Essa si traduceva in enunciati di questo tipo: «la popolazione della Basilicata ha tradizioni di frugalità», «il Sardo è sobrio per natura»[4]. Anche rinunciando a simili bugie e dando lustro a qualche altra piccola risorsa locale, un'isola povera come la Sardegna non avrebbe mai potuto apparire opulenta. D.H. Lawrence ne aveva descritto il volto emaciato e bugiardo, quello di una economia montana di ovini, con formaggi da pastori, qualche uovo e frutta mal conservata. Solo il vino cattivo e l'acquavite che ne era il sottoprodotto, sembravano abbondare. Aveva provato i morsi della fame, anche quando le locande gli fornivano un vitto decente, lo stesso degli altri viaggiatori sardi, tanta era la rarità delle offerte e dei punti di vendita. Eppure in alcune tappe, a Tonara e a Nuoro, avrebbe scoperto torroni di bucce d'arancio e cedri canditi, e a Oliena un vino rosso d'antica fama che D'Annunzio aveva ricordato a Barth nella sua prefazione.

3. Touring Club Italiano, *Guida gastronomica d'Italia,* Milano, 1931, p. 11
4. *ibidem,* pp. 411, 467

In altre parti d'Italia l'inventario di località e prodotti riserva vere e proprie scoperte tali non solo da arricchire la tavola del viaggiatore, ma da suscitarne l'invidia. Il Piemonte è rappresentato da 125 toponimi, con una o più specialità, dallo spettro amplissimo, andando dalle risorse ambientali (le trote del Tanaro, dei laghi e dei torrenti alpini) a quelle orticole (i cardi di Chieri e gli asparagi di Santena e di Cambiano) e frutticole (le mele di Barge e di Boves o le ciliegie di Cereseto). Molte di queste offerte sono stagionali e poche ripetibili tutto l'anno. Carni e latte riequilibrano gli incerti della raccolta. Oltre 25 formaggi (nei 125 toponimi) danno la misura dell'importanza del settore lattiero-caseario e delle sue varietà alpine e pedemontane: la presenza della fonduta in testa alle preferenze dei turisti ne fa fede. La biscotteria e la pasticceria recitano la loro parte, in un settore artigianale promesso a sviluppi industriali: amaretti di Acqui, confortini di Busca, zesti di Carignano, e via via sino ai crumiri di Moncalvo e ai biscottini di Novara. Cercandovi i prodotti-immagine si scopre che sono assai diversi da quelli che vengono promossi nelle successive riedizioni della *Guida gastronomica*, nel 1964 e nel 1984: ritroviamo il tartufo bianco solo in sette centri, ma è diffuso in molte altre province, Ravenna per esempio. Trent'anni dopo, quando la febbre del tartufo si sarà accesa, lo si riscontra in 59 località piemontesi (su 405), a fronte di una progressiva rarefazione della sua raccolta (diminuita del 50 per cento).

Le regioni forniscono dati assai dissimili in funzione del loro grado di sviluppo, che non si calcola solo nella distanza che separa il Piemonte dalla Sardegna. Se si prende il Lazio si nota un coefficiente di ricchezza diverso da quello del Nord Ovest. Nella provincia di Roma dominano ortaggi e frutta, ma è l'olio il prodotto con il più alto coefficiente di toponimi, un olio che, più si va a sud, più resta, con i fichi, l'unica risorsa proponibile e il principale fattore di caratterizzazione. Se le "specialità" sono il punto di incrocio di un alimento e di un luogo, solo quando sono molteplici e toccano più settori merceologici consentono di annunciare una cucina originale e soddisfacente per il turista. Spettro delle risorse, la guida è anche uno strumento che permette di regolare gli appetiti. La mancanza di ragguagli sulle buone tavole è in parte palliata dall'elenco dei piatti di ogni provincia e delle famiglie che ne sono il riflesso, in parte corretta dalla segnalazione di alimenti rituali, soprattutto i dolci, e di alcune conserve fornite dall'industria. Si tacciono dunque le trattorie, né si fa menzione delle osterie con cucina, ma si indica alle une e alle altre che cosa l'avventore occasionale si aspetta, in quella sede e nei paesi limitrofi. I gestori sono avvertiti: la battaglia contro il menù in stile francese o internazionale dei ristoranti d'albergo è cominciata e a combattere devono essere proprio loro.

Mentre appare indubbio il suo consenso in ambito giornalistico, è difficile fornire dati concernenti l'impatto della *Guida gastronomica d'Italia* sui piccoli e medi esercizi. Si può tuttavia valutarne l'importanza rapportandola alle altre misure di promozione turistica: guide per gastronomi, periodici dedicati ai problemi dell'ospitalità come *L'Albergo in Italia* del TCI, numeri speciali di riviste, materiale pubblicitario dell'ENIT, mostre eno-gastronomiche nei capoluoghi di provincia e nella capitale, manifestazioni di sostegno all'industria del folklore con vendita di tessuti, arredi in legno, vini e conserve. A partire dal 1936, con la proclamazione dell'*autarchia* da parte di Benito Mussolini, il censimento delle risorse alimentari italiane apparirà un progetto politico che aveva mobilitato con anticipo le avanguardie turistiche e che doveva essere approfondito ed esteso alle masse. La relazione del viaggio di D. H. Lawrence a Sorgono poteva esser riletta in un clima di assoluta certezza, di fiducia nelle ricchezze nascoste negli angoli più remoti del paese.

Molti italiani rispondono al primo appello del TCI, e molti altri li seguiranno, illustrandone i vantaggi gastronomici e autarchici. Fra di essi il fondatore del mensile *La cucina italiana*, il giornalista e romanziere Umberto Notari. In un volumetto dal titolo *Il giro d'Italia a tavola* racconta di otto ricchi ghiottoni che, ritrovatisi una sera a cena, decidono di esaminare di persona e sul campo la *Guida gastronomica*, «facendo tappa nel capoluogo di ogni regione per ivi assaggiare il meglio di ogni singola cucina»[5]. Riprendendo l'idea di Phileas Fogg ma utilizzando una vettura a motore, riducono gli ottanta giorni fissati da Verne a cinquantaquattro, con il seguente programma: «Due o tre giorni per tappa con diciotto tappe». Ogni capitolo della guida fornirà l'elenco delle «prelibatezze celebrate in ogni regione» perché ognuno le ricerchi e segnali, trasmettendo in una nota il proprio giudizio. Il seguito de *Il Giro d'Italia* in diciotto capitoli (Torino, Milano, Venezia, Trento, Trieste, Bologna, Ancona, Perugia, Abruzzo, Napoli, Bari, Basilicata, Calabria, Sicilia, Sardegna, Genova, Firenze, Roma) è un puro e semplice plagio del volumetto verde del TCI, con la inevitabile considerazione: le grandi città sono considerate rappresentative della rispettiva regione; nel Meridione e nelle isole non si annoverano capitali gastronomiche. Non era questo l'intendimento degli estensori della *Guida* ma di sicuro corrispondeva a una idea del territorio, ben radicata nei turisti. Un solo consiglio ai viaggiatori viene da Umberto Notari, formulato senza mezzi termini: se volete veramente gustare le specialità, usate l'automobile.

5. U. Notari, *Il giro d'Italia... a tavola*, Perledo, Edizioni d'Italia, s. d., p. 10

L'ERODOTO DELL'ACQUOLINA IN BOCCA

La prima diffusione di notizie sui locali che offrivano lo stile di cucina suggerito dal Touring, e ne riproponevano i piatti, è in una primissima fase, di natura confidenziale. L'indicazione orale e amichevole rappresenta una delle sirene ammalianti della civiltà gastronomica e, nelle epoche di scoperta e di mutamento, può persino permettere, a un esercizio, di raggiungere una vera e consolidata reputazione. Nel giro di pochi anni escono in Italia alcune guide che reintegrano, nel codice delle specialità, cuochi, cucine e indirizzi. Fra le più conosciute, *Gastronomia alla ventura* e *Quando siam dall'oste insieme,* quest'ultima ristampata nel 1936 a cura delle Terme di San Pellegrino con il titolo *Itinerari ghiotti*[1]. Esse illustrano quella delicata fase della storia dei servizi di ristoro che impone ai gestori l'offerta di alcuni piatti locali e il loro adeguamento a un gusto "nazionale". Nasce, sotto la pressione di un Fascismo che intende promuovere nell'unità le culture regionali, e proclamare l'esistenza di un'*osteria italiana* che, in ogni angolo del bel paese, offre vini e cibi diversi. L'autore di queste guide, Giovanni Mariotti è un giornalista specializzato nei libri turistici, ha la penna garbata e una certa cultura. Come l'Artusi non scriveva ricetta senza aggiungervi qualche apprezzamento e qualche aneddoto, così egli racconta nel proprio libro un viaggio già compiuto, rallegrandolo con la giustezza delle osservazioni. Gli si deve anche un saggio sulla gastronomia dal titolo *Arte e industria della mensa*, distribuito in omaggio dalla Federazione Nazionale Fascista Alberghi e Turismo, pregevole per il posto che riserva all'industria nel Novecento e per una recensione dei prodotti dolciari italiani[2].

Quando siam dall'oste insieme è dedicato «alla memoria di

1. G. Mariotti, *Gastronomia alla ventura,* Roma, Edizioni Mercurio, s. d.; G. Mariotti, *Quando siam dall'oste insieme...*, Roma, Treves, s. d.; G. Mariotti, *Itinerari ghiotti,* Milano, a cura delle Terme di San Pellegrino, 1936
2. G. Mariotti, *Arte e industria della mensa,* Roma, Mercurio, s. d., (1939?)

Hans Barth». Dalla riedizione di *Osteria* del 1921 egli trae ispirazione, riesaminandone la filosofia vinosa, ripercorrendone le tracce dall'esilio in Svizzera durante la prima guerra mondiale sino al suo ritorno in Italia. Sono gli anni del primo dopoguerra in cui «I tedeschi riprendono [...] le vie del Mezzogiorno e dimentichi della lotta recente affollano i musei e le chiese, gli scavi, i dolci paesi dove non torna inverno». Erano tempi in cui l'Italia appariva a Barth un cimitero «di illusioni e di osterie». Mariotti ricomincia proprio da questa affermazione la sua ricerca e la commenta con pensieri e ragguagli sulle «squisite ricchezze della nostra cucina». L'interesse per il vino non è scemato, ma non dirige più i suoi passi; né il racconto delle proprie indigestioni lo attira. C'è aria di battaglia, negli anni che precedono la creazione dell'Impero, prima delle sanzioni e dell'autarchia, prima delle proscrizioni dei forestierismi penetrati nelle sale da pranzo. Questa battaglia la si sente in un campo come la nutrizione che è matrice dell'identità personale e collettiva. L'hanno scatenata i futuristi, l'hanno ripresa, in tutt'altra direzione, i giornali benpensanti. "La sciatteria della cucina corrente" è un bersaglio condiviso, così come le critiche ai grandi alberghi e ai cuochi di scuola francese si sprecano. Un rigurgito di nazionalismo? Non solo. È un gusto provinciale e borghese che rivendica un ruolo, è una prudenza in tutte le avventure del palato che vuole la sua parte. "La tradizione della buona cucina" esiste e va incoraggiata con ogni mezzo, anche con le segnalazioni.

Mariotti riparte proprio dalla città che Barth aveva meno compreso, Genova. Ha un itinerario in testa che è quello più noto. Verso nord, Torino, poi a est, Milano e Venezia, di nuovo a sud-ovest, Bologna, e giù per Firenze, Livorno, Roma sino a Napoli. Otto tappe, l'Italia dei turisti e degli sposi novelli. Come se il viaggio cominciasse dal mare, sbarca a Genova, pressoché ignorata dall'Artusi, bistrattata da Barth, e apre le sue braccia a tutta la Liguria, ai vini delle Cinque Terre e alle torte pasqualine. Il giro comincia in due ristoranti di lusso e in un dancing. Lo *chef de cuisine* non è un oste ma sa fare alla perfezione la cucina locale, *raviêu* e *menestron*, anche là dove comanda la ricca borghesia. La visita continua verso Portoria, Boccadasse, Sampierdarena, salendo al Righi e ridiscendendo nella vecchia città. Al termine, Mariotti segnala le osterie più suggestive, quelle in cui a servire c'è l'ostessa, Carlotta, che va e viene con la *boridda*, i ravioli o il conto. È inutile ripetere a Mariotti la domanda: ma son tutte osterie? Certo che no, ma cominciando dai locali di lusso per finire dalla *Carlotta*, il senso dell'itinerario è chiaro: va in crescendo.

Non tutte le città si salvano grazie alle meraviglie della bassa ristorazione. Bistrattare una tavola di lusso, il Savini di Milano per esempio, («Cucina internazionale con qualche specialità milanese - il risotto tutti i giorni, le altre di quando in quando») parrebbe un artificio retorico per premiare chi merita. Ma se «la vera cucina lombarda si è rifugiata nelle famiglie», e fuori del risotto non si serve nulla di tipico, non c'è motivo di vantare chi non merita, come la trattoria Bagutta, la quale «non offre nulla al buongustaio». Non è la lista dei vini dei ristoranti più cari, Cova e Biffi, a rimediare a una fame e a una sete di roba fine, a buon mercato. «I cinquemila ragionieri che si sono impadroniti di Milano» hanno consumato il misfatto: la città più ricca è già diventata la più povera.

Milano era una tappa sbagliata, Bologna è quella giusta. Gode di una grande fama che Artusi aveva contribuito a diffondere nelle famiglie, che Olindo Guerrini, autore dell'*Inno* del TCI, aveva resa lepida e gioviale, e che Panzini nel *Viaggio di un povero letterato* aveva colorato di malinconia. È una città ineludibile e ha alcuni locali in grado di rappresentarla: *Il pappagallo* in primis una «bottega inverosimilmente piccola», «una osteria da gente per bene». Essa incarna l'immagine della moderna osteria: un gran cuoco in cucina, Giovanni Zurla (1864-1936)[3], niente lusso e niente eleganza, pochi tavoli, un menù sobrio, tradizionale e creativo, che scoraggia le critiche. Tortelli-

3. A. Cervellati, *Bologna la Grassa,* Bologna, Istituto tecnico Aldini-Valeriani, 1960, p. 166; G. Maioli - G. Roversi, *Civiltà della tavola a Bologna,* p. 365

ni e tagliatelle (o lasagne verdi) per cominciare e, perso l'appetito, il *budino alla Richelieu*, specialità della casa, un filetto di tacchino saltato con salsa olandese e tartufi, oppure, per chi lo conosca, un secondo filetto di tacchino «con salsa bordolese, formaggio e pasta sfoglia». Come se il lusso in Via delle pescherie vecchie fosse solo quello del piatto, e non dell'arredo e del servizio, i cibi più raffinati servono a una perorazione a rovescio. Si respira un po' d'aria di Francia? Oppure è il frutto di una scuola locale?

Le segnalazioni di Mariotti traggono autorevolezza non da un talento di scopritore di nuovi indirizzi né da una particolare dote nel coglier profumi, piatti inediti, ma al contrario dalla colorazione regionale della cucina di città, vero e unico marchio che contrassegna la sua osteria, e dal consenso diffuso. A Roma regna il re delle fettuccine *Alfredo* mentre a Napoli *Zi' Teresa* s'affianca alla *Bersagliera*. Egli conferisce una notorietà nazionale a questi locali senza storia, piccoli commerci cresciuti e ingranditi da un rapporto felice con la clientela di passaggio. Alla ricerca di una gastronomia geograficamente delimitata, ma riscoperta nelle città di scambio e turismo, il suo itinerario propone un genere di ristoro in cui domina il "tipicamente italiano".

È una formula questa, insinuata dal ricettario di Artusi e dal *Dizionario moderno* di Alfredo Panzini, confermata dalla guerra di popolo e dal fascismo, che riscuoteva consensi crescenti, ancorché nessuno ne vedesse una qualche attuazione nel paese, e non tutti cogliessero in che cosa il "tipicamente italiano" differisse dal "tipicamente" seguito da "napoletano" o "veneziano". Quanto fosse condivisa anche nei settori votati allo studio e alla conservazione delle culture locali, ce lo conferma il migliore studioso delle osterie veneziane, Elio Zorzi:

> Importa invece che l'Italia si crei veramente una cucina nazionale; che sia abbandonata la falsariga della cucina francese, e sia iniziata sulla base di un bene inteso federalismo, una revisione radicale dei valori gastronomici delle singole regioni d'Italia, sicché, con opportuni criteri di scelta, sia possibile creare una cucina schiettamente

italiana non solamente per l'uso comune, ma anche per le mense di lusso[4].

L'osteria e la trattoria modesta sono da Zorzi indicate come il luogo in cui «il cibo rozzo e saporito», in una visione letteraria e goldoniana, riunisce «barcaioli e contadini» con dei «veri signori». Piatti locali, gli stessi per tutti, e una ristorazione vicina alla semplicità casalinga. Circoscritto a un ambito puramente lagunare, o proiettato sugli itinerari di tipo escursionistico e quindi esteso a tutta la penisola, questo assioma acquista efficacia gastronomica e geografica, nella convinzione che la cultura nazionale, diventando la semplice somma di quelle regionali e codeste delle municipali, possano venire salvaguardate unità e pluralità. Zorzi, Mariotti, Monelli, i soci del Touring e i buoni camerati si mettono a tavola mossi da questo calcolo ideologico, felici di avere una grande patria e altrettanto contenti di averne una più piccola. Un solo scoglio: nessuno può giurare che tutti i punti di ristoro siano in grado di offrire un cibo piacevole e che contadini e signori seggano, in ogni parte d'Italia, gli uni accanto agli altri.

Gastronomia alla ventura, rispetto a *Itinerari ghiotti*, approfondisce questa ricerca dell'identità che non è sempre facile, e incontra barriere e fossati. Mariotti rivisita le trattorie preferite e manifesta una voglia di scavare più a fondo alla ricerca del nuovo, non nelle capitali ma in provincia e fuori mano, una voglia frenata dalle solite ragioni, trasporti e ospitalità. Si tratta di un viaggio in automobile, con qualche omissione, supplita dalle guide turistiche o ferroviarie. Il capitolo XXVII *Da Napoli a Reggio Calabria* è una perla: al tragitto fra Sapri e Reggio Calabria, vanno tredici righe, l'elenco delle stazioni sulla litoranea tirrenica desunte da un orario (e prive di buffet). Cresce invece l'interesse per la Puglia che «è entrata da poco nel novero di quelle regioni che i turisti in genere e gli automobilisti in particolare percorrono e visitano». Le sue strade sono impossibili, «buche

4. E. Zorzi, *Osterie Veneziane*, p. 53

su buche, un polverone da non respirare» e la cucina degna della carreggiata; le orecchiette «con un sugo denso e pepato», i «panzerotti nel cui ripieno figurano anche le acciughe» e soprattutto i vini, mettono a dura prova la delicata complessione del viaggiatore. Dopo Milano, Bari: un ritornello comincia a farsi intendere di capitolo in capitolo. «La cucina tradizionale s'è quasi del tutto rifugiata nelle case e specialmente in quelle di provincia. Nei ristoranti e nelle trattorie, domina la cucina nazionale. E quanto ai vini, dappertutto, accanto a quelli del posto, figurano quelli di altre regioni, e specialmente toscani»[5]. Sola eccezione barese, le trattorie di pesce del lungomare.

La cucina "italiana" è quella della trattoria per forestieri cui sono offerti i piatti del luogo e tutte le specialità del bel paese; essa accoglie assai di rado una clientela autoctona poco curiosa dell'esotismo nazionale o internazionale. È proposta dagli alberghi che cominciano a vedere le potenzialità offerte dalla varietà gastronomica, dotandosi di succursali e di trattorie d'appoggio. Accanto all'emergenza di piccolissimi locali con cucina fine (osterie di gente perbene) si moltiplicano le "finte" osterie (per gente benestante). A Bari *La taverna verde* annessa all'Albergo Miramare, ne è una buona illustrazione:

> simpatico locale, ligio alla più schietta cucina italiana della quale serve ogni giorno ghiotte specialità: il lunedì frutti di mare, zuppe alla marinara e maccheroni gratinati al forno; il martedì bue brasato e zamponi e cotechini con lenticchie (naturalmente alla stagione adatta); il mercoledì, i cannelloni alla Miramare, o i ravioli al sugo di carne e lo spezzatino coi legumi; il giovedì, gli gnocchi alla casalinga e la galantina di pollo o di cappone in gelatina; il venerdì, la cassuola di baccalà alla paesana e la trippa alla romana o la busecca milanese; il sabato, il prosciutto al madera, l'ossobuco col risotto e persino la polenta bergamasca; la domenica il risotto alla milanese e le fetuccine alla bolognese[6].

5. G. Mariotti, *Gastronomia alla ventura*, p. 214
6. *ibidem*, p. 216

Molti piatti sono in comune con quelli d'albergo, altri rappresentativi della capitale e del Nord (Milano, Modena, Bologna). Quello che contrassegna questa cucina "italiana" è l'assenza di piatti baresi, i frutti di mare e le zuppe alla marinara non potendo essere considerati tali. La denominazione del locale, *taverna verde*, ammicca all'osteria, senza evocarla espressamente, e corrisponde a un nuovo comparto dell'hotel che fornisce, in un ambiente rustico, protetto e garantito, una cucina più vicina a quella casalinga. La cantina è a immagine del citato menù, per una clientela non dissimile da quella trascinata verso le terre assolate da Hans Barth: «Quanto ai vini, oltre a quelli pugliesi e calabresi, troverete quelli vesuviani, dei castelli romani, di Orvieto e anche del Piemonte»[7]. È inutile richiedersi perché si dovrebbe bere solo Frascati e Dolcetto in Puglia: «Quando si passa ai vini rossi di Barletta, di Bari, di Sansevero, di Locorotondo, di Gioia del Colle, allora la prudenza non è mai troppa»[8]. *La taverna verde* non è il solo luogo di Bari dove s'incrociano gli stili e i piatti, perché anche le guide più generose, come quella di Mariotti, hanno insegnato al turista a diffidare. Nel Meridione, inoltre, a difetto di proposte locali, il modello partenopeo appare egemone. Lo stesso menù di trattoria può presentare un doppio registro romano-barese (il *Fortino Belvedere*) o, più facilmente, napoletano-barese (la *Trattoria dell'ostricaro*). Per una cucina di tradizione, bisogna scendere molto più giù e avventurarsi nei negozi di *vini con cucina* o, a Gallipoli, gustare piatti marinari preparati sulla spiaggia. A proprio rischio e pericolo.

A ogni fremito del turismo e, durante il Ventennio, ai capricci di una cospicua schiera di giornalisti e buongustai motorizzati, la ristorazione tutta è attraversata da velleità di rinnovamento, in ogni direzione, verso le cucine casalinghe, verso una creatività al passo coi tempi, verso un'offerta ecumenica di pietanze e di vini italiani. Presentare un pasto eccellente in un decoro modesto, trasmettere dai fornelli al tavolo quello che una

7. *ibidem*, p. 217
8. *ibidem*, p. 214

famiglia con pochi aiuti riesce a confezionare, ripetere un patrimonio ereditato di pietanze vendendolo meglio che in passato: tutti questi obiettivi vengono confusamente a galla nella ricerca di uno stile local-nazionale. Siccome esso deve adeguarsi alle esigenze della clientela venuta da nord, due requisiti paiono indispensabili alla sua messa a punto: il piatto di pasta, "piatto forte", cioè abbondante e saporito, e un gusto pieno, di grassi più che di peperoncino, nei secondi. Le nuove osterie sorte là dove non esisteva una tradizione di ospitalità, non faticheranno ad adeguarsi a questo stile, scalando dal menù tutti i piatti che le consuetudini domestiche avrebbero imposto, pur richiedendo tempo e fatica. L'egemonia della pasta non è solo un espediente del cuoco, ma una conseguenza della disarmonia nutritiva dei clienti. Il turista italiano è limitato e imprevedibile, con scelte preconcette: può essere un fine conoscitore di pesce o ignorarne persino il consumo, delle carni apprezza o i bovini o gli ovini, nel campo delle verdure, si attiene all'immagine del proprio orto. Per un trattore barese, offrire un menù che ne solletichi l'appetito con un'apparenza di autenticità, è impresa linguisticamente difficile. Come spiegare le cime di rapa e i lampascioni?

STORICI E SPIRITISTI

Il revival della ristorazione popolare non si esaurisce a tavola. Le osterie vengono esaminate sotto un profilo documentario, rileggendo carte topografiche, registri della gabella, verbali della forza pubblica e grida. Catalogando, a distanza di secoli, gli alberghi di una grande città, Milano o Roma o Firenze o Venezia, pubblicisti e storici municipali contribuiscono a redigere una mappa insolita che permette di visitarne i meandri, che rintraccia dietro ai titoli di locande con stalla, i fantasmi di pellegrini e malfattori, uomini d'arme e cavalieri d'industria. Grattando i muri, restaurando i vani, restituendo selciati ricoperti dal terriccio, facendo parlare nomi, nomignoli e insegne, le osterie con alloggio si moltiplicano, brulicano, le une dopo le altre e sulle altre, appena separate da qualche bottega o da un usciolo sprangato. *Alberghi e osterie di Roma nella Rinascenza* del conte Umberto Gnoli, indagine ultimata nel 1934, pubblicata nel 1940 e riedita nel 1942, è un buon esempio di questa caccia ai fantasmi che si traduce in un elenco alfabetico, documentato di «250 [esercizi] sotto un centinaio e mezzo di nomi diversi». Questi nomi sono per lo più banali, la *Croce* e la *Corona* si ritrovano in tutte le contrade d'Italia e d'Europa, mentre insolita ne è la densità e la ricorrenza, perché ben sette *Lune* diverse offre Roma tra il 1368 e il 1630 e cinque insegne con la croce, ognuna con una parcella di storia. La prima *Luna* di campo dei Fiori è entrata infatti negli archivi grazie a un tal Francesco Carrara padovano che, presovi alloggio e accertata l'assenza di un camino, menati con sé dei muratori, ve l'aveva fatto costruire a proprie spese, insegnando ai romani a far fuoco nelle camere private e a ricevere con maggior calore i propri ospiti[1].

Lo studioso, che ha sempre a disposizione per i suoi pasti un bettolino a buon mercato prossimo all'entrata degli Archivi, non stila i suoi elenchi per colmare dei vuoti di stomaco né cerca prove di una ininterrotta ospitalità. Certo, è sopravvissuto sino

1. U. Gnoli, *Alberghi e osterie di Roma nella Rinascenza,* Roma, Maglione editore, 1942, p. 101

al 1934, il *Montone* noto «col nome di albergo del Sole in piazza della Rotonda. La parte antica è quella verso il Panteon»: ricordato per la prima volta nel 1467, aveva ricevuto, nel 1513, Ludovico Ariosto. Altra locanda era l'*Orso*, cui nel 1881 era stata apposta una lapide per ricordare un soggiorno (di due notti) di Michel de Montaigne; fra il 1935 e il 1937, per iniziativa di Bottai e di Giuseppe Ceccarelli, viene acquisito, restaurato e riaperto con funzione d'albergo e con una *Hostaria de l'Orso* «ben messa, e di buon gusto [...] nella quale si possono gustare i tradizionali piatti della cucina romana irrorati dai vini tipici d'Italia»[2]. Poche sono le insegne che hanno superato quattro secoli di vita, mentre un numero altissimo sono scomparse, ridipinte e risorte a breve distanza, e di nuovo cancellate. La fine di una osteria è accompagnata dalla nascita di una nuova, e in questo avvicendamento si deve vedere la continuità storica che è iscritta nei muri e nella topografia. L'*Osteria locanda della gatta* nel 1611 era gestita da una certa Lena in via dei Coronari, nel 1790 ne ritroviamo un'altra a Monte Giordano, e via di seguito, saltando da un capo all'altro, di secolo in secolo.

In questa intricata cronologia, le scansioni balzano all'occhio. Roma dopo il 1870 si popola di nuove osterie e, a misura che i grandi lavori edilizi ne mutano il volto, alcune di queste, sospinte da ondate di calce e mattoni, si spostano e trasmigrano verso piazze e vie protette dalla loro vetustà, altre vengono inghiottite dalla polvere dei cantieri e dagli espropri. A Firenze, il tempo è segnato ancor più nettamente. La sua trasformazione in capitale, dal 1865 al 1871, più che distruggere l'impianto topografico ne ha squassato l'economia e, con il caro dei fitti, provoca l'espulsione di moltissimi esercizi, e la nascita di nuovi, più confacenti a una danarosa clientela. Si aprono quelli per deputati e personalità del regno, il *Doney et Neveux*, mentre altri, come la *Fiaschetteria Melini*, accelerano la loro evolu-

2. *ibidem*, p. 113; A. Parini, *L'Hostaria dell'Orso*, "Enotria", aprile 1941, p. 120

zione in locali di prim'ordine[3]. Al di fuori delle mura, spuntano i primi punti di ristoro, come il *Picciòlo*, aperto in viale Margherita nel 1866, poco più di un'osteria di campagna con lumi e petrolio e panche dure, via via abbellita e ingrandita dalla crescita stessa urbana[4]. La bettola del granducato è condannata, le subentrano i negozi di pizzicheria con cucina che, ben gestiti, si trasformano lentamente in *buche*. La prima di queste, secondo Giulio Gandi, sarebbe stata quella dei fratelli *Lapi* nel 1879, seguita dalle più celebri *buche di San Ruffillo* e *di San Giovanni*, ristoranti scavati nel sottosuolo e, con l'afflusso crescente dei turisti, dispiegatisi a tela di ragno negli anfratti e nelle adiacenze. La trattoria, diventando punto di riferimento del mercato immobiliare, attira investimenti cospicui, parte dei quali destinati al suo abbellimento che, sul finire del XIX secolo, si traduce in uno stile pseudo-trecentesco e comunale con affreschi, mobili e persino stoviglie d'epoca. La cucina non è necessariamente il filo che segna la continuità dal passato al presente: la *Buca di san Ruffillo* con la sua sala degli scudi, ovvero stemmi delle più antiche famiglie fiorentine, e con la sua sala delle Corporazioni (omaggio non solo alle Arti comunali ma al Fascio), offre lasagne verdi al forno e tortellini pasticciati, piatti di origine bolognese.

Tra il 1929 e il 1934, sono ultimate alcune delle ricognizioni più importanti sulle osterie delle grandi città e la loro trasformazione in trattorie. I titoli più noti sono: *Antiche e caratteristiche trattorie fiorentine* di Giulio Gandi, *Osterie veneziane* di Elio Zorzi, *Vecchie osterie milanesi* di Luigi Medici. Se, dopo l'unità d'Italia, emergono alcuni tratti comuni dovuti particolarmente all'economia turistica e alla riabilitazione dei servizi urbani, il singolo centro ha, nella storia propria, le premesse di una peculiare trasformazione. Per questo, dopo aver recensito le insegne antiche, ogni autore, nel render conto delle loro vicissitudini,

3. G. Gandi, *Antiche e caratteristiche trattorie fiorentine*, pp. 36 e sg.
4. *ibidem*, p. 106

adotta un punto di vista diverso, dell'archivista o del testimone, del cantastorie o della guida civica. Tutti hanno coscienza della frattura fra ristorazione passata e presente, acuita dalla politica edilizia e culturale fascista, e consacrano le loro forze affinché essa non si traduca in pura e semplice cancellazione delle vestigia. È codesto, un lavoro su carte e libri, per le vie e nelle case, interrogando commercianti e clienti, in cui la variabile temporale appare determinante, ma ancor più la sensibilità con cui la si affronta. Quella delle osterie è, nel Ventennio, una ricerca oltre che epocale, d'ambiente.

Quanto più ci si approssima nelle ricerche al presente, tanto meglio le stanze, le cantine, i buchi e i crotti si popolano di personaggi in carne e ossa, singolari per la loro identità o per il ricordo che vi hanno lasciato. Da una storia d'archivio, avara di dettagli e talora oscura nelle identificazioni, si passa a una aneddotica vivace e ciarliera, nutrita da testimonianze dirette, da ricostruzioni operate sul campo, nei luoghi intatti della memoria. Gli anni tra le due guerre sono stati fertili anche in questo secondo filone di indagine, guidato da storici municipali e da memorialisti pettegoli, felici di pizzicare i dettagli infimi della vita quotidiana, di ascoltare le reminiscenze dialettali dei propri concittadini. La figura del beone che la polizia liquida con formule lapidarie, risorge nelle parole di questi osservatori con tutti i personaggi umilissimi che gli fan da contorno. Nella commedia veneziana di Elio Zorzi, c'è una tela di fondo che è quella del teatro goldoniano, botteghe del caffè e bettolucce, ma gli attori che occupano il proscenio li ha conosciuti tutti di persona, e ha parlato loro da amico. Sapendoli ascoltare ne ha annotate le peripezie, generalmente concluse in qualche locale reputato, se non addirittura conosciuto fuori della laguna. Filtrando quindi le testimonianze con i riscontri d'archivio, e spulciando, tra una chiacchiera e l'altra, libri antichi e vecchi, le trame ospitali vengono da Zorzi ritessute in pagine leggere, in raccontini confidenziali, ognuno con un titolo e un indirizzo preciso. L'*Osteria della siora Rosa* presso il campiello della Fenice, viene ribattezzata nel 1895 da Anzolo Romanelli *Osteria all'isola di Murano*, per via dei mastri vetrai che la frequentavano di sabato e domenica, quindi, con un passaggio di mano da suocero a genero, diventa *Trattoria* e infine *Taverna della Fenice*[5]. Sono cessioni commerciali e generazionali, verificate non negli archivi notarili ma nella memoria di Enrico Zoppi, il proprietario-cuoco tra i più popolari del Ventennio. È lui che, a notte avanzata, quando gli ultimi clienti sono partiti, intrattiene i vecchi amici nella taverna deserta, con le chiacchiere e un bicchiere di cognac. Siccome Gabriele D'Annunzio ha ribattezzato il suo locale che ha ricevuto Mussolini e Pirandello, le origini modestissime appaiono i veri quarti di nobiltà.

Dalla laguna al porto delle nebbie, Milano, cambia lo scenario non il giro delle osterie che il conte Umberto Gnoli faceva nei registri dell'Archivio di Stato, Elio Zorzi con gli occhi sui libri e con le orecchie tese. Luigi Medici o Rossano Zezzos, nella foschia lattiginosa, avanzano con passo ancor più lento e divagatorio, entrando in un locale che non assomiglia più al suo predecessore, e più spesso passando oltre una insegna che resta stampata solo nella fantasia. È difficile, per un milanese, descrivere un'osteria quando di essa, svuotata dei suoi ospiti, denudata dei suoi arredi e ripulita dell'odore stesso del vino, rimane solo una traccia notarile. A misura che ci si scosta dai documenti cartacei per studiarla dal vero, l'oggetto della ricerca s'allontana. O meglio solleva un polverone sulle sue stesse macerie, schiacciata dagli anni e sbriciolata dalle intemperie, come una statua di gesso. «Polvere, polvere [...] più nulla esiste: malinconia di smuovere le pietre che coprono ciò che fù; sotto non ci si trova più nulla»[6]. Questo lamento lo troviamo ripetuto mille volte, con un tono sempre più stridulo, sino a coprire i canti che filtravano dagli usci nella notte, e le voci arrochite degli ubriachi.

Scrivere delle osterie non è solo un antidoto efficace alla loro morte, ma l'unico modo per ancorarle al tempo, restituendo all'insegna qualcosa di più di un certificato anagrafico. Per amore

5. E. Zorzi, *Osterie Veneziane,* p. 171
6. R. Zezzos, *Vecchie botteghe e mercanti milanesi,* p. 144

della letteratura, più che per un astratto spirito documentario, vedendo in questa l'arca salvatrice dal diluvio, esse sono state, a Milano, traghettate dal passato al presente. Luigi Medici, poeta meneghino, le passa in rassegna, ricordando oltre che la loro ubicazione, le commedie di Carlo Maria Maggi, i versi del Porta, i ricordi del Goldoni e persino, a proposito di uno spaventapasseri parente lontano del Barbapedana, le *Confessioni* di Jean Jacques Rousseau[7]. La sua memoria, al contatto con i libri, non fa più scherzi, si rinfranca e prolunga la vita delle creature nate e morte in uno stanzone affumicato, canticchiando davanti a un bicchiere di vino. Solo chi le ha viste, ne può parlare, con la consapevolezza che nessuno in futuro potrà ripeterlo con parole più precise. Luigi Medici non risparmia gli aneddoti e racconta di aver incontrato all'*Osteria di Loreto* fatta a pennello per esser lodata dal Porta («l'ostaria propi fada a pennel per vess lodada»), «una delle macchiette più tipiche della Milano d'allora: il Barbapedana». Cantastorie dall'albero genealogico secolare, con un cappello a cilindro spelacchiato e una chitarra vecchia, entrava, usmava l'ambiente, buttava l'occhio qui e là e, pizzicando le corde, cominciava:

Barbapedana el gh'aveva on gilè
Senza el denanz, cont via el de drè[8].

Barbapedana aveva un gilè, senza il davanti e con via il didietro... come appariva quello dello strimpellatore. Canzonette e filastrocche, che ronzavano da una vita nelle orecchie, riprendevano fiato ravvicinando il pubblico, «misto di ricchi, di borghesi e di popolo minuto», e le mani si allungavano verso il *pestone*, il fiasco di vino bianco. «Finita la canzone, il Barbapedana col piattello in mano faceva il giro della sala e raccoglieva quei pochi soldi, che gli bastavan per vivere». Un "riverisco!" e via.

7. L. Medici, *Vecchie osterie milanesi*, p. 67
8. *ibidem*, p. 63

Il grand *tour* delle bettole, per gli ubriaconi, in gergo milanese *ciucialiter*, finiva molto prima di averne visitato una dozzina, e si concludeva in un vago girotondo, sulla carreggiata, davanti a un lampione. Non così quello proposto dai letterati, metodici e maniaci, nel corso del Ventennio e in quello successivo alla guerra, che insorgono sia in presenza di trasformazioni urbanistiche importanti sia in un contesto museale come quello veneziano, minacciato dal turismo e dall'invecchiamento. A parlare con toni più forti ancora saranno i loro epigoni, come Livio Jannattoni, che usa il termine "massacro", e invoca un «sacrario di memorie locali che ogni città dovrebbe avere e tenersi caro». Nato in periodo di modernismo, questo genere letterario dal colore encomiastico sopravvive alla modernità stessa, e diventa un'arma civile, storico-ambientale. I lavori pubblici, durante il breve Regno d'Italia, hanno distrutto il possibile nella capitale e, dopo l'ultima guerra, si poteva sperare che ne sarebbero stati protetti i resti, ma l'ardore delle trasformazioni nella Repubblica non si smorza, e il rimpianto con esso, quasi il sacco perpetrato contro i cittadini e contro le taverne, non debba essere prescritto. Nel 1970, come mezzo secolo prima, con un ritmo ciclico, la deplorazione continua:

> Non sopravvivono a quelle programmate devastazioni, né un'insegna, né una targa, né qualcosa delle originali suppellettili, né una reliquia degli affreschi che gli studenti del vicino istituto di Belle Arti avevano eseguito da Zeffirino a sconto dei pasti consumati. E nemmeno una "torretta" quel complesso recipiente che caratterizzava le osterie di allora e serviva a conservare il vino rinfrescandolo nel tempo stesso[9].

La vita delle osterie finisce dunque nelle pagine dei libri? Come una figura china e piangente davanti a un'urna vuota, il solo scrittore raccoglie vino e ceneri, unendovi le proprie lacrime. Livio Jannattoni sembra suggerire che, oltre alle tombe visi-

9. L. Jannattoni, *Osteria romana*, p. 208

bili o sepolte, ogni città ha i propri fantasmi, in segreta libertà, al di fuori dei sacri recinti dei musei. Asciugate le lacrime dal proprio ciglio davanti a una fotografia dell'*Antica Osteria della Certosa* «a un dipresso dov'è ora l'ingresso del Museo archeologico», egli si dirige verso la stazione Termini, per installarsi al buffet-ristorante, altro centro prestigioso della gastronomia romana. Nel 1923, cinquant'anni prima, il Cavalier Angiolo Valiani vi serviva la sua specialità, un carciofino all'olio che costava ben due lire e mezzo. Questa nuova sosta è accompagnata da una preghiera alla memoria di Trilussa che vi pranzava sovente e se ne partiva con un cartoccetto di resti, destinati al proprio gatto. Salutata la stazione, si riprende il cammino nel tempo, sino a un vicolo, il *vicolo dell'osteria*, cancellato dai rifacimenti della viabilità, non del tutto però, perché «un tratto di Via Cupa esiste tuttora». Barcollando fra passato e presente, fra vista e visione, righe, mura, tratti di penna si sovrappongono. L'intrico dei ricordi, visivi e auditivi, si rinchiude a poco a poco su Livio Jannattoni, ma la sua visita ai locali defunti, come quella ai monumenti disabitati, è prossima a ricominciare nel modo che abbiamo visto consueto, da un altro punto della città con i libri, le cartoline, le passeggiate e la conversazione. La ricerca delle insegne è ingrata e ossessiva, e sfocia inevitabilmente in un culto che ricorda quello dei pellegrini, dei romei, per le icone. Di nuovo negli anni seguenti, sino alla fine del XX secolo, vi sono solo le cacce con la macchina fotografica, a un obiettivo sempre più nascosto nei centri abitati, sempre più lontano da essi. Nemmeno le foto salvano l'osteria dalla fine: in bianco e nero, ne rendono semmai più lunga e grigia la vecchiaia.

Lo storico delle locande e delle bettole è un curioso di natura ma esercita il suo mestiere fra mille ostacoli e sopravvive solo grazie alle sue doti spiritiche, essendo in grado di spostarsi nel tempo con maggiore facilità che in uno spazio irriconoscibile o tutto segnato da croci e toponimi nuovi. Gli sono bastati, come a un apprendista medium, una stanza, un tavolino e qualche bicchiere.

IL GHIOTTONE ERRANTE

A un turismo capriccioso che ora calcola meticolosamente le proprie soste ora si adatta agli usi del luogo ora rimpiange la cucina di casa, Paolo Monelli preferisce lo studio approfondito e paziente degli uomini e dei cibi. *Il ghiottone errante* è l'ennesimo viaggio in Italia, compiuto per incarico della *Gazzetta del popolo*, con un preciso mandato: non deve servire da guida né distribuire dei meriti gastronomici, ma contribuire all'educazione dei viaggiatori, permettendo loro di conoscersi meglio e di ambientarsi. Viene pubblicato nel 1935[1] e la sua ristampa è immediata; ha un successo così caloroso che Arturo Marescalchi propone di usarlo come strumento di propaganda stradale e di trasferirne le migliori citazioni in cartelloni destinati a orientare i turisti[2]. Appartiene infatti a quella felice stagione della pubblicistica gastronomica in cui la scoperta della penisola in automobile è facilitata da una ristorazione accessibile ed economica, e si concretizza in meravigliose escursioni, prima e dopo il pasto. Monelli, ex-ufficiale degli alpini pluridecorato, esercita il mestiere di corrispondente, ama la patria e la lingua italiana cui ha dedicato un volume, *Barbaro dominio*. Anch'egli vitupera, come Panzini, l'uso di *restaurant* al posto di trattoria, e concede ai puristi di definire quest'ultima una "osteria di lusso"[3].

Compagno del suo viaggio è un disegnatore con il quale aveva giù collaborato a un libro di successo, *La guerra è bella ma è scomoda*[4]. Novello, con la sua matita viperina, si tiene dietro le spalle di Monelli, come un'ombra, ne interpreta i pensieri secreti e vi aggiunge i propri. È il critico più acuto di quella piccola borghesia italiana che ama la cucina casalinga e frequenta caffè e trattorie. Hanno scelto una copertina con un'insegna e la scritta "Osteria del sole" sotto la quale si vedono due pupazzet-

1. P. Monelli, *Il ghiottone errante*, Milano, Treves, 1935
2. A. Marescalchi, *Propaganda stradale*, "Enotria", marzo 1936, p. 87
3. P. Monelli, *Barbaro dominio*, p. 301
4. Pubblicata dall'editore Treves di Milano nel 1929, è alla sua terza edizione nel 1937

ti, l'uno, grosso, che tira il compagno, smilzo e restio, verso una porta. Erranti ma non sprovveduti, hanno intrapreso il giro d'Italia con dei vademecum, in particolare «con l'eccellente *Guida gastronomica* del Touring, e con *Osteria* di Hans Barth». Il dottor Barth è il loro Virgilio nel corso della visita a Roma, e un venerato maestro in materia di bottiglie. Monelli, da alpino, conosce e apprezza il vino e pubblicherà dopo la guerra una personale e divertente istruzione alle bevande alcoliche, dal titolo *O.P. ossia il vero bevitore*[5].

Nel 1935 il loro itinerario parte da Barbaresco, continua a Barolo e prosegue a Caluso con soste non solo nelle osterie e nelle cantine ma anche alla scuola enologica di Alba. Iniziare un giro d'Italia dal vino significa porre in primo piano l'esercizio del gusto e mettere l'accento su quello che deve costituire il fulcro di tutto il sistema ristorativo. Si tratta dunque di una scelta strategica, già adottata da Barth, cui sono subordinati i prodotti e i piatti tipici. Per essi Monelli rivela una sensibilità superiore, fin dai primi passi in Piemonte: «D'estate ci teniamo leggeri: asparagi di Sàntena, le bionde cipolle ripiene di Settimo Torinese, le tagliatelline asciutte, i salamini d'Alessandria». Concluse le primissime tappe, alla carta geografica consacra attenti studi. Il tracciato fornisce appunti e pagine di diario e queste serviranno a scrivere quegli articoli che, riuniti e rilegati, sono *Il ghiottone errante*.

Ogni capitolo tratta d'una regione, senza la solita sosta nel capoluogo; con un'ottica angolare, da un piccolo punto d'osservazione, Monelli osserva gli abitanti, per meglio ricalcarne le orme, sino al momento in cui si siedono a un tavolo. Ha un proprio metodo per vedere e per descrivere. Si immerge nel Veneto come se scendesse la scala di una cantina, inalando l'aria vinosa; senza attardarsi sui suoi ricordi di alpino, entra nei luoghi del culto, ne omaggia i ministri: «gli osti si sentono sacerdoti di una idea; ecco perché è fama che gli osti veneti siano i meno

5. Milano, Longanesi, 1963. La sigla "O.P." sta per "optimus potor", l'ottimo bevitore appunto

corrivi a battezzare il vino con le molte acque del suolo». Nelle città venete, l'imbarazzo non è nel bicchiere ma nella scelta dell'insegna, perché «In una sola strada di Verona di osterie ce n'è quarantasette». Lasciarsi attrarre da questo o quel locale, seguire invece un'indicazione a voce, leggere i prezzi dei vini offerti all'entrata di un bettolino, e infine, dopo qualche bicchiere, dimenticarne persino l'indirizzo, significa fare del turismo senza Baedecker e senza soste obbligate. I monumenti non intimidiscono i due reporter perché alla loro ombra c'è sempre una porta stretta e umida che, d'estate, chiama al ristoro. In tal modo si vive lo spaesamento senza sentirsi soli, e si beve con la serietà di chi compie un ufficio: «Conegliano, *luglio*. Le osterie venete sono serie e severe. Si capisce che sono rifugio di gente che ci va davvero per la sete e per la fame, e non vuol perdersi in frascherie». Questo andirivieni ozioso-curioso, come i barcollamenti di un bevitore mai ebbro, diventa a Treviso un'arte: «andar per ombre è modo trevisano; significa andare da osteria ad osteria, assaggiando un bicchiere, un'ombra, di questo e quel vino»[6]. D'ombra in ombra, la visita si allontana dalle mura e dalle porte della città, per scendere giù in cantine più segrete, verso gli anfratti della memoria.

Con questa diversione dalle strade frequentate, il paesaggio varia sensibilmente e con esso la cucina. La sosta a L'Aquila non era scontata, né la salita al Gran Sasso, né un pranzo in una baracchetta a ridosso di un albergo in costruzione, dove vengono disposti maccheroni con *aijo, oijo e peparzò*, seguiti dalle «scamorze di Rivisòndoli allo spiedo: formaggine di latte di vacca e di capra che hanno la levità di questi panorami», da una «insalata di peperoni pomidoro e malàngole» e dal «castrato di Rocca di mezzo» dall'aroma selvatico e dal profumo di timo. È una Italia che muta da una sosta all'altra, così diversa da suscitare l'angoscia di dover ricominciare ad apprendere i rudimenti del gusto, ogni volta in un dialetto diverso, spostandosi di qualche decina di chilometri. Quello che Novello intravede e

6. P. Monelli, *Il ghiottone errante*, pp. 51, 58, 60

schizza, Monelli lo interpreta e lo traduce in una esperienza personale e singolare. L'uno ha disegnato *I trulli di Alberobello, damigiane giganti*; l'altro a Palermo, fra gelati e dolci di monasteri, si è fatto «un'anima intrisa di cose delicate e fresche».

Anche il famoso pranzo all'italiana di Giovanni Mariotti, si ripresenta in un capitolo dal titolo insolente *Riposo dalla cucina regionale*. Lasciata la capitale e fermatisi a Sabaudia, i due inviati della *Gazzetta del popolo* si concedono una pausa, in una "trattoria bolognese" (Monelli aveva origini modenesi) dove, bevendo un vino del Piemonte, vengono in tavola le tagliatelle della casa, il pesce alla veneta, il pollastrino alla romana e i gelati alla siciliana, serviti da un garzone napoletano. Sabaudia, Littoria erano le città del Lazio che il Fascismo voleva «ardite spregiudicate, brillanti d'insolente giovinezza nell'architettura rivoluzionaria», vere anticipazioni dell'Impero. Fra le ambizioni del regime, c'era proprio questa: dare assetto unitario alle regioni, coagulare le culture, fondere i retaggi. La tavola offriva un piano d'appoggio, un punto di fratellanza e il pretesto della varietà. Sabaudia e Littoria non avevano storie gastronomiche da raccontare, ma potevano offrire quella d'Italia in sintesi. Per questo, i due inviati banchettano con diplomazia e digeriscono, politicamente parlando.

L'Italia di Monelli e di Mariotti è un medesimo paese visto con occhi diversi, più acuti o più miopi. Persino gli osti di fama e i mattatori della cucina paiono dissimili. Esistono alcuni protagonisti, Giovanni Zurla, Alfredo di via della Scrofa a Roma o Guido Campoli in via del Porcellana a Firenze, che figurano in qualsiasi guida, e son noti a chiunque. I loro locali sono osterie? Della prima si è detto, quella di Alfredo era piuttosto una trattoria, e l'ultima viene definita dalla guida del Touring del 1937 una «tipica bettola fiorentina, dalla più che modesta apparenza»[7]. La visita che Paolo Monelli rende loro ha procurato alla letteratura gastronomica alcune fra le sue più divertenti pagine.

7. L. V. Bertarelli, *Guida d'Italia del Touring Club Italiano, Firenze e dintorni*, Milano, 1937, p. 78

Guido Campoli detto *il Troja* (e anche *Sostanza*) «ha un testone rapato da lottatore, va fra le tavole e incontro a chi entra con le spalle un po' curve e gli avambracci a tenaglia e le mani aperte come cercasse la presa. È taciturno e scontroso». Il suo rapporto coi giornalisti si rivela difficile. «Ci scaraventò i piatti davanti come tirasse al disco. Lo lodammo per i crostini caldi di cacciagione, deliziosi; ci squadrò cipiglioso e leggemmo in quella grinta: "che lodare, che lodare" credevate che vi dessi delle porcherie». Le penne al sugo passano senza commenti, ma davanti all'impacciato maneggio d'un pollo, il "ciclope" afferra le coscie una per mano e «spaccò d'un colpo il pollo in due. "Si fa così". E ci lasciò i due pezzi davanti». Arriva infine "una specie di valigia rossa, come quelle triangolari che usano oggi le signore: era la costata di un vitellone nostrano". Il *Troja* guarda i due forestieri armeggiare e affaticarsi, trangugiando tutta quella carne, innaffiata da «vino della Rufina»[8].

Il pranzo resta una sfida lanciata dall'oste al cliente forestiero che deve sentirsi impari alla porzione, inadeguato al vino offerto, ridicolizzato da un conto modestissimo. Novello lascia, dono della visita, una caricatura: sopra la didascalia "La cucina toscana è fine e delicata" si scorge il *Troja* applicato a scannare la bistecca, una cosuccia nelle sue manacce da orco, un lardello in proporzione ai suoi avambracci. Come a teatro, nella sala lunga e stretta dell'osteria gli spettatori stanno gomito a gomito, con un posteggiatore che gratta la sua chitarra all'entrata, e un omone che passa dalla cucina ai tavoli tirando fuori il suo repertorio da commedia dell'arte. L'esistenza di una clientela abbiente e borghese favorisce questa trasformazione del luogo di ristoro modesto in palcoscenico, enfatizzando la mole delle portate, la presenza dei fiaschi, la stazza degli stessi mangiatori. L'oste che è cuoco, macellaio, cantiniere e cameriere, per recitare il suo monologo non ha bisogno di nulla, deve essere semplicemente se stesso.

A due passi dal mercato di piazza Navona, salendo dalla bet-

8. P. Monelli, *Il ghiottone errante*, p. 112

tola alla trattoria di grido, il copione varia, e abbiamo l'incredibile numero che il turista può offrirsi in via della Scrofa 104-A:

> Ecco una coppia esotica ha ordinato proprio quelle fetuccine; e il cameriere le ha deposte or ora sulla tavola vicina. Compare il trattore [Alfredo], baffi e pancetta da domatore, impugnando una posata d'oro; e si avvicina al piatto delle fetuccine. La musica tace, dopo un rullio ammonitore che ha fatto ammutolire anche i clienti in giro. Il trattore sente intorno a sé un'aureola di sguardi. Alza forchetta e cucchiaio al cielo, come per propiziarselo; poi li tuffa nelle paste, le sommuove con un moto rapido, matematico, il capo inclinato, il respiro trattenuto, il mignolo sospeso. Due camerieri, impalati, assistono al soglio. Pesa intorno il silenzio. Finché la musica scoppia in un allegro brio, il trattore ripartisce le porzioni, poi va a riporre la posata d'oro, e scompare[9].

Il locale è tappezzato di foto di attori e divi che hanno osannato i famosi *fettucini*: Mistinguett, Mary Pickford e Douglas Fairbanks il quale gli ha fatto dono di un paio di posate d'oro. Tutto è leggenda, impostura, messinscena, anche le frittate, che alla fiamma «illuminano persone e cose coi loro azzurri bagliori»[10].

L'osteria, nata come una compagnia familiare, con un capocuoco e una colombina ai tavoli, con la matrona in grembiule, diventa, per circostanze fortunate, un teatro gastronomico di prima, seconda o terza categoria. Inutile chiedersi se sono le fettuccine al doppio burro all'origine della fortuna di *Alfredo*, così come è vano compararle a quelle del *Fidelinaro* di Piazza di Trevi o del *Pastellaro* in Trastevere. È il cliente o il padrone o la cucina all'origine del successo? La risposta è scontata, ogni osteria trova, nella sua vita, un cuoco, un commerciante, un cantiniere, un animatore o una animatrice che bastano a lanciarla, purché essa sia in una città, in un porto, su una via che

9. *ibidem*, p. 130
10. G. Mariotti, *Quando siam dall'oste insieme*, p. 254

la facciano conoscere. Un guitto e l'ambiente, così si fanno i soldi.

Diversissimi tra loro questi personaggi sono invidiati in Italia e presi a modello fuori dai patri confini. In via delle pescherie a Bologna, in un vicolo «orlato dalla cassette di frutta e d'ortaggi, avvolto dall'odore marino del vicino mercato del pesce, clamoroso di voci» c'era, come s'è detto, la meschina entrata del *Pappagallo*. Per i due cronisti, la visita era un fatto privato, perché pochi lettori della *Gazzetta del Popolo* ne ignoravano l'esistenza. Niente recensione del pasto, niente commenti, ma una intervista con Vittorio Zurla, figlio del capostipite Giovanni, e primo cuoco del locale. Di che cosa parlano? Di cucina bolognese? Non solo, ma di quel fenomeno nuovo che è la sua esportazione, fuori della città, in ogni ristorante che voglia prendere il cliente per il gozzo. Si parla di lasagne, tortellini e tortelloni del Pappagallo, riproposti in una trattoria di Soho, il *Quo Vadis* diretto da un cuoco del Lago Maggiore, il Signor Leoni, istruito, in un viaggio di alta diplomazia culinaria, da Vittorio. Di fronte al successo dei suoi piatti «Il signor Leoni non si è accontentato della missione Zurla, e ha chiamato di recente a Londra, con gli stessi pieni poteri, il signor Alfredo della celebre trattoria di via della Scrofa a Roma»[11].

Con queste parole termina *Il ghiottone errante*, con un'intervista, quintessenza del mestiere, e con una prospezione delle "osterie italiane" all'estero che segnala profeticamente il successo di un modello declinato nelle sue varianti nazional-regionali. *Maccheroni alla Rossini, penne all'Alfredo, lasagne Zurla*. Cucina regionale? Meglio sarebbe dire cucina italiana. Monelli usava il cannocchiale giusto e la sua visione era tanto più azzeccata che il *Pappagallo* doveva invecchiare maluccio proprio nella sua città natale, mentre la diaspora di cuochi e locali prenderà, nei decenni seguenti, proporzioni stupefacenti. Lasagne e tagliatelle bianche e verdi, tortellini gonfiati da farce insapori e coperti da un impiastro ora cremoso ora appiccicoso, serviran-

11. P. Monelli, *Il ghiottone errante*, p. 246

no da bandiera a tutto il mondo della ristorazione, ivi compresi i grandi alberghi. Cuochi-star, osterie da palcoscenico, piatti di pasta vertiginosi, il mito italiano è tutto lì, nato dal basso, proiettato nel mondo con insegne al neon e fiaschi stappati in tavola, quindi digerito e assimilato in sale e saloni silenziosi, percorsi in fretta dai soli camerieri. Questo mito, sin dalla sua nascita, ha un prezzo alto: quando un'insegna diventa famosa, il ghiottone che sogna di mangiare in una stanzetta, servito da una *pubblica* famiglia, deve ripartire da zero e, senza poter consultare alcuna guida, cercarsene una nuova.

Ascoltato Vittorio Zurla, dopo aver ruminato i vertiginosi esiti delle inchieste in corso e delle loro forchettate, gli inviati della *Gazzetta del Popolo* ripartono alla ricerca di qualche posto nuovo, scambiandosi impressioni e notizie fresche. Lupi da osteria, hanno perso il pelo ma non il vizio e l'appetito. Girano senza meta, poi Monelli *ex abrupto* ha un'idea, si ferma e dice a Novello: "Pare che ci sia a Bologna una bettola presso il mercato dove l'oste non vi dà che tagliatelle in brodo e pollo allesso. Null'altro. Ma che brodo! che lesso!"[12].

12. P. Monelli, *Il ghiottone errante*, p. 84

A CONCORSO

Le prime migliorie apportate a un locale vetusto vengono dall'oste che vuole stupire i propri avventori e, subentrando al suo predecessore, vien preso dalle vertigini del nuovo ruolo e già si sente Cesare a capotavola. All'*Osteria dei provinciali* di Udine, negli anni del Fascismo, il padrone aveva fatto installare in un angolo un "aspiratore elettrico" per rinnovare l'aria dell'ambiente. Lo stupore della clientela contagia Chino Ermacora, che rimarca il fatto con solennità, senza domandarsi se l'aria pura potesse essere il primo passo verso la nascita di un ristorante[1].

Il rinnovo dell'osteria, in senso più generale, nasce dalla politica economica del Fascismo che le affida, in campagna come in città, il ruolo di perno del mercato enologico e di quello ristorativo, moltiplicandone le funzioni e arricchendone la clientela. Può essere trasformata in un piccolo museo gastronomico di cui necessitano i turisti e persino, con l'*Osteria coloniale* del 1938, in un avamposto delle conquiste in terra africana[2]. Lo spaccio vinario resta tuttavia la sua vocazione e come tale essa rimane sotto l'egida del ministero dell'Agricoltura e dei suoi uffici di propaganda. Arturo Marescalchi e Giovanni Dalmasso avevano, fin dal 1927, promesso le *botteghe del vino,* la prima delle quali apparteneva alla scuola enologica di Conegliano che festeggiava in quell'anno il suo cinquantenario[3]. Progettata dall'ingegner Bernardo Carpenè, con gli arredi costruiti dagli allievi della Scuola Arti e Mestieri e le pitture di un insegnante di disegno dell'istituto tecnico agrario, era il solo dei tre modelli esposti in occasione della "Mostra internazionale d'arte ispirata alla vite e al vino", destinato a rimanere. Un vero gioiello: vigne rampicanti all'esterno e filari dipinti sui muri interni, soffitti con travi di legno e pilastri a volta, lucerne pendule, moccoloni

1. C. Ermacora, *Vino all'ombra,* p. 118
2. G. Bardi, *L'osteria coloniale,* "Enotria", aprile 1938
3. G. Dalmasso, *Botteghe del vino*, p. 23; A. Marescalchi, *Folklore vitivinicolo,* Milano, Gualdoni, 1935, p. 137; M. A. Orefice, *Ciao Barbajan!,* p. 58

elettrificati, piatti di peltro sopra il camino e un banco di mescita con bicchieri di vetro verdognolo. Le altre due erano ambientazioni ancor più museali, come l'"antica taverna veronese" nella quale l'arredo storico suggeriva quanto ricco e confortevole fosse, in un passato remoto (rinascimentale?), il culto del vino. Montecchi e Capuleti vi avrebbero ritrovato quiete, abbracciati alla fiasca, combinando matrimoni. La ricostruzione, degna dei *Tre moschettieri Perugina* di Nizza e Morbelli e dei film di cappa e spada, si prefiggeva di attrarre «la migliore società» verso «i tesori enologici d'Italia» e di riunirla a un popolo educato dalle buone bottiglie e riformato dalla pulizia dei locali, per poter tutt'insieme sfrecciare, a passo bersaglieresco, verso l'osteria del futuro, moderna e pur gravida di vinose memorie. Che cosa c'entrassero i tempi moderni, lo espliciteranno altre iniziative.

Nel 1930, per impulso del direttore del *Popolo di Brescia*, l'onorevole Giarratano, viene indetto un concorso aperto a tutte le osterie bresciane[4], con particolare riguardo alle seguenti categorie: le *nuove*, le *riformate* con opere murarie, soffitti e pavimenti, e quelle *sistemate* con una radicale pulizia e con abbellimenti (verande, pergole, insegne) e giochi (le bocce, bigliardo dei meno abbienti). Scopo del concorso era stimolare l'intraprendenza degli osti, sospingendo nuovi clienti verso un settore che aveva fama di attrarre principalmente i nullatenenti e i beoni.

Brescia contava, in tale materia, un'antica tradizione e persino una letteratura. L'*Orazione serio-faceta in lode dell'Osteria e dell'ostiero I. B.* del 1834 è il ritratto parlato di uno dei migliori rappresentanti della categoria che solo la dovuta modestia poteva ricoprire con un paio di iniziali. Figlio di un fabbro convertito alla più severa arte dell'albergo, eccolo quest'imprenditore il-

4. U. Tegani, *Miglioriamo le osterie. Un'iniziativa bresciana*, "L'Albergo in Italia", gennaio 1931, p. 7; G. Paoli, *Nuove osterie bresciane*, "Enotria", gennaio-febbraio 1932, pp. 36 e sgg.

luminato e cocciuto. Padrone e servo di se medesimo, sempre al lavoro:

> Entro nell'osteria e sempre lo trovo saldo e intento ora a ricevere gli avventori, ora ad impartire gli ordini ai donzelli, ora a visitare i magazzini di vino, fieno, legna, polleria, ora a tagliar carni, e sbarbar polli, o sventrar pesci, ora ad ischidionare uccelli, o pollastri, o capponi, o vitello, o capretti, o majale, o pippioni, o anitre o tacchini, ora a ripulire funghi, tartufi, insalata, buccarelle, zucchette, rape, cocomeri, navoni, e talvolta anche per sfuggir l'ozio, capitalissimo suo nemico, e cacciar mattana, a sgusciare persino fave, piselli e fagiuoli, e quanti somministra legumi il nostro suolo[5].

con donzelli, serve e persino un cuoco, benché «el so maggior da fa l'è peu in cusina», offre ospitalità a commercianti, possidenti, ricchi agricoltori e a letterati che lo ripagano con lodi scritte. A voler assegnare una qualifica professionale, il signor I. B. è, cent'anni dopo, un albergatore e ristoratore, e non sguscia più i piselli.

Non era di questi locali che si preoccupava l'onorevole Giarratano, benché dessero antichità, lustro e speranze di guadagno, e nemmeno si indirizzava al «repellente tugurio e sordido avvelenatoio» ingestibile e irriformabile. Un'ispezione invece nelle comuni osterie, entro e fuori le mura, poteva far rilevare più modeste magagne: le pareti affumicate e uno specchio ossidato per il lungo uso, qualche mozzicone e una traccia di sputo sul pavimento, tavoli con chiazze vinose, seggiole sgangherate e, nel retrobottega, pentole impeciate, acque luride e rifiuti al suolo. Su tutti questi aspetti, sembrava che la legge fosse negligente o inefficace, se pure erano considerati soggetti a una qualsiasi normativa, essendo le latrine merdose, nell'era fascista, manifestazioni anzitutto di uno spirito poco patriottico. Viceversa, tali carenze apparivano sintomi di una pigrizia commerciale,

5. *Orazione serio-faceta in lode dell'Osteria e dell'ostiero I. B.*, Brescia, Bettoni, 1834, p. 34

di una arretratezza atavica, sulle quali poteva essere esercitata una pressione, formulata nei termini prettamente scolastici dell'invito a correggersi.

Che l'obiettivo fosse proprio l'osteria per così dire familiare e qualunque, lo dicevano i criteri di punteggio fissati per il concorso:

Ambiente generale	punti 50
Pulizia	punti 50
Igiene (latrina, toilette, immondizie, mezzi per combattere le mosche e le zanzare)	punti 30
Qualità del vino normale	punti 30
Vino tipo locale	punti 20
Altri tipi di vino	punti 20
Cucina (locale)	punti 30
Cucina (cibi)	punti 50
Servizio	punti 50
Arredamento completo - arredamento cucina	punti 50
Adiacenze (veranda, giuoco di bocce, pergola, ecc.)	punti 50
Insegna	punti 20

La grande novità consisteva negli 80 punti conferiti alla pulizia e all'igiene, menzionando in cima alle magagne il lezzo della latrina, e snocciolandole tutte, rifiuti negli angoli e gromme nei litri, e dai banchi alle cucine, ben visibili controluce, nugoli di insetti. Questi venivano anzitutto dai cessi che si riducevano, nella migliore delle ipotesi, a un gabbiotto di mattoni adiacente all'entrata, edificato sopra una fossa maleodorante. La battaglia del Fascismo contro le mosche («guerra d'esterminio, guerra senza quartiere e ostracismo senza pietà») prendeva aspetti epici in quelle abitazioni dove la stalla, i bidoni del latte, il pollaio ne favorivano il moltiplico, ed era pari solo all'altra contro il ronzio che dagli acquitrini e dalle morte gore sciamava verso le abitazioni, giorno e notte. Ma più insidioso dell'insetto, era il microbo. Scivolava fuor dall'unghia del cameriere penetrando nella minestra portata in tavola e si annidava nello stesso cencio passato sull'orlo dei piatti e sui tavoli, o ancora nelle sbrindellate vesti dei serventi. Finita la lezione d'igiene ambientale, cominciava quella eno-gastronomica. Saper offrire un vino decente senza ricercatezze: a questa raccomandazione sembra far eco il maggior punteggio dato a quello *normale*, rispetto a quello *locale* e *d'importazione*, in una terra, la Franciacorta, celebre per i suoi eccellenti vigneti. Un premio di 1000 lire era stanziato dalla Federazione del commercio enologico e vinario per coloro che avessero aggiunto ai propri, i vini tipici di altre regioni d'Italia. Per la cucina si chiedeva lo sforzo contrario: la ricerca di pietanze più suggestive della solita polenta e del solito spiedo diviene titolo di merito. Quanto all'arredo, per essere classificati nella terza categoria delle osterie *sistemate*, si doveva provvedere alla calce sui muri, a ripulire i vetri, a procurare panche e tavolati lisci e saldi, e biancheria bianca e ruvida, senza trascurare, in cucina, di sfregar le pentole, le stoviglie e i pavimenti. Questa pulizia pasquale coi fiocchi e la rinfrescatura dei locali potevano suonare ad alcuni come idee di cittadini alquanto borghesi. Che cosa voleva la giuria? Delle trattorie o dei bar? No, dei luoghi ricreativi, chiusi in inverno e aperti in estate su giochi di bocce e pergolati, dove il piacere del vino e del cibo sano venisse stimolato dalla salubrità dell'aria.

Una stregoneria, non avrebbero mancato di ribattere i vecchi avventori. L'*osteria ideale* è invece un'idea di moda, una chimera stranamente nitida nei dettagli. La ricamava a piccolo punto il giornalista nei quotidiani e nelle riviste eno-gastronomiche[6], insistendo sul lindore e sulla luce, naturale di giorno ed elettrica di notte, sui ferri battuti, fili neri per imbastire una trama storica e decorare i muri di pampini e grappoli, e sul vino spillato dalle botti e travasato frizzante in litri e bicchieri. Un'osteria dove si rifugiano gli sposi novelli e dove la famigliola, genitori e figli, cerca un ristoro. Con un'ulteriore prova di audacia, si potevano immaginarvi belle signore intelligenti e raffinate che non arrossivano a centellinar l'Albana o il Marsala, insegnando compite agli uomini l'arte del bere. Certo era difficile incontrare

6. W. Bellodi, *L'osteria ideale*, "Enotria", agosto 1933, p. 535

simili creature fuori dai cartelloni pubblicitari, ma si poteva predisporre un'accoglienza civile, degna di loro. Se anche questa osteria non fosse mai esistita in passato, nulla vietava di vagheggiarne l'avvento, riformando la dura razza degli osti, con scope, pennelli, piastrelle, ottoni, fili e prese della luce.

Ma torniamo ai giurati e ai premi. La commissione giudicatrice è composta dall'onorevole Bernardi in rappresentanza del TCI, dal Prof. Rauta per l'ENIT, da Virgilio Vecchia per il Sindacato fascista delle Belle Arti, dal Ragionier Bruni per l'Ente turistico della Provincia e per la Federazione Commercianti, e dal citato Giarratano in quanto promotore. Sono i portavoce più qualificati della cultura turistica italiana a seder tra i giudici, e non le sole autorità locali. Premi e premiati chiariscono il senso del Concorso. Dopo le medaglie e i diplomi ai vincitori nelle tre categorie citate, vengono i parziali indennizzi dei restauri e delle migliorie. Lo Stato si fa carico di un contributo, estensibile a tutte le osterie classificate.

Le commissioni ispettrici, messesi al lavoro nel luglio 1931, a capo di alcuni mesi danno i risultati. Ne riferiscono *Enotria*, il mensile fondato da Marescalchi, e l'*Albergo in Italia* rivista del TCI, segnalando due *nuove* osterie, nate per così dire dall'iniziativa privata, e sorte in zone extraurbane. La prima è a Sant'Eustachio, quartiere di Brescia allo sbocco della Val Trompia donde il nome dell'insegna *A l'aria valtriumplina*. Il progetto della costruzione, affidato all'architetto trentino Ettore Sottsass, è stato finanziato da una società immobiliare del luogo. Con il finestrone del salone centrale che porta aria e fa luce sugli avventori e nei bicchieri di vino, spazza via secoli di tanfo e oscuramento. La modernità è temperata, oltre che dal classico camino con spiedo nelle cucine, dai tavoli di noce, dal banco di mattoni per la mescita e dalle pitture, di Stolz e Mozzoni, in cui si ritrovano cacciatori, montanari, sonatori, bevitori delle vecchie osterie. All'iconografia murale spetta il compito di ricordare quanto ci si è lasciato dietro le spalle e di ripopolare uno spazio razionale con le anime dei defunti avventori. L'arredo, tavoli e sedie di legno con schienale massiccio, va nello stesso senso ma dell'osteria celebra soprattutto la sobria semplicità. Medaglia d'oro del Ministero dell'Agricoltura, vince il primo premio.

Subito appresso si classifica l'*Osteria Treponti,* sulla via di Verona, posta a un bivio. Vecchia sosta di garibaldina memoria, è stata rilevata da un'azienda enologica e interamente rifatta dall'architetto Tombola. La sua idea era di raccoglierví spazi e decorazioni ben impressi nella memoria, replicati e modernizzati: cortili con finto pozzo e ringhiere in ferro battuto, una bottiglieria e una saletta al pianterreno, una seconda sala e un salone dei banchetti al primo piano. L'arredamento è rustico con ambizioni signorili: rivestimenti di legno massiccio e soffitti a cassettoni, ancora ferri battuti, fregi sulla facciata e negli interni, tavole tirate a lucido, piatti di rame sbalzato. Le ampie finestre forniscono luminosità naturale ai locali, illuminati di notte con luce elettrica erogata da lampadari a forma di fiasco. Dobbiamo supporre, ma non è detto, che l'acqua corrente fosse ovunque, comprese le *toilettes*. Prima di ricevere la medaglia della Federazione nazionale fascista del commercio enologico e oleario, è stata inaugurata, manco a dirlo, dall'onorevole Marescalchi.

A esser premiate sono le osterie della luce e dell'igiene, progetti razionali di un'idea antica non restaurabile e non riproducibile. I finanziatori che non operano nel settore del pubblico esercizio e dell'ospitalità, sono industriali del vino e del cemento, nuovi pilastri di un regime che li ripaga con attestati, sovvenzioni. Siccome le norme del predetto concorso non si indirizzavano a questi locali, dobbiamo considerarle come i monumenti e i palazzi con cui il Fascismo abbelliva e ammaliava la borghesia italiana, nella speranza che le vere osterie, infradicite dalle infiltrazioni d'acqua o semplicemente sbreccate dall'uso, sentissero, di fronte a tante promesse e a tali risultati, un sussulto d'orgoglio. Il sospetto anzi che questi progetti fossero all'origine del concorso, non è totalmente campata in aria, e ne viziava i principali obiettivi che erano di bonifica. Forse perché pochi di quei fondi promessi arrivarono ai bettolieri, che peraltro ci contavano appena, si continuò a lamentare il ben noto fenomeno della fine delle osterie.

Dar l'esempio, per suscitare l'emulazione, era una regola ferrea di quei tempi. Essa comportava investimenti meno costosi e più visibili, tutti volti al medesimo fine di trasformare in princìpi di vita i requisiti del concorso, e di dirottare i consumatori verso esercizi tenuti puliti, ordinati e lucenti da una famiglia indefessa, con una serva d'aiuto. Il miglior modo di rappresentare questo suburbio vestito a festa, erano le pubbliche manifestazioni, in ispecie romane. La Mostra Nazionale dell'Opera del Dopolavoro sorta sull'area del Teatro Massimo, il 24 maggio 1938, era una di queste, specialmente dedicata alla ristorazione. Vi era ricostruito un villaggio con edifici tipici, dalla casa rurale napoletana alla fattoria romagnola, alle buche fiorentine e alle osterie romane, per ospitare «il regno della gastronomia»[7]. Erano invitati alcuni dei migliori osti italiani a tener cucina, ognuno nel proprio "caratteristico locale". Roma, Napoli, Genova, Torino, Firenze, Venezia e la Romagna sono giudicate le denominazioni geografiche più rappresentative, quest'ultima ovviamente perché patria del Duce. Milano è invece uscita dal novero delle capitali regionali della buona tavola. Alcuni locali famosi, riservati alla borghesia abbiente, vi appaiono in versione duplicata, e i loro cuochi-padroni, con le relative brigate, son tutti presenti: la *Taverna della Fenice* e l'*Antico Bottaro* di Roma, tra i più noti. Fra essi ci sono vere e proprie aziende che esibiscono consumi e un fatturato di rispetto, come *La Buca di San Ruffillo* che offriva a Firenze una cucina tosco-emiliana: 200 coperti per pasto e, ogni giorno, 150 chili di bistecche alla fiorentina, sessanta polli novelli, 40 chili di fagioli all'occhio e all'uccelletto, ecc... Altre, non meno larghe d'offerte, sono state allestite per l'occasione e presto verranno smontate: *La Romagnola* e la pizzeria *O' mare e' Posillipo*. Dopo il Duce che le visita una a una, affluirà il pubblico romano per una *magnata* storico-geografica.

È un'Italia gastronomica in miniatura, con tavoli all'aria aperta, sale decorate, palazzine fasulle e cortili col pozzo tappato, in

7. V. Sechi, *Taverne tipiche e cucine regionali alla mostra del dopolavoro*, "L'Albergo in Italia", luglio-agosto 1938, p. 226

cui se ne stanno appostati zampognari, pifferai, posteggiatori e prosperose stornellatrici. Una Italia in costume e in festa, senza distanze da percorrere, senza lavoro da compiere, senza miseria da sfuggire. Piatti e fiaschi, cibi e vini, nelle fragili scenografie, sono i soli arredi veri, di dimensioni reali, e hanno per questo una funzione eminentemente politica. Insegnano che, sul palcoscenico del Dopolavoro, si recita la commedia del buon appetito e che quindi l'Italia, grazie alle sue belle ostesse e alle fondine ricolme di pasta, schiatta di salute.

Al di fuori della Mostra, questo stile dilaga. Rinnovandosi, l'osteria cerca le proprie origini storiche. C'è «chi s'è ficcato, addirittura, nei sotterranei di un foro imperiale, chi nei sotterranei di una chiesa distrutta, chi tra gli archi di una catapecchia medioevale, chi persino nei disabitati magazzini di una qualunque casa in una qualunque via fuori mano»[8]. Ferri battuti e pareti dipinte con mattoni sbreccati, candele di legno e meglio ancora finte lucernette elettriche da catacombe, pelli di capra sulle sedie impagliate e boccali di terra cotta con epigrafi latine: il pittoresco archeologico non risparmia i luoghi comuni e contagia tutte le città. Taverne a Venezia, sale feudali a Torino, buche ultramedioevali a Firenze. Nel *Pozzo di Beatrice*, in piazza della Trinità, persino le cameriere sono d'epoca, e portano un soggolo di seta bianca merlettata, in tono con il mobilio trecentesco, e servono, sempre in tono, «la bistecca sui ferri alla fiamma del carbon dolce»[9]. Più che un vezzo è un vizio. Siccome il falso antico ha bisogno di autenticazioni, queste vengono incollate dappertutto, e finiscono per risultare preferibili agli stemmi dipinti e ai moccoli elettrificati. Le pareti si ricoprono allora di fotografie, di autografi e di patacche appiccicati in disordine, ovvero, quasi a far credere che vi si raccoglie un cenobio di artisti, le tappezzano ritagli di giornale incorniciati, tavolette con caricature e pae-

8. F. Reggioni, *Elogio dell'osteria caratteristica,* "L'Albergo in Italia", marzo-aprile 1940, p. 91

9. E. Biagini, *Dalle antiche taverne alle moderne "buche" fiorentine,* "Enotria", luglio 1933, p. 472

saggi, frammenti di affreschi. Sono stanzette di un museo che riunisce le tracce, le testimonianze di precedenti avventori, a uso di coloro che li seguiranno.

A occuparsi di questi aspetti, prima che l'oste e l'architetto facessero di testa loro, e il proprietario si prendesse per uno scenografo, era un uomo di mestiere. Il pittore di bettole esercitava una professione a metà strada fra quella dell'artista e dell'imbianchino, provvedendo all'occasione a fornire le insegne fisse e ambulanti, e a ritrarvi i propri clienti al lavoro e a riposo. All'inizio del Novecento, il famoso Arturo Pezzella[10] aveva, a Firenze, acquistato fama e una clientela che apprezzava il suo umorismo, un uomo dai molti talenti perché, tra il messaggio sulla pubblica via e l'affrescatura dei muri interni di un locale, la differenza era importante. Prima che il Novecento tirasse tutto liscio e lucido o, colla scusa dell'igiene, moltiplicasse maioliche e pannelli di legno, il pittore, con i propri colori, portava in una stanzaccia buia, poco aerata, pergolati con pampini, squarci di cielo azzurro, vedute di pianure, colline, fiumi, «paglie con le bufale al chiaro di luna e mare in tutte le salse».

Sor Carlo, intervistato da Orazio Amato nella riedizione di *Osterie Romane*, ricorda i bei tempi in cui, nell'aria viziata dal fumo e dal vino, versava arte e natura, trasferendo in una buca scavata nel ventre della città, una campagna con greggi e scheletri d'acquedotti. Oppure, con le sue caricature, ridava alle quattro mura un'animazione insolita, un'illusione da gran serata con la folla di «elegantoni e gagarelle»[11].

Accendendo le torce antiche, e aprendo visioni d'azzurro, i decoratori rispondevano alla necessità di aerare le stanze e le capocce annebbiate, di restituire loro tutta la purezza del mondo esterno. Altre osterie facevano questo senza ricorrere all'artificio. *Zì Teresa*, con vista sul golfo di Napoli e il Vesuvio, era tra le più celebri. All'origine, sul finire dell'Ottocento, era la

10. D. Provenzal, *Insegne popolari fiorentine*, p. 946

11. *Osterie romane*, con prefazione di Augusto Jandolo e Ettore Veo, Milano, Ceschina, 1949, p. 341

baracca di Teresa Fusco, per barcaioli e marinari, prima che la fortuna turistica di Santa Lucia la trasformasse in una tappa d'obbligo internazionale[12]. Al posto della baracca era venuta su un'osteria, poi una trattoria con una terrazza e, in luogo di pareti, delle vetrate. Qualsiasi decorazione che potesse distrarre dalla contemplazione estatica del panorama veniva bandita e il pranzo stesso, spaghetti alle vongole e carne alla pizzaiuola, era un sacrificio alla bellezza naturale. Dopo l'affresco, viene la cartolina: a promuovere l'osteria contribuiscono tutte le competenze, del pittore e dell'architetto, dell'archeologo e del paesaggista. Ma dove sta il cuoco? Qual è il suo ruolo? Anch'esso ha qualche cosa da esibire, il proprio lavoro. «Il dogma fondamentale consiste [...] nel mettere a contatto il pubblico con la cucina e con la dispensa»[13]. Per raggiungere il proprio tavolo, si sosta davanti a lunghissime tavole che allineano fettuccine tirate a mano da cuocere, antipasti e verdure crude. Quindi si passa davanti alle cucine dove il pesce, raccolto dagli acquari o dai banchi di foglie e di ghiaccio, viene pulito e cotto. È l'anticamera della ghiottoneria, prima di raggiungere il salone con le pareti coperte di "fiaschi tappezzieri" o decorate con reti e conchiglie. Da *Zì Teresa* tutto era invece predicato dal panorama: lo sguardo del cliente passava dal bicchiere di vino alle vigne sulle pendici del Vesuvio, e dal piatto di vermicelli con le vongole a quel mare che le nascondeva e le nutriva.

L'osteria, divenuta un teatro in quattro versioni, storica, artistica, paesaggistica e luculliana, suscita la perplessità non solo dei puristi ma degli avventori di buon gusto. La sua trasformazione in trattoria ha portato a eccessi dettati dal lodevole intento di salvarne simbolicamente l'anima antica, rustica e vinosa, di fatto votati allo snaturamento della stessa tradizione. La prima ad averne patito è la cucina, eccessiva e simulata, grassa e volgare, tipica e atipica a un tempo, vittima del raffronto con un

12. M. Nahartii de Luco, *Trattorie e cuochi celebri nella Napoli dell'800,* p. 173
13. F. Reggioni, *Elogio dell'osteria caratteristica,* p. 95

passato di cui evidentemente si è persa memoria. Eliminato l'orto e soppresso il piccolo commercio ambulante, sciolti i legami commerciali personali, scomparsa persino la cantina con le sue botti e i suoi salami, gli osti si ritrovano gestori di un qualsiasi ristorante.

ITALIA 1939

La Confederazione Nazionale Fascista Pubblici Esercizi pubblica nel 1938 una guida alle *Trattorie d'Italia* rivolta a viaggiatori e turisti. Fornisce informazioni per 360 località in tutte le regioni, conformemente agli orientamenti geo-gastronomici dei ricettari e dei repertori di prodotti. L'anno seguente essa ritorna perfezionata: è l'ultima edizione prima della guerra, destinata nel giro di pochi mesi a divenire, giocoforza, inservibile. Nata dall'esigenza di opporre ai volumetti rossi del TCI uno strumento imperniato esclusivamente sulla ristorazione, fornisce un quadro dei servizi che non si può considerare caduco nemmeno dopo la fine del regime fascista. Anch'essa, come le precedenti guide, d'autore o associative, precisa i termini del dibattito all'interno del quale sono state formulate le proprie indicazioni:

> Meglio è perciò, parlare di trattoria, d'etimologia italica, che nulla ha in comune con la presuntuosa insegna dello sbruffone parigino [il ristorante], e che si accosta di più, invece, alla "hostaria" del bel tempo antico, quella che, cogli adeguamenti alle contemporanee esigenze, vorremmo tornasse a fiorire appieno ovunque nella Penisola, perché non solo lo stomaco abbia le sue lusinghe ma anche gli occhi abbiano la propria festa[1].

La guida nasce all'insegna del progresso. L'illustrazione di copertina rappresenta una osteria di campagna con insegna e tavoli all'aperto davanti alla quale passano una carrozza a cavalli, una locomotiva e una littorina. Di fatto i percorsi della guida comportano anche la corriera e l'automobile, con tappe nelle piccole e piccolissime città. Gli esercizi che vi sono presi in esame, sono di due tipi: con o senza alloggio. I ristoranti d'albergo, malgrado il titolo della guida, continuano a prevalere, quantitativamente, sulle trattorie senza camere: nelle 82 località piemontesi, essi sono 164 contro 47, in Lombardia 188 contro

1 *Trattorie d'Italia 1939*, a cura della Federazione Nazionale Fascista Pubblici Esercizi, Roma, 1939, p. 5

100. Le zone di vacanza stagionale, i laghi piemontesi e lombardi ad esempio, non sono solo all'origine della loro fortuna; anche cittadine, che diventeranno cinquant'anni dopo centri importanti della ristorazione, presentano lo stesso fenomeno. Ad Alba, in provincia di Cuneo, nella capitale del tartufo, vengono consigliate le sole "trattorie" annesse agli alberghi Coppa e Savona (tutt'ora esistente).

La scelta del ristorante d'albergo implica un certo modo di viaggiare per tappe: pasto e sosta vengono a coincidere, con la conseguenza di privilegiare la cena al pranzo. Il rapporto fra questo e la trattoria senza alloggio è indice di una evoluzione dei consumi sensibile da una regione all'altra: in Piemonte è di 3 a 1 mentre, in Lombardia, grazie a città come Milano, il divario diminuisce sensibilmente. Dal capoluogo di regione, che è un nodo ferroviario e stradale, si diffonde il costume di dissociare la scelta del posto ove dormire da quello in cui mangiare, distinguendo i servizi idonei per ogni momento della giornata. A Torino, delle 17 "trattorie" segnalate nessuna offre alloggio. Questi dati variano da un capo all'altro del paese. La situazione è meno favorevole al sud per numero di esercizi, ma non per tipologia degli stessi. Nella Lucania, che abbiamo visto ignorata dai giornalisti gastronomi, Mariotti e Monelli, si può constatare una parità fra ristoranti d'albergo e trattorie, con un rapporto rispettivamente di 11 a 10.

Due altri indici permettono di comprendere la natura della cucina offerta e i principali piatti presenti nei menù. *Trattorie d'Italia 1939* indica gli stili gastronomici principali che, in Piemonte, sono i seguenti, accompagnati dal numero degli esercizi per i quali se ne è trovata indicazione:

Piemonte

Cucina	**Località**	**Esercizi**
Regionale	44	102
Nazionale	32	70
Internazionale	14	36
Piemontese	11	17
Casalinga	4	4
Locale	3	4
Italiana	1	1

Questa rilevazione è oggi fatta rispettando le scelte linguistiche dei compilatori della guida; essi impiegano alternativamente sinonimi quali "regionale" e "piemontese" che andrebbero sotto una unica voce, con la conseguenza di rendere ancor più evidente l'identità del Piemonte. La stessa cosa vale per "nazionale" e "italiana" con la precisazione, confermata da altri capitoli della guida, che quest'ultimo epiteto è di uso raro, almeno in gastronomia. Fortissimo è lo scarto fra il modello regionale, vissuto come egemone, e quello locale, appena percettibile, con la conseguenza che il turista si vede riproporre gli stessi piatti "tipici" a Torino e in provincia, nelle zone di villeggiatura e nelle campagne viticole.

La medesima rilevazione applicata alla Lombardia dà risultati assai diversi confermando che in Italia ogni regione ha un assetto ristorativo valorizzato in modo proprio e che il referente nazionale non è uguale per tutti.

Lombardia

Cucina	**Località**	**Esercizi**
Nazionale	47	109
Regionale	24	57
Internazionale	18	35
Casalinga	11	20
Familiare	5	11
Bresciana	4	9
Milanese	3	7
Locale	3	6
Italiana	2	2
Bolognese	1	1
Mantovana	1	1
Toscana	1	2
Piemontese	1	1

Tre fenomeni si possono qui evidenziare: l'esistenza di una cucina nazionale diffusa nel 40 per cento circa degli esercizi, la forte presenza di stili locali e una timida manifestazione di altre tradizioni. Accorpando la cucina casalinga, familiare, locale con quelle delle singole province, tutte queste vengono a situarsi al secondo posto con la conseguenza che, da un punto di vista gastronomico, in Lombardia l'identità provinciale prevale su quella regionale. Non tutte le città vi figurano e solo Brescia, Milano e Mantova sono reputate degne; Como e il Lario, in una ulteriore analisi, a causa dei grandi alberghi, andrebbero invece contrassegnati da un menù di tipo internazionale. Si può inoltre osservare una penetrazione di altre cucine regionali in territorio lombardo. Dove? Ovviamente a Milano: il *Boeucc* per la cucina piemontese, *Bagutta* e *Giannino* per quella toscana indicano che la capitale regionale è il crocevia degli scambi gastronomici e il punto di maggior assorbimento delle culture limitrofe. Rispetto al Piemonte, la Lombardia ha una immagine regionale più debole e culture provinciali più autonome.

La presenza di uno stile internazionale diffuso resta un indicatore della ricchezza e della qualità delle infrastrutture turistiche. Se interroghiamo nello stesso modo Lucania e Calabria vediamo infatti che scompaiono con i grandi alberghi i menù francesi, mentre si manifesta in concorrenza con le cucine locali, caserecce e paesane, una presenza della tradizione napoletana che, in Calabria, prevale su quella nazionale. Riassumendo con un paradosso: Napoli è per la Calabria, quello che per Milano è Parigi.

Se i livelli presi in considerazione sono indicativi di alcune tendenze della ristorazione, essi restano generici per quanto concerne la natura delle singole offerte gastronomiche. Con *Trattorie d'Italia 1939* possiamo ricostruire una classifica dei piatti più proposti (e consumati), delle specialità regionali e locali. È un dato, questo, la cui esistenza è imputabile a quelle campagne per la conoscenza dell'Italia di cui il TCI era stato il promotore. Un esame dei piatti rilevati nei capitoli del Piemonte e della Lombardia mostra come si stia avviando ma sia lungi dall'essere compiuto il processo di riconoscimento di una identità culinaria.

Piemonte
Trote 16
Tagliatelle (tajarin) 12
Fonduta 10
Agnolotti 10
Pesce 9

Pollo 7
Ravioli 6
Cacciagione 6

Lombardia
Pesce 12
Trote 8
Pollo 4
Costoletta milanese 3
Risotto 2
Ossi buchi 3
Minestrone 3

Questi elenchi incompleti sono formulati indicando solo alcune "specialità", accompagnate dalla cifra totale dei luoghi dove sono proposte. Prefiggendosi di dare un'idea della ristorazione, appariranno singolari perché combinano due ordini di valori: merceologici e gastronomici. Essi permettono tuttavia di valutare complessivamente le proposte dei menù e di individuare i piatti tipici in ordine di importanza. Emerge, dalla loro lettura, che la trota è offerta in 16 località del Piemonte e 8 della Lombardia, accompagnata dal bacino di afferenza (del Mella, del Garda, ecc.) e costituisce la specialità più citata. Questo coincide con i dati forniti dalla *Guida gastronomica del Touring* del 1931 che ne attestava la notevole fortuna come "prodotto tipico". Ma trota significa anche lago, e laghi e montagne sono le zone turistiche per eccellenza, in cui i grandi alberghi offrono una carta internazionale. La denominazione "pesce", con gli epiteti relativi (del Garda, fresco, fritto), è in Lombardia ancora più diffusa per indicare la "specialità" di una trattoria, mostrando come, nella scelta del locale, degli indicatori merceologici possano prevalere su quelli gastronomici.

Una breve glossa merita il pollo. In Piemonte viene proposto in sette modi diversi, uno per località (alla fiorentina, allo spiedo, alla piemontese, in cotolette, littoriale, fricassato, in minuta) e in Lombardia con quattro ricette (alla cacciatora, arrosto, in bottaggio, in spezzatino). È dunque interessante notare che una grande varietà di preparazioni per una stessa derrata non costituisce un elemento di valorizzazione della stessa: il pollo resta meno apprezzato della trota le cui preparazioni, ancorché meno numerose, restano implicite.

Per i piatti propriamente tipici, il Piemonte ha nella fonduta un valore regionale di riconoscimento. Essa viene servita a: Bra, Casale, Chieri, Pino Torinese, Alessandria, Casale, Moncalvo, Nizza, Novi, Torino. Non altrettanto si può dire del risotto giallo o della cotoletta alla milanese, rispettivamente proposti, il primo a Milano e al Ronchetto, la seconda a Milano, al Ronchetto e a Bergamo. Le cosiddette specialità hanno una loro area geo-gastronomica di diffusione che varia da una regione all'altra, e confermano i risultati dell'altra rilevazione concernente gli stili di cucina.

Il Piemonte infine esercita un forte richiamo con la pasta fresca, rispettivamente *tajarin* e agnolotti, denominati impropriamente ravioli in alcune località. In Lombardia cannelloni, lasagne, gnocchi piemontesi e alla romana, maccheroni, spaghetti, tagliatelle, tortellini sono d'importazione; le specialità autoctone, casoncelli di Bergamo e pizzoccheri della Valtellina, non escono dal loro bacino di consumo originario, mentre la polenta (presente in tre località) patisce della sua immagine modesta e paesana. Vizio della rilevazione: *marubini* cremonesi e tortelli di zucca mantovani non trovano posto. Anche su questo punto la scarsa omogeneità gastronomica del territorio lombardo si riflette in una autonomia delle province dalla regione che non corrisponde sempre a un rafforzamento della identità locale.

Trattorie d'Italia offre una sintesi e un bilancio, permettendo di valutare gli squilibri gastronomici e le tendenze ristorative, ormai svincolate dalla egemonia della capitale regionale, sempre più radicate nei territori provinciali. Emergono alcuni piatti con un forte potere di attrazione, distribuiti su ampie aree, talora persino interregionali, come il brodetto di pesce nelle Marche; e altri a forte identità locale, con il destino opposto, di risultare improponibili lontano dai luoghi di cui costituiscono la specialità, ad esempio i ravioli ripieni di pecorino di Ascoli Piceno, detti *calcioni*. Per entrambi la *Guida gastronomica d'Italia* costituisce una valida referenza. In netta flessione di proposte creative appare invece la cucina nazionale e internazionale, quella delle scaloppine alla finanziera, dei polli in gelatina e dei filetti di sogliola al Madera, ripresentati questi ultimi nei ristoranti della capitali regionali come Ancona. Osti, trattori e soprattutto albergatori sono ormai costretti a una scelta: offrire dei piatti conosciuti da tutti, ma per ciò stesso banali, o proporre le specialità della regione, con il rischio di rivelarsi, in una stessa città, poco riconoscibili. La cucina locale intesa come somma dei prodotti di un territorio e dell'esperienza maturata nelle sue case, sta facendo la sua apparizione nelle guide, affiancandosi ai nomi delle insegne, incuneandosi lentamente nei menù. Sconosciuta per antonomasia al turista e all'avventore occasionale, affida a un numero limitatissimo di piatti il proprio successo. Nella prospettiva di un lento riordinamento dei valori gastronomici, la gerarchia dei luoghi di ristoro è di nuovo in subbuglio: la trattoria avanza i propri titoli di erede del patrimonio delle osterie, si qualifica rivale dell'albergo familiare e intacca il prestigio del ristorante. È dunque l'esercizio vincente che dà il titolo alla guida.

FIOR DE MORTELLE

Qualsiasi riflessione sull'osteria del Novecento, in Italia, deve partire da Roma per ritornarvi come a un luogo d'origine e d'elezione. Verrebbe spontaneo, nel corso del Ventennio, considerare questo una conseguenza della politica del Fascismo nei confronti della ristorazione. Il ministro della pubblica istruzione Giuseppe Bottai firma infatti la prefazione di *Osterie romane*, raccolta di brevi saggi, stampata a Milano nel 1937, che recensisce i locali esistenti e tipici. È di moda parlarne: alla fine del 1937 *L'Illustrazione italiana* in un numero dal tema la "bottega del ghiottone" ha dedicato loro un ampio servizio[1].

Bottai, nella premessa, esprime un debito di riconoscenza nei confronti di D'Annunzio e di Hans Barth, quindi sottolinea l'importanza di trasmettere memoria dell'«ambiente e dell'atmosfera romanesca» in particolare ai turisti in visita. «Presso che astemio» ma con un nome predestinato, nativo di Roma ed ex-Governatore dell'Urbe, si rende interprete di una cultura popolare dalle radici profonde. Come se l'argomento domandasse prudenza, fa una sola allusione ai *camerati* che hanno collaborato al libro, ed è tutto quanto concede al Fascio e all'Impero. Accetta di sottoscrivere all'iniziativa come privato cittadino e personalità della capitale: frequenta infatti in incognito le osterie[2] e gli capita di visitarle in veste ufficiale. Una foto riprodotta nel volume, lo ritrae nel corso di una riunione dei *Romani della Cisterna*, nei pressi di Santa Maria in Trastevere, a centrotavola fra Petrolini e Trilussa. Ma queste due muse non l'assecondano, al momento di redigere la prefazione, né lo incoraggia il sacro fiato di D'Annunzio e nemmeno l'intemperanza gioiosa del tedesco, tornato di moda a due anni dalla firma del patto d'acciaio. A differenza di un Farinacci che ama farsi vedere seduto a un tavolo dei *Corrieri* o impegnato in una partita di bocce da *Sora Grazia*,

1. A. Jandolo, *Osterie romane*, "L'Illustrazione Italiana", 19 dicembre 1937, p. 1595
2. *Osterie romane*, 1937, p. 285

Bottai si rivela più che reticente, discreto. Nel suo *Diario*, si coglie un altro aspetto di questo suo modo di visitare le osterie, legato agli intellettuali che hanno ancora, per dossiana eredità, l'abitudine di riunirsi in luoghi di poca spesa e alquanto liberi, dove è possibile far chiasso oppure appartarsi con alcuni amici: «18 Aprile 1937, *Firenze - Passata la domenica* con Papini, Soffici, Palazzeschi, Bargellini e i tre Vallecchi in campagna, in un'osteria di Pratolino»[3].

Le brevi monografie di *Osterie romane*, affidate alla esperienza e alla penna di alcuni cultori fra cui il poeta vernacolare Jandolo, descrivono una cinquantina di esse e forniscono l'indirizzo e la specialità, soprattutto enologica, di 122 insegne. È una recensione più succinta di quella di Alessandro Ruffini, ma quanto più personale e attenta a salvarne la memoria. Forse per una nostalgia che attacca le mura come l'edera i ruderi, o forse per un'attenzione a chi ha gestito e popolato i locali, ai fantasmi e ai superstiti, non vi si avverte una soverchia attenzione al presente, all'invadenza dei camerati e delle camice nere. Una delle conseguenze dei piani urbanistici del regime è quella di spazzar via molti esercizi che, con una storia prefascista, non sempre riescono a rinnovarsi e non sfuggono alla loro sorte anche restaurati. La mortalità delle insegne, spesso correlata a quella dei proprietari, non genera alcuna forma di rivolta anzi viene intesa come una legge di natura e come un effetto dei tempi moderni. L'osteria che ha assorbito le misure draconiane di Leone XII e le restrizioni di Gregorio XVI, sembra essere un luogo in cui ideologie e misure illiberali si sciolgono nel vino e nell'impunità della parola. Da un solo punto di vista, nel 1937, essa è messa sotto tutela, quello propagandistico. Senza gioco d'azzardo, prostituzione, usura, malavita e sovversivi appare quasi un rifugio di buoni costumi.

Gli *Indirizzi utili* posti alla fine del volume permettono di ampliare, nei modi consueti, la nozione d'osteria. Senza carenze igienico-sanitarie, ben frequentata, può facilmente ambire al ti-

3. G. Bottai, *Diario 1935-1944,* Milano, Rizzoli, 1985, p. 117

tolo di trattoria. Vi si caldeggiano le fettuccine e il Trebbiano di *Alfredo alla Scrofa*, raccomandando di prenotare ai *Corrieri* di piazza Barberini in quanto i posti sono «spesso occupati da Farinacci, dagli on. Mori e Moretti, dal gr. uff. Osio, direttore generale della Banca del Lavoro, ecc. ecc.». Due fiaschetterie toscane sono menzionate per gli amanti del vino e della finocchiona, mentre le conquiste coloniali trovano eco nell'offerta: «All'Osteria di via Domenico Fontana 16 gusterete la *Lacrima del fu Negus*». Fatto conto delle mode e della personalità estrosa dei padroni, prevale un solido spirito conservatore, soprattutto in materia di vino. Il giudizio simbolico per premiare un locale sta in una sola parola: *Frascati, vero Frascati, super Frascati.*

Nell'identità di ogni singolo locale, ritornano gli eterni valori, anzitutto umani. I ritratti di osti si susseguono, alcuni con fotografia. Felice Belli, detto *Felicetto,* è immortalato sulla soglia e sotto l'insegna *Vino e cucina*, in compagnia della moglie a via Campo dei Fiori: basso e tarchiato, con gilè, maniche rimboccate e *scoppoletta* in capo. Vivono, lavorano, si riposano e mangiano a un tavolo dell'osteria che è la casa loro e di alcuni avventori. Quali sono i piatti di *sora Esterina*? «lo stufatino col sedano, la trippa al sugo, gl'involtini di vitella»[4]. All'uomo spetta la scelta del vino che compra in campagna e talora nel paese dove è nato; alla donna la preparazione delle pietanze. I figli e un garzone possono completare l'organico. La cucina è insieme di casa e di bottega: vi prevalgono la trippa, i fagioli con le cotiche e le pagnottelle imbottite con burro e alici o con prosciutto, ma troviamo anche spaghetti all'amatriciana e involtini di vitella. Se il confine fra cucina domestica e professionale è labile, l'identità romanesca dei piatti è fuori discussione, con le varianti imposte dal particolare talento della cuoca, dalla sua origine e dalla sue ambizioni. Una tortina di carciofi e delle scaloppine al Marsala possono rientrare nel menù di un locale considerato molto inferiore al ristorante. Clienti abituali, gli autori di queste brevi cronache non insistono ovviamente sull'abbacchio arrosto,

4. *Osterie romane,* 1937, p. 37

sulle code alla vaccinara o i carciofi alla giudìa, se non per connotare la mentalità o la cultura del gestore, il quale può esercitare bene l'ospitalità pur invitando, all'occasione, i propri clienti a provvedersi di filetti di baccalà o di polenta fritta presso la contigua friggitoria. Per quanto ghiotta, l'osteria non è un luogo per giudizi gastronomici, per esercizi sensoriali raffinati, ma per godersi la vita.

Non bisogna esser nati lontano da Roma, per non condividere questa familiarità o per trovarla antipatica. La sincerità stessa dei vini e delle pietanze incontra scetticismo. C'è chi non crede alla qualità e al carattere tradizionale dei piatti che vi vengono serviti, ma pensa che la maggior parte degli esercizi siano molto al di sotto della loro fama. Ada Boni, brava giornalista e ottima cuoca, ne *La cucina romana*, si mostra severa:

> perfino nelle "Osterie" che pure una volta rappresentavano il tempio, modesto sì, ma rigorosamente ossequiente ai canoni della nostra cucina, si cercherebbe invano un ricordo di quella che fù la vera tradizione gastronomica: chè i criteri d'una malintesa economia hanno trionfato anche qui, e le carni congelate, la carne di cavallo, i grassi d'importazione e tutta la poco benefica coorte delle moderne risorse del mercato alimentare internazionale, hanno fatto il resto[5].

Riproponendo la versione casalinga dei migliori piatti, intende restaurarne il prestigio e trasmetterlo alle lettrici della rivista *Preziosa* e a tutte le cuoche italiane. Ada Boni ha il merito di dire ad alta voce quello che i cultori di storia locale tacciono, e di tradurre il suo giudizio in ricette. Naturalmente devolve queste ultime alla sola cucina borghese, ampliando il capitolo dei dolci, altra conquista nei confronti dei venditori di dolciumi e di croccanti armati di scacciamosche. Se le madri di famiglia erano le eterne nemiche delle taverne, Ada Boni ne interpreta l'ostilità togliendo agli osti persino le pagnottelle con provatura e alici,

5. A. Boni, *La cucina romana,* Roma, Edizioni della Rivista preziosa, s. d., pp. 5-6

semplicissime da preparare e ingiustamente rivendicate come una loro "specialità". Chiuso il suo libro, resterà ai ribaldi e agli ubriaconi il solo merito del vino a litro.

Siccome una grande città è un porto di mare, non tutta la cucina d'osteria può dirsi romanesca. Gli osti sono spesso gente venuta da fuori, come il Sor Cesare nativo di Marino al pari del suo vinello, e perciò detto *il marinese*; provinciali attirati in una capitale in espansione, alcuni di loro, il mestiere lo hanno appreso quasi per caso. Checco Scrocca era di Castel Madama e faceva il vetturale di piazza prima di aprire un locale al Viale Giulio Cesare[6]. I successivi proprietari della *Cisterna* a partire dal 1916 furono un macellaio, Giacomo de Marchis, e un fonditore, Oreste de Lucchi, che ne risollevò le sorti[7]. Altri avevano un deposito di vino che, ridipinto e travestito all'antica, con epigrafi e finte lucerne, diventa *Alle grotte della Rupe Tarpea - Proprietà di Luigi Falcioni e fratello*[8]. I turisti vi potevano comprare i boccaletti in cui avevano bevuto, insigniti del nome pomposo di *pocula*. Il padrone fa l'osteria e questa i clienti. Siccome qualche piatto di fagioli o di trippa e un vino *asciutto* non garantiscono necessariamente il benessere, l'oste adotta gli avventori e s'adatta alle loro esigenze, allarga l'ospitalità facendo del proprio locale un punto di ritrovo quotidiano. Cenacoli di poeti, tavolate di giornalisti, mense per impiegati dei ministeri, accademie di scopone, bocciofile, cooperative di lavoratori, ne rendono familiare e sociale l'atmosfera.

Fra necrologio e testimonianza, la storia della piccola ristorazione appare infinita e segnata da un avvicendarsi continuo di esercizi. La riedizione di *Osterie romane*, sempre a Milano, nel 1949, conferma questo fenomeno. Non vi figurano né la premessa né il nome di Giuseppe Bottai che è tornato in Italia nel 1948, dopo essersi arruolato nella legione straniera; lo sostituiscono con una breve nota il poeta dialettale Augusto Jandolo e

6. *Osterie romane*, 1937, p. 59
7. *ibidem*, p. 268
8. *ibidem*, p. 114

il giornalista Ettore Veo i quali ragguagliano il pubblico sul nuovo volume, già programmato prima della guerra, accantonato da questa e risorto dalle macerie, appena i tempi lo avevano consentito. Si tratta della stessa guida con la soppressione delle osterie defunte, e il ripristino di quelle dimenticate.

La conseguenza maggiore di un conflitto, lontano dai campi di battaglia, è di sconvolgere le abitudini dei consumatori. Durante la prima guerra mondiale, la chiusura notturna era stata fissata alle ore 10: se ne aveva ancora memoria nel 1937. Tre anni dopo, le nuove ostilità erano destinate ad avere a Roma esiti ben altrimenti gravi. Scompaiono, per effetto del razionamento, moltissimi piatti romaneschi a base di pasta, pane, carne, si rarefanno i grassi, olio e lardo, mentre sopravvivono solo gli ingredienti pagati al prezzo del mercato nero. La disponibilità di vino ne risente meno ma viene compromessa dai nuovi costi. L'osteria per sei o sette anni ritorna a una gestione che, da un punto di vista annonario, è simile a quella della carestia e ricorda un passato remoto. Non chiude solo qualche insegna qua e là, ma tutto il settore ristorativo viene strozzato, con effetti che, nella trasmissione dei piatti e nelle abitudini gastronomiche, sono difficilmente valutabili. Sale vertiginosamente il costo dell'osteria con cucina, con la conseguenza di renderla tanto inaccessibile quanto un ristorante. Nel 1949, i prezzi sono "centuplicati", ed è necessario attendere una ripresa generalizzata del paese per tornare a nutrirsi con la semplicità di un tempo.

Di fronte a questo bilancio, l'osteria appare sempre più un valore culturale in declino, con quel tanto di astratto e distante che le conferisce la lunga fame patita. Come tale viene presentata da Jandolo ed Ettore Veo che rivedono i nomi delle insegne con uno spirito divenuto, per effetto delle circostanze, *antiquario*. I nuovi e i vecchi capitoli non essendo utili indicazioni per l'avventore, diventano pagine di storia civica. La motivazione della ristampa tiene in questa frase:

> Valga allora, come augurio, il nostagico ricordo delle osterie romane di un tempo perché esse ritornino alla loro cordiale accoglienza e

alla loro festosa esistenza, unitamente alla rinascita - lenta ma sicura - del nostro Paese, più caro al cuore di tutti gli Italiani, dopo tante prove tragiche e tanto martirio[9].

È una sentenza di morte e una promessa di rinascita che, nella ristorazione, significa sempre una profonda metamorfosi, un travaglio commerciale. Il suo tono non fa presagire nulla di ghiotto, anzi è tanto impacciato e contraddittorio da indurre a rimpiangere se non il deprecato Ventennio, di certo Hans Barth e Bottai. Quanto alle addizioni, accrescono l'incertezza: in prevalenza parlano di locali nati dalla crescita di Roma capitale e scomparsi nei primi decenni del Novecento. Chi non ricorda *Sora Rosa* divenuta *I tre moschettieri*? C'era poi *L'osteria del Tennannassi* così detta perché il padrone, data la mancanza di spazio, invitava i clienti che avevano consumato, ad andarsene al più presto. Anch'essa spazzata via dall'Esposizione Universale del 1911. Se lo sguardo all'indietro, come quello di Orfeo ad Euridice, è letale, quello diritto davanti a sé, verso il futuro, è cieco. Quante insegne dovranno ancora estinguersi, quanti ristoranti nasceranno?

Il bilancio del 1949 (gli autori non potevano saperlo) è prossimo a un rovesciamento di tendenza spettacolare, a una ripresa dei consumi particolarmente vistosa nella capitale del cinema. Nel giro di breve tempo, le vacche magre tornano nella memoria, e quelle grasse invadono i quartieri storici. Grazie ad anni santi, olimpiadi, autostrade, senza dimenticare Cinecittà che coinvolge il mondo intiero, il giro turistico s'allarga. Le cifre complessive non difettano: «Al giugno 1968 esistevano in Roma ben 3317 ristoranti, trattorie, osterie, tavole calde, pizzerie, rosticcerie e friggitorie, munite di licenza P.S.»[10]. Più difficile risulta passare dal bilancio complessivo a una analisi qualitativa che tenga conto della durata e della gestione degli esercizi, del rinnovo dei locali e della clientela, delle loro offerte enologiche e

9. *Osterie romane*, con prefazione di Augusto Jandolo e Ettore Veo, Milano, Ceschina, 1949, s.p.
10. L. Jannattoni, *Osteria romana*, p. 240

gastronomiche. Volendo uscire dai giudizi generici, bisogna affidarsi ai continuatori di un "genere", la visita delle osterie, particolarmente fortunato nella capitale, ascoltare coloro che hanno incrociato l'osservazione sul campo con una bibliografia accurata. Per effetto della crescita dei prezzi e per la instabilità commerciale degli esercizi, sono finiti i tempi in cui Felicetto e sora Esterina si facevano fotografare sull'uscio: la fascia ristorativa "media" viene ora privilegiata, con le sue sale capienti e ben arredate. Le trattorie sono nascoste in un guscio che ha l'apparenza esterna dell'osteria e, dentro, ne è ricostruito l'ambiente secondo le aspettative di una clientela che il primo approccio lo ha avuto nelle guide turistiche e nei film. Nel 1972, Livio Jannattoni ne ha pubblicato una guida ragionata con 250 segnalazioni, dentro e fuori le mura e nei dintorni. Quelle vive prevalgono nettamente sulle defunte e, fra esse, tre sono sopravvissute al censimento del 1949: *La Cisterna*, *Il pastarellaro* e *Romolo* a Porta Settimiana[11]. La prima continua la sua museale carriera e ha figliato un locale a New York; la seconda ha cambiato gestione e ora a portare il titolo di "pastarellaro" è Severino Graziosi, col suo piatto di *rigatoni* alla salsiccia, piselli e funghi; quanto a *Romolo*, la sua fama è cresciuta al punto da permettergli di esibire una collezione di 700 autografi, molti dei quali vergati a matita su di un tovagliolo e riprodotti a ricamo. Il vero vanto delle "osterie" è ormai questo, la traccia scritta, disegnata, fotografica, cinematografica dei clienti che negli anni felici di Cinecittà erano numerosissimi e cosmopoliti, pieni di soldi e celebri. Quel vezzo, che Monelli riconosceva al solo Alfredo di via della Scrofa, ha contagiato tutti e la bontà del locale non viene misurata né dai piatti della casa, né dai riconoscimenti delle guide turistiche, né dalla vetustà dell'insegna, ma dall'attrice che, negli anni della *Dolce vita*, ha lasciato il sorriso, un bacio e la propria firma.

Affascinato dal mondo del cinema, il ristoratore ne è a sua volta la vittima, per una legge del trapasso che fa del suo ac-

11. L. Jannattoni, *Osterie della vita e dell'amore. Andantino romano,* Roma, Frattina, 1972, pp. 146, 153, 160

cento, della sua furba tracotanza e dei molti piatti, bucatini all'amatriciana e penne all'arrabbiata, conditi alla bellemeglio, un bersaglio sin troppo ghiotto. L'amore dei suoi avventori ha infatti dei limiti, e la commedia dell'ospitalità romanesca scivola in una farsa. Mentre, seduti al tavolo, vengono riveriti, i testimoni in piedi e armati di cinepresa si rivelano scomodi, spietati: le trattorie del film *Roma* di Federico Fellini, ricostruite in studio, mostrano l'evoluzione di un stile popolare dal 1938 al 1971, agli occhi almeno di un provinciale venuto dalla Romagna, diventato poi cittadino dell'urbe. Voci e risa, corpi e abiti esternano una volgarità intollerabile che sbrodola ovunque, dalle pentole sino ai tavoli i quali hanno invaso le strade. Persino i piatti «grevi, di sapore pastorale contadino» hanno «un sentore di mattatoio» e sono lì per riuscire indigeribili al pubblico. Nell'antologia di battute c'è di tutto, dalla scatologia (*come magni cachi*) alla barzelletta da caserma (Donna «*Ci sono banane?* » Trattore «*Me n'è rimasta una sola*»)[12]. Dove hanno pescato gli sceneggiatori un tal tripudio di maialate? Nelle trattorie stesse dove se *magna bene*, dove il vino è *bbono* e il conto può riuscire scandalosamente salato.

Fellini esprime un giudizio che concorda con quello di altri registi della commedia all'italiana, e dei critici gastronomici che hanno iscritto quella cucina, fintamente tradizionale, nel loro libro nero. Sullo schermo l'insegna di una trattoria del 1938 porta "a caratteri lapidari":

Da Giggetto magni le cose più bone
che nemmanco a li tempi de Nerone.

Un trentennio dopo, il nome di *Giggetto* è sempre lì, appiccicato al muro, alla lista delle vivande, ai portaceneri-ricordo. I menù di *Meo Patacca* e di *Giggi Fazi*, «di un romanesco bruciante»[13], appaiono agli occhi del gastronomo, che non vuole

12. *Roma di Federico Fellini,* a cura di Bernardino Zapponi, Bologna, Cappelli, 1972, pp. 116-119

passare per un turista americano, come insulti al buon gusto, ed esita a ordinare quei "cazzetti d'angelo" scritti sul menù che nella sua bocca avrebbero un sapore di barzelletta. Le cosiddette specialità della casa, unico campicello fiorito nella concimaia, sono infatti adeguate alla carta e al servizio. C'è un modo di combinare funghi e piselli, di ficcare la salsiccia dappertutto, di ungere le fettuccine con burro e parmigiano, di servire spaghetti *a modo nostro* con gli stessi ingredienti dei petti di tacchino, che urta il palato, e rende stucchevole, prima di iniziarla, la *magnata*. Siccome la piccola osteria guarda con ammirazione la trattoria di grido e questa detta legge dall'alto *urbi et orbi*, il contagio non solo è generale ma retroattivo, e coinvolge il buon nome dei locali defunti, prima del 1938, e di quelli che ne hanno in seguito imitato onestamente lo stile. Il danno maggiore è proprio questo: aver compromesso una tradizione secolare identificandola con la sua decadenza e, in molti casi, con la sua agonia, aver fatto capitombolare i valori gastronomici in un mercato illusorio. Il 1971 di Federico Fellini è un 1938 *in fieri*, con la pancia fasciata di grasso, le tasche piene di soldi e l'alito fetido.

Roma segna la fine di uno stato di grazia dell'osteria romana e l'inizio di un lunghissimo purgatorio. Appare agli italiani una versione grottesca di quanto hanno sempre pensato, e ai romani un insopportabile tradimento, meditato da quel regista che alla città aveva dato nuovo e meraviglioso lustro. Così lo doveva percepire Livio Jannattoni quando esprime la sua riserva con la formula più prudente che si riesca a immaginare, secondo la quale «il regista romagnolo non è riuscito a ritrovare il modulo della sua abituale efficacia rappresentativa»[14]. Se risulta difficile condividere questo giudizio, se ne possono accettare le ragioni. Riguardiamo quegli avventori «rumorosi e torvi, familiari, confidenziali», uno per uno: con la bocca piena di coratella, di trippa, di zampetti e di pajata, «golosi e feroci», rimpinzati e lugu-

13. L. Jannattoni, *Osterie della vita e dell'amore,* p. 219
14. *ibidem*, p. 178

bri, recitano un copione troppo verista per non essere solo in parte vero. Di una gloriosa tradizione trasformata in avanspettacolo, è l'esito ultimo, il meno piacevole.

Nell'editoria del dopoguerra non si leggono solo le censure del passato regime, anche la continuità ha voce in capitolo. Nel suo *Itinerario gastronomico ed enologico d'Italia* Giuseppe Cavazzana tace il razionamento e lo immagina superato, come se il paese fosse tornato quello di sempre. Nel 1949, riprende la *Guida gastronomica* del 1931 e la recita a memoria, non omettendo alcuna delle *gaffes* politiche e culturali: dall'omaggio all'«enologo di larga e meritata fama, Arturo Marescalchi» (ex-ministro fascista) alla scandalosa evocazione del sardo «sobrio e raccolto in sé medesimo». A sua discolpa, si può dire che il Banco Ambrosiano, che finanziava il volumetto, ne aveva approvato il succo, nel desiderio di offrire agli italiani una speranza luminosa come il passato prossimo, ovvero di indicare loro gli obiettivi della ricostruzione che nove anni di fame avevano reso meno certi. La continuità dei *regimi*, fascista e repubblicano, appare, a tavola, l'unico modo per riprendere a mangiare.

Un cambiamento almeno avrebbe dovuto registrarlo: quello linguistico. Se la guerra coincide con il massimo lavoro dell'Accademia d'Italia nel purgare la lingua dai forestierismi, la vittoria degli alleati cancella la purga, le leggi e i divieti imposti durante il Ventennio. Rientra il francese, e soprattutto è sbarcato in forze l'inglese. *Ristorante* torna a essere qualsiasi esercizio, anche di modesta taglia e in un quartiere popolare, mentre l'osteria perde i suoi gradi d'italianità conquistati presso la Federazione Nazionale Pubblici Esercizi. È una parola, quest'ultima, che invecchia e alcuni giovani, frequentando di preferenza il caffè, hanno vergogna di pronunciarla come evocasse un brutto ricordo di giorni festivi annegati nel vino e di padri ubriachi. Altre stanno entrando nell'uso, associate all'american-bar: Ginger-Soda e Coca-Cola.

Nel quinquennio che segue la fine del razionamento, si profila una ripresa dei consumi e riaprono i battenti quei locali che fungevano da spaccio delle bevande e avevano potuto far cucina solo in modo clandestino. Come avviene questo ritorno alla normalità? In un mercato libero in cui il ruolo dello Stato si limita all'accertamento dei bisogni e a un riordino della distribuzione. Tutti i pubblici esercizi sono coinvolti, anche i più modesti, da un riassetto dei consumi che si annuncia importante. Nel 1952, un sondaggio della Doxa su *Gli Italiani e il vino*[1], finanziato dal Ministero dell'Agricoltura, mette a fuoco il ruolo di questo alimento nel bilancio nutritivo, sottolineando la continuità del suo declino, in termini quantitativi, prospettando le strategie commerciali per rilanciarlo. Firma la prefazione il professor Giovanni Dalmasso, ex-collaboratore di Arturo Marescalchi, presidente dell'Accademia Italiana della Vite e del Vino. Gli intervistatori rilevano i fenomeni ben noti del bevitore-produttore, dei consumi socio-professionali (forti in operai e agricoltori conduttori), e archiviano le lamentele sul prezzo della bevanda, troppo elevato per braccianti e pensionati. Si continua a comprarlo nelle trattorie, nelle osterie e nelle bottiglierie, sciolto, a due litri per volta, il fabbisogno di uno o due pasti, senza poter creare scorte domestiche quando la produzione propria è finita. Fra le tendenze, si osserva un crescente divario fra gli uomini che continuano a frequentare le osterie, le donne che «a forza di mezzi bicchieri» assorbono in casa «quasi un terzo della produzione» e i giovani che frequentano il bar e «preferiscono gli aperitivi e le bevande non alcoliche». La birra esercita, in estate, una forte attrattiva (il 19 per cento degli italiani ne ha fatto uso due o più volte alla settimana), Coca-Cola e Ginger Soda vengono assunte di rado (il 79 per cento ne ha bevuto meno di due volte al mese)[2] ed è stata rilanciata una nuova bibita, la "spuma", che piace ai lavoratori perché ha colore scuro e vinoso. La domanda che aveva posto maggiori difficoltà agli intervistatori era la numero 15: *quali sono i vini bianchi da pasto che preferisce?* Il 55 per cento delle persone non aveva saputo indicarne alcuno e un altro 9 per cento aveva dato risposte generiche come vini "locali", "nostrani", "comuni"[3]. Tutti lo reclamano "genuino" ma

1. P. Luzzatto Fegiz, *Gli Italiani e il vino*, Milano, Edizioni Doxa, 1952
2. *ibidem*, p. 21
3. *ibidem*, p. 38

il tipo, la provenienza geografica, la marca o il vitigno restano ignoti alla maggioranza, in particolare nel Centro-Sud. Il più conosciuto dei bianchi è il Moscato e, fra i rossi, il Chianti che «nel mezzogiorno e nelle isole conserva la sua posizione dominante». Passando ai commenti degli intervistati, il quadro, povero e arretrato, si arricchisce di dettagli ben noti a tutta la letteratura otto-novecentesca, alcuni dei quali abbiamo avuto modo di rilevare in precedenza. Eccone uno: «Chi tiene la borsa dei soldi», dice un agricoltore conduttore di Erba in provincia di Como, «l'è la mia donna, che quando li ha, va a prendere il vino dal vinaio, e quando non li ha va dall'oste, che fa credito».

Il sondaggio Doxa appiattisce gli orientamenti eno-gastronomici su di campione di 1661 persone, per la maggior parte delle quali l'acquisto dei generi di prima necessità occupa gran parte del bilancio familiare. Sottolinea la penuria dei consumi ma suggerisce come probabile la loro diversificazione, in particolare grazie ai giovani. Locali, bevande, prezzi, pubblicità sono destinati a mutare. Siccome la competenza enologica viene indicata come un parametro del benessere, se ne possono incrociare le conclusioni con altri metodi di indagine, empirici, che privilegiano alle cifre della rilevazione il peso culturale delle testimonianze e delle scelte, che mettono in primo piano i giudizi di valore. Questi ultimi sono, per ora, il privilegio delle fasce sociali più alte - gli impiegati, i dirigenti e i liberi professionisti - ma non tarderanno a coinvolgere un numero crescente di italiani. Sondaggi, inchieste, documentari e reportages sono gli strumenti principali nella formazione nazionale del gusto. Essi esercitano una grande attrattiva, negli anni Cinquanta, in quanto rappresentano, dal basso verso l'alto, dal bracciante agricolo all'impiegato, un vettore potenziale di sviluppo e, nel documentare gli squilibri, ne precostituiscono il risanamento. Anche nel settore distributivo, dall'osteria al ristorante, si fanno sentire e confermano quanto unanime sia la richiesta di riqualificazione. In quali termini? Come il vino non deve essere né costoso né "affatturato", il cibo sarà abbondante e "genuino". È un concetto semplice, condiviso da gran parte della popolazione ma tradotto in stili più o meno raffinati.

Nel 1953, Guido Piovene, nobile vicentino, incaricato dalla Rai di compiere, scrivere e trasmettere un *Viaggio in Italia*, affronta questa aspirazione all'abbondanza, al benessere che ha radici storiche e una sua attrattiva sempre attuale. Nessuno la incarna meglio che una delle grandi seduttrici del paradiso emiliano:

> La Cesarina, celebre ostessa bolognese, se questa classica parola, ostessa, non suona offensiva, mi dice: "In attesa della minestra, le darei un brodo". Mi porta un'anteminestra di tortellini. Dico che volevo un brodo. "Il brodo bolognese è quello lì che lei ha davanti" mi risponde la Cesarina. "Non sono tortellini; ce n'è una trentina appena"[4].

Il suo viaggio prosegue e, accanto ai segni di un antico benessere, appaiono le ferite della guerra che non permettono di riesumare, a ogni tappa, l'allegria di Barth, Mariotti e Monelli, né la saga fascista e romanesca delle osterie. Il letterato Piovene come ha esitato nel qualificare "ostessa" la Cesarina, così volge le spalle al culto di Enotria; più che affamato è incuriosito, e guarda le scritte sopra le porte, annusa l'aria, fruga negli angoli alla ricerca di un senso nascosto degli odori. Arrivato a Genova, riprende la perlustrazione: «Sottoripa, purtroppo offesa dai bombardamenti ed oggi dalle luci al neon, è tutta traforata di ristoranti sotterranei, in cui si scende dalla strada. Dietro, nelle viuzze, i friggitori espongono pesci e torte di riso, uova sode, carciofi, spinaci; odore di fritto, di pesto e d'aglio»[5]. I "ristoranti sotterranei" sono quelle che i puristi avrebbero qualificato come buche o bettole. La parola osteria non è del tutto cancellata dal *Viaggio* ma designa, a Verona, i locali tradizionali del vino, e nel Sud quei punti di ristoro men che decenti, i quali s'aprono sulla campagna o su un paesaggio urbano fatiscente. A Caserta

4. G. Piovene, *Viaggio in Italia,* Milano, Mondadori, 1957, p. 216
5. *ibidem*, p. 175

Piovene vede e racconta:

> Ho mangiato in un'osteria che ha fatto proprio un vasto antico cortile; mentre mangiavo, al grugnito dei maialini si univa il canto di una radio risuonante sperduto, allucinato, in una casa lontana della città morta[6].

Per altre tappe, a Roma e a Lugo, egli parla invece di trattorie, con un'attenzione più che alla tipologia commerciale dei locali, agli stili nutritivi delle persone e agli inevitabili incidenti di percorso. Gli capita così di imbattersi a Pescasseroli in un ristorante «che mi voleva rimandare, dicendo di non avere nulla da darmi; da una piccola indagine, scoprii che c'erano pasta, uova, salumi, formaggi; quando poi li richiesi, mi servirono volentieri. Ma quei cibi sembravano probabilmente troppo umili per onorare un forestiero, ed istintivamente si preferiva lasciarlo digiuno»[7].

Viaggio in Italia registra il disordine in un paese già assuefatto agli slogan lanciati dai balconi, alle campagne di propaganda turistica, poi buttato a capofitto in un regime di carestia e di morte. Sottolinea squilibri e carenze che erano state occultate prima della guerra e che tornavano alla luce lentamente, aggravate dalle distruzioni. Nel Sud, in particolare, appariva che la stessa trattoria era stata un fantasma, creato con un po' d'astuzia appoggiandosi ai pochi alberghi e ai rarissimi ristoranti riservati ai notabili e ai viaggiatori benestanti. Su questa trama inospitale, molti italiani avvertono la necessità di ordire nuove strategie, attirare le comitive di turisti in vacanza e gli sposi in viaggio di nozze, di rimettere in marcia i pellegrini e gli sportivi, allargando il più possibile il ventaglio dei siti per attrarre ricchezza e riprodurla. Gli anni Cinquanta prefigurano il riassetto della ristorazione partendo dalla rete stradale e ferroviaria verso una edili-

6. *ibidem*, p. 383
7. *ibidem*, p. 429

zia turistica e commerciale. Le trattorie e le osterie esistenti beneficiano, di riflesso, dell'estensione del paese ospitale, ridipingono le insegne e riaprono i battenti.

Pensando a italiani e stranieri, il CIST, Centro italiano di sviluppo del turismo, pubblica in edizione bilingue italo-francese e italo-inglese *Turismo gastronomico*, al suo primo anno nel 1952. È una guida in cui sono recensiti i punti di ristoro dei capoluoghi di provincia e di alcune cittadine d'arte e località di villeggiatura. Aperta alla pubblicità di industrie alimentari e di aziende di soggiorno, accoglie anche inserzioni a pagamento di ristoranti e alberghi. L'*Hostaria Romana Gigi Fazzi* compra una pagina intiera a colori, nel 1954, ed è ovviamente segnalata. Fra il 1954 e il 1955 la guida cresce, i ristoranti recensiti passano da 2000 a 3000, e viene venduta a lire 900[8]. La denominazione tipologica dei locali è, rispetto al passato, di nuovo cambiata e si parla di *alberghi con ristorante*, di *ristoranti* e meno frequentemente di *trattorie*: ognuna è corredata dalle specialità della casa e dai vini serviti. Fra i ristoranti riappaiono molti nomi di vecchie osterie: il *Sostanza* di Firenze, il *Pappagallo* di Bologna e, a Roma *La Cisterna* o *Il Fidelinaro*. La grande novità è costituita, nell'edizione 1955, dall'indicazione della categoria, Lusso, I, II, III, IV, e dei prezzi, che sono stati segnalati al CIST dagli stessi proprietari. Tale data può essere considerata storica, perché segna la nascita delle classifiche dei locali secondo un criterio che incrocia accoglienza e arredamento con cantina e cucina. Questi indicatori sono tanto più omogenei che viene presa in considerazione una sola fascia di pubblici esercizi, escludendo trattorie di campagna, vecchie osterie e caffè con piatti caldi. La pubblicità dei ristoranti segnalati con la relativa categoria, mostra tuttavia che il CIST più che esprimere giudizi, favorisce la promozione e chiama a raccolta industrie alimentari e aziende di soggiorno per renderla più efficace.

8. *Turismo gastronomico-Tourisme gastronomique*, a cura del Centro Italiano Sviluppo Turistico, Milano, *1954; Turismo gastronomico-Gastronomic Tourism,* a cura del Centro Italiano Sviluppo Turistico, Milano, 1955

I prezzi sono divenuti un aspetto importante nella valutazione oggettiva di un locale. Senza bevande, a Roma, il costo di un pranzo alla carta va dalle 500-700 lire (per una III-IV categoria) alle 1500-2500 de *La Biblioteca* e alle 1200-3500 de *L'Oasi* (I cat.); l'unico ristorante di lusso della capitale, la *Casina delle Rose*, con 1500-2200 lire non è necessariamente il più caro. Molte osterie storiche si situano tra i due estremi e appartengono alla II categoria, mostrando chiaramente di aver conquistato uno statuto di locale per clienti borghesi e turisti abbienti: ai *Tre Scalini* il pranzo alla carta si paga intorno a 1300 lire, da *Piperno* 1000-1500. Comparativamente, è poco meno di quanto si spende per un pranzo a prezzo fisso in un albergo di I categoria. Il rincaro non era solo un effetto della guerra: nel 1940 Ferdinando Reggioni già affermava che «molto spesso si paga più il pranzo in una buca che non in un ristorante mondano»[9].

L'introduzione del prezzo e della categoria al posto di volubili etichette (osteria, trattoria e ristorante), porta chiarezza in un servizio molto variabile ma promuove di fatto solo una tipologia di locali che garantiscono menù, arredo, servizi, di media o alta qualità. Le specialità della casa non sono sempre una fonte di informazioni utile a orientare il cliente: possono essere indicatori di una cucina tradizionale (abbacchio al forno, osso di prosciutto con fagioli), di una moda (19 locali su 52 a Roma offrono i cannelloni, e 7 su 24 a Firenze), o dell'estrosità del cuoco. Gli *angoletti all'Angoletto* del ristorante *Angoletto* rientrano in quest'ultima specie, con gli *spaghetti alla come ci pare* e *all'impicciata*, seguiti dai piatti dal titolo folkloristico come il *pollo alla Nerone* e il *tegamino Tiberio*. Il falso storico, lanciato nel 1924 dai proprietari della *Rupe Tarpea*, nella nuova capitale del cinema dilaga. Se l'osteria era, nei Baedecker di fine Ottocento un teatrino popolare, è ora il ristorante a rivendicare questo ruolo con attori diversi (camerieri e posteggiatori) e soprattutto con arredi suggestivi e cibi di fantasia. Facendo la somma di tutti i requisiti necessari per entrare nella guida, e conside-

9. F. Reggioni, *Elogio dell'osteria caratteristica*, p. 89

rando l'arbitrio terminologico che regna nei menù, si può affermare che l'osteria è di nuovo passata in subordine e nel dimenticatoio.

Da una città all'altra, e soprattutto dal capoluogo regionale alla città di provincia, i prezzi variano: a Bologna da *Cesarina* si pranza con 1000 lire, e 1500 lire sono il tetto di spesa massimo. A Modena, con gli stessi "primi" tortellini e lasagne, si scende a 700 lire, a Imola, a *La Mova*, cucina bolognese e romagnola, a 600. L'Emilia è meno cara della Lombardia, e gode di maggior favore presso i golosi. Nel Sud, i costi scendono ulteriormente: a Bari da *Nannuccio*, il più caro della città, si arriva alle 750-900 lire, a Potenza non si superano le 400 lire, mentre a Catanzaro si finisce a prezzo fisso, con 380 lire, per un piatto di pasta con le alici e un *morseddu di suffrittu di maiale* (frattaglie di maiale e intestini di vitella con pomodoro e peperoncino). Nella stessa città, il ristorante più costoso è quello del Jolly Hotel, a 700-1200 lire alla carta con una offerta di cibi non proprio di territorio, fra cui i maltagliati e la mozzarella. I Jolly portano i prezzi del Nord al Sud per clienti del Nord.

Le guide del CIST riflettono un nuovo spirito gastronomico. Gli italiani ricercano tavole che siano lo specchio del benessere e di una raggiunta ricchezza. I ristoranti degli Hotel Jolly disseminati nei capoluoghi di provincia meridionali sono gli avamposti di codesta conquista di un alto livello di servizio e di qualità. Dopo anni di razionamento, l'abbondanza rappresenta un valore importante, incrociato con quello della sapidità e del tenore elevato di grassi; cannelloni farciti, lasagne imbottite, paste pasticciate figurano fra le preferenze, e i gestori le consigliano con orgoglio, dopo aver invitato i clienti a servirsi di antipasti al buffet. Lo spettacolo del cibo sembra far bene, e sono di moda il cartoccio, la creta e il pollo alla diavola, altri nomi di piatti ignorati dai predecessori. In questa chiave, molto libera e molto approssimativa, la cucina locale continua a improntare i menù facendo credere a una continuità rispetto al passato. Esaminando insegne, liste e piatti, l'appello alla tradizione resta più importante di quanto non si creda. La grande città italiana concede poco spazio alle cucine straniere, ospita trattorie regionali dall'offerta collaudata (toscane a Milano, bolognesi a Firenze), non conosce ancora la diffusione della pizza. All'interno degli steccati imposti dalla xenofobia alimentare e dalla minore attrazione per i piatti indigeni, si sviluppano proposte euforiche e improvvisate, giocate sul titolo più che sugli ingredienti, sulla comicità dell'abbuffata, come i *maccheroncetti sessuali* del *Ponte Vecchio* di Firenze.

La caduta del Fascismo segna dunque la morte delle osterie? Diciamo piuttosto che queste perdono il ruolo di capisaldi "ufficiali" della cultura italiana. Da una società meno conservatrice vengono reinserite in circuiti commerciali aperti in cui la gestione finanziaria assume grande rilevanza. Il costo del pranzo, enormemente cresciuto rispetto al periodo anteriore alla guerra, assai variabile in una stessa città e nelle gestioni successive di uno stesso locale, diventa la chiave per la ricerca di esercizi adeguati alla propria borsa, con o senza un menù. Affissi all'esterno, accanto all'entrata, si possono leggere sempre più frequentemente cartelli con "pasto a prezzo fisso, alla carta o turistico" seguiti da una cifra indicativa: l'avventore si destreggia fra gli uni e gli altri, oppure, d'istinto, varca una soglia anonima e si ritrova in un posto indefinibile in cui si beve vino, si gioca a carte e si servono due piatti casalinghi. Una delle conseguenze della promozione fascista delle osterie era stata quella di sospingere le più meritevoli al rango di veri e propri ristoranti; la nuova riorganizzazione del turismo tacerà l'esistenza degli esercizi più modesti e meno cari, scatenando una caccia alle segnalazioni confidenziali e agli indirizzi scritti su un foglietto di carta, da parte dei ghiottoni. L'osteria è tornata nell'ombra, ma con un avvenire in cui modernizzazione delle infrastrutture e calcoli di gestione finiranno per avere un'importanza paradossale nel suo rilancio.

CON LA "H"

Il sondaggio della Doxa sul consumo del vino in Italia viene ripetuto nel 1961 e ne emerge che la sua flessione continua, soprattutto fuori pasto, a profitto dell'acqua minerale, della birra e delle bibite analcoliche. Il ruolo dell'osteria (di cui non si fa menzione) appare ulteriormente ridimensionato, scemando la clientela popolare, di sera e di festa, malgrado le differenze fra uomini e donne, nei confronti di un bicchiere di rosso, si siano ridotte. Al fine di correggere questa tendenza che vede il mercato della sete affidato alle bevande concorrenti e alla distribuzione nei bar, che individua nel pranzo in casa l'ultimo bastione del fiasco, viene prospettata l'alternativa.

> Il problema non è solo tecnico, ma è anche (e forse soprattutto) sociologico e psicologico: basta pensare al fatto che da una migliore educazione dei consumatori potrebbe derivare un deciso orientamento della produzione verso i vini di qualità, di prezzo relativamente alto, e cioè tale da giustificare il costo di procedimenti costosi di vinificazione e di invecchiamento. L'assorbimento di prodotti pregiati ha però come premessa la persuasione, da parte di un numero crescente di consumatori, che è meglio "bere poco ma bere bene" e, da parte di produttori e commercianti, che solo un miglioramento della qualità media dei vini, accompagnato da un'abile propaganda, può frenare l'avanzata delle bevande concorrenti[1].

A che punto stia questa benedetta educazione dei consumatori, lo dobbiamo richiedere ad altre fonti, essendo la Doxa istituto che, accolte le confessioni, predica *ex cathedra*, lasciando ai committenti e ai giornalisti il compito di correggere e salvare le anime. Quanto alle implicazioni psicologiche di una domanda e di una offerta di vino buono, è meglio rigirarla a chi lo conosceva e amava in quell'anno 1961, ovviamente non in osterie senza bottiglie e senza clienti, e nemmeno al banco dei bar in

1. *Il vino dieci anni dopo,* "Bollettino della Doxa", 15 ottobre 1961, p. 169

cui si serve, col frizzantino, l'aperitivo e la birra. Dove allora? Dove bisogna andare per "bere poco ma bere bene"? Ascoltiamo un amico.

Dopo aver offerto agli Italiani uno dei più spassosi libri del Ventennio, Paolo Monelli torna al tavolo, scrive e pubblica, nel 1963, *O.P. ossia il vero bevitore*. A Milano, dove lo si stampa, sono anni in cui l'avventore ha un'ampia scelta di locali per dissetarsi, dalle botteghe del vino ai locali notturni, dalle trattorie toscane ai *restaurants* d'albergo. Nelle case l'atmosfera è molto per bene. Due anni prima è uscito il *Carnacina* a cura di Luigi Veronelli, libro devoluto alla famiglia agiata in cui spira un'aria fresca e pulita da cucina di *maître* italo-francese, educato e forbito, con qualche nozione di *sommellerie* e una particolare raccomandazione agli "accoppiamenti vini-vivande". Paolo Monelli, che è stato ricevuto al Quirinale dal Presidente Einaudi con un Barolo delle sue vigne, preferisce riprendere il filo dei suoi vagabondaggi in un paese apparentemente familiare, e si accorge che, con tutti i mutamenti avvenuti in meglio, persino nella ristorazione, qualcosa invece è rimasto inchiodato al passato: il consumo del vino.

> C'è un ristorante a Roma, una buca celebrata, tutta tappezzata di bottiglie; una sera ci vado a cena dopo il teatro, mi faccio portare la lista dei vini, leggo "vini di Valtellina, riserva speciale", dico che me li portino a vedere per giudicare se posso fidarmene dal nome del produttore (il cameriere non lo sapeva), dopo una decina di minuti mi vengono a dire che di Valtellina non ne hanno e mi portano, a loro scelta, valpolicella. Scelgo allora nella lista un barolo Fontanafredda; mi portano un barolo d'altra marca, messo in bottiglia quattro anni prima; quindi ancora lontano dalla maturità che si chiede a un tale vino[2].

Di qui a cercare un capro espiatorio, il passo è breve: «I peggiori nemici del vino in Italia sono gli osti». Solo loro? No di

2. P. Monelli, *O.P. ossia il vero bevitore*, Milano, Longanesi, 1963, p. 47

certo. Richieste le paparelle con i fagioli, la pasticciata di bue o il manzo a vapore, c'è sempre da attendersi l'orrida proposta «bianco o rosso?» con cui il cameriere vanifica i diritti del cliente al buon gusto e rovina la reputazione del locale. Era l'unica domanda che si aspettasse la maggioranza degli italiani, incapace di adeguare il vino ai cibi e di qualificarlo altrimenti che in dolce o secco, frizzante o forte. Nel 1952, la Doxa aveva già messo il dito sulla piaga: «non dimentichiamo che l'Italia è il paese in cui non solo nelle osterie, ma anche nei ristoranti il cameriere chiede: Cosa beve? prima di aver domandato: Cosa vuol mangiare?»[3]. Dieci anni dopo, l'abbiamo visto, si sono registrati ben pochi progressi. La formazione del personale continua, nel campo delle bevande, a rivelarsi superficiale e sciatta; i clienti, intimoriti o vinti, si accontentano e pagano. I peggiori nemici del vino, nelle osterie, nelle trattorie e nei ristoranti, sono gli italiani.

Bisogna dunque pranzare nei grandi hotel? Peggio che mai, se l'oste sta sparendo, il *sommelier* non è ancora arrivato. Augusto Morelli, in un raccontino pubblicato nel 1956 su *Enotria*, aveva elencato tutte le sue disavventure con un cameriere «in frak», dall'offerta del vino «corrente» sino al servizio di un fiasco di Soave tiepido[4]. Monelli annuisce e rincara la dose. Nei templi romani di Bacco, sarebbe capitato di peggio; d'inverno Chianti di due anni in caraffa, e d'estate lo stesso Chianti in fiasco e con una «conca traboccante di pezzi di ghiaccio». I bianchi poi, «non sono più freschi ma intirizziti, hanno il gelo della morte»[5] e sono essi stessi vittime della moda, che guarda solo al «vino rosa». Giurie e tecnici considerano i rosati un orientamento gustativo degli italiani, e il vecchio bevitore, con medaglie al petto, con migliaia di bottiglie nella memoria e una penna d'alpino in capo, si ribella.

La sua riflessione è lapalissiana. Nelle osterie si beve male, o

3. P. Luzzatto Fegiz, *Gli Italiani e il vino,* p. 34
4. A. Morelli, *Al Ristorante,* "Enotria", luglio 1956, p. 189
5. P. Monelli, *O.P. ossia il vero bevitore,* p. 50

meglio si beve come un tempo, prima che la loro evoluzione in trattorie di lusso ne portasse la cucina a esiti ghiotti. Dal Frascati del padrone, al *bianco o rosso* del successore non s'è fatto un passo, con la conseguenza che il cliente avveduto non riesce a ordinare una bottiglia ma deve lasciarsela imporre. Se chiede qualcosa, gli viene negato, e si ritrova in una botte irta di chiodi come Attilio Regolo oppure con la coppa in mano, come Socrate. Non c'è limite al peggio: in molte osterie romane imperversa la moda di «mescolare in parti eguali vino biondo dei Castelli e coca-cola, in modo da dare al miscuglio un colore di mogano»[6]. Andando con il pensiero ai bei tempi andati, quando il *ghiottone* errava festeggiando i suoi spostamenti con grande sfizio e poca spesa, anche allora sussisteva il problema, ma gli osti intelligenti se lo risolvevano in modo semplice, comprandone pochi, tutti locali, e abbinandoli sempre con le stesse pietanze. Sangiovese di Romagna con i tortellini, Chianti de la Rùfina e bistecca alla fiorentina, un vino per volta e per tutto il pasto. Poi, con lo stile rustico, è venuta la moda del fiasco che tappezza le osterie e le pizzerie del mondo intero, un fiasco che sotto l'etichetta Chianti accoglie qualsiasi liquame rosso. Non si è perso l'amore dei vini provinciali, ma il padrone tende a imporre un consumo senza qualità. Alla crescita della ristorazione, nelle città e nei siti di vacanza, si accompagna anche un certo ampliamento delle cantine ma l'investimento nelle bottiglie resta una operazione commerciale rischiosa, complicata da consumi capricciosi e dai problemi dell'abbinamento. Quando Monelli lo riconsidera trent'anni dopo, il mercato del vino è a una svolta e la maggior parte dei cibi presenti nei menù non è più l'emanazione di tradizioni locali, trasmesse di madre in figlia, d'oste in ostessa.

Le due variabili, cibo e vino, vengono messe a confronto. Da un lato piatti della cucina locale (i ravioli della casa), regionale (maccheroni alla napoletana), nazionale (insalata russa), dall'altro la cantina. Le correlazioni sono tutt'altro che facili. Il gioco,

6. P. Monelli, *O.P. ossia il vero bevitore,* p. 60

al ristorante, cominciava con il salmone e continuava coi brodi: era praticato nelle tavole aristocratiche e nei banchetti da cerimonia, almeno una volta nella vita dai meno abbienti, ovunque il pranzo comportasse un menù e numerosi invitati. Ora questo gioco si estende al pranzo occasionale, fuori e dentro casa. L'abbinamento deve incrociare e rendere compatibili prodotti distinti, spesso lontani, senza togliere all'uno e all'altro l'identità. Tutta la geo-gastronomia italiana viene rimescolata, come se i due livelli del bere e del mangiare si potessero articolare in mille modi; nello stesso tempo, ogni pietanza viene posta in esame, analizzata, oltre che con la lingua e i denti, portando il naso dal fondo del bicchiere al piatto. Molte barriere resistono: nell'Italia settentrionale, le trattorie sono ostili ai vini del Sud, mentre con lo zampone, i calzagatti, gli gnocchi con ciccioli e le braciole di maiale a vapore si beve lambrusco e solo *lambrosc* di Sorbara. Degustando, i problemi pullulano, teorici e pratici. Che cosa servire con i formaggi? Ognuno chiede teoricamente un suo vino, ma li si può riunire in tipologie: «stracchino, mozzarella, scamorza» con dei «bianchi secchi e un po' aromatici come i friulani del Collio» o «un riesling dell'Alto Adige». Ma scherziamo? direbbero oggi i bevitori scafati, degustatori ancor più sagaci di formaggi. Ogni epoca tuttavia, e non sono passati neanche quarant'anni, ha le sue usanze, frivole o austere. Per il gorgonzola «i raffinati suggeriscono un porto secco o, per restare in Italia un marsala superiore; ma fa il suo dovere anche l'Albana di Bertinoro». Il gioco dunque si complica, nello spazio e nel tempo, computato per i vini in annate, e le occasioni di consumo pure. Pensando a una merenda di soli formaggi, a una colazione fra cacciatori e alpinisti nella quale siano particolarmente importanti: che cosa servire? Come procedere a una scelta giusta, senza far appello a una sterminata cantina?

Queste domande trovavano una risposta presso i rari frequentatori di ristoranti francesi; in Italia, invece, formaggi e salumi stentano a trovare dei locali per una degustazione. Tutta la fascia bassa del ristoro, vicina ai produttori, si è squagliata, e quella che resiste vive ai margini, sconosciuta. Per aver ignorato la sua stessa fonte di legittimità, il vino, l'osteria viene guardata con sospetto, e cede terreno di fronte ad altre strutture distributive, con una immagine meno tradizionale. Il falso rustico, i fiaschi-tappezzieri, la botticella apparente, non ne salvano l'immagine, anzi ricordando il vino, la peggiorano. Cambiano inoltre i criteri di segnalazione delle guide. Resiste l'albergo-ristorante mentre l'"osteria caratteristica" entra in crisi, e nuovi esercizi si spartiscono il campo. La *Guida ai ristoranti e trattorie d'Italia* 1961 dell'Accademia Italiana della cucina, menziona il nome del locale seguito da un termine di ritorno, Hotel e, in alcuni rari casi, da pensione o taverna, senza distinguere fra ristorante e trattoria. Le osterie di fama perdono parte della loro insegna e, a Firenze, ci si limita a consigliare *Da Sostanza detto "il Troja"* senza altri commenti, tranne quelli relativi all'ambiente che, in questi casi, è "caratteristico". Quest'ultimo epiteto ha lasciato buona parte della carica vetero-populista, e si applica indifferentemente, a Roma, alla *Casina Valadier*, alla *Cisterna* e al *Fidelinaro*. La descrizione del locale integra al giudizio valori nuovi: oltre alla categoria, al tipo di cucina e alla specialità della casa, viene menzionato il gestore e valutati l'ambiente, la capienza e i vini. Quanto ai prezzi, non figurano in cifre ma con una indicazione orientativa e sono: "adeguati alla categoria" (per locali di lusso o eleganti) oppure "medi" o "modesti" (per locali "comuni"). È questa, retrospettivamente, la parte più debole della guida, giocata con una terminologia nebulosa e una prudenza singolare nel giudizio. Essa si spiega sia con una certa indifferenza da buon borghese per il conto sia con la diffidenza per le cifre fornite dai padroni. Non volendo dare numeri finti, né disputare i meriti degli esercizi che le delegazioni hanno segnalato, meglio procedere in tono allusivo. Il problema del costo del vino viene taciuto.

La categoria del locale non è tradotta in cifre, come farà la guida del Touring di pochi anni dopo[7], ma espressa con l'aggettivo: popolare, comune, elegante, di lusso. L'Accademia Italiana della Cucina riunisce un ceto borghese abbiente che ama la ta-

7. *Turismo per tutti, Alberghi e ristoranti d'Italia e d'Europa*, Milano, TCI, 1966

vola fine ma accetta di pranzare in un ambiente rustico e familiare. Il suo giudizio riflette cultura e mentalità di una classe sociale omogenea, poco incline, nel 1961, a celebrare le bettole e a decantare i prodotti tipici, più favorevole verso la nuova ristorazione che all'*ostaria* mette una *H* davanti. Con l'attenzione ai vini, di cui non sono indicate né marche né produttori, ripara una omissione delle guide, ma non dei gastronomi; la denominazione "locali" o "italiani" non garantisce né l'esistenza di una carta né di una cantina. Il diploma di "cucina eccellente" può essere rilasciato dall'Accademia al ristorante *Olimpo* a Genova, senza che questo faccia mostra di possedere una cantina.

Alle etichette fantasma si abbinano menù in geroglifici. Molti cibi risultano al lettore misteriosi, a testimonianza che la ricerca linguistica prosegue indefessa e che i proprietari amano esibire il "proprio piatto" con tanto di cognome. A Venezia, si offrono: filetti di sogliola "Casanova", pollo "alla Gritti", scampi alla "Ca' d'oro" e scampi "flamenco" col riso. Lo stile vezzoso è l'esca per il turista innamorato e si esprime con le *fettuccine alla buranella* del Danieli. È un vizio, quello dei titoli creativi, che è passato dalla cucina alberghiera stile Escoffier, alle trattorie per comitive e, bisogna ammetterlo, ai delegati delle Accademie. Il piatto con nomignolo, senza identità gastronomica, trionfa con il vino anonimo.

Osservando bene le insegne, gli ambienti, le specialità e persino i prezzi, si direbbe che l'osteria, se non è defunta, appartiene ormai alla fascia bassissima della ristorazione, quella cui le guide non consacrano spazio. È solo la combinazione di alcuni valori (categoria popolare, ambiente familiare, prezzi modesti) che permette agli accademici della cucina di riesumarla, esclusivamente in provincia, con la sua offerta di ricette e di prodotti locali. Nelle terre venete, evitando i capoluoghi, questa formula è particolarmente diffusa, elargendo salami e soppresse per antipasto, "risi e bisi" o minestre di trippa, e tutta la sequenza dei piatti di raccolta (funghi) e di caccia (spiedi e salmì), con vini prodotti nell'immediata prossimità. Si tratta di segnalazioni importanti, che *Turismo gastronomico* non prendeva in considerazione, e che testimoniano un buon insediamento associativo provinciale e un amore per l'ospitalità più semplice. Ne terrà conto, cinque anni dopo, una guida del Touring, classificando tali esercizi nella 3a o 4a categoria dei ristoranti, la fascia più bassa. La gran parte delle osterie sono di fatto insediate al di sotto di tale punteggio.

L'attività dell'Accademia della Cucina va oltre la messa a fuoco della ristorazione media e alta. Nel 1970 escono i suoi *Itinerari della buona tavola*. Ma un evento, l'anno prima, ha destato l'attenzione del piccolo mondo del giornalismo ghiotto e dei pionieri del buon gusto: una nuova guida del Touring consacrata alla geo-gastronomia e ai prodotti tipici.

È un luogo comune definire l'Italia degli anni dal 1955 al 1968 come un paese che cresce sino a convincersi di scoppiare di salute, da un punto di vista economico e sociale. Per quanto riguarda i consumi e la loro qualità, il quadro retrospettivo per il periodo 1950-1955 è meno confortante di quanto non sembri. Felice Cùnsolo ne ha fornito una analisi ne *Il potere d'acquisto del mercato italiano* con la seguente conclusione: «in Italia esistono cento mercati diversi, quante sono le province, perché in ognuna di esse si ha un potere medio d'acquisto che differisce, e spesso di molto, anche da quello della provincia limitrofa»[1]. È un pubblicitario che opera a Milano e si avvale dei dati messigli a disposizione dal Prof. Tagliacarne. Non erano destinati particolarmente a far luce sul consumo di vino o sulle mescite, ma ci tornano utili. I locali presi in esame sono presenti in Italia con queste cifre:

Esercizi alberghieri e affini	25.106
Ristoranti, trattorie, osterie	93.492
Bar, gelaterie, birrerie	87.702

Le osterie sono citate perché una delle caratteristiche del paese è un numero alto di esercizi di commercio al minuto (526 abitanti per punto di ristoro, escludendo bar, gelaterie e birrerie), il che non è necessariamente indice di benessere. Nella provincia di Vercelli, ristoranti, trattorie, osterie sono 1035, in quella di Cosenza 1107: ma nella prima il consumo di energia elettrica per abitante è di 76,2 Kw contro 17,4 al sud, e il numero di abbonati alla televisione è di 3665 contro 0 (l'unico abbonato della Calabria si trova a Reggio). Confrontando questi dati con quelli offerti dalle guide, ricaviamo l'impressione che pullulino i piccoli e piccolissimi commerci e che quindi locali dove

1. F. Cùnsolo, *Il potere d'acquisto del mercato italiano*, Milano, Görlich, 1958, p. 7

mangiare un boccone ve ne siano a bizzeffe, difficili da recensire proprio per il loro numero e la loro modestia.

Se l'osteria è ben presente, i gastronomi e gli editori ne prendono atto sempre più di rado. Felice Cùnsolo, dopo *Il potere d'acquisto nel mercato italiano* pubblica *Gli Italiani a tavola*, un censimento gastronomico di ricette e prodotti per regioni, che contiene una premessa generale sull'industria conserviera e la refrigerazione. Il titolo e l'impostazione evocano l'altra faccia del paese, ricco di tradizioni e di pietanze, tanto ghiotto da poter restare sordo ai problemi del commercio e della gestione ospitale. Ma l'accenno alla modernizzazione delle cucine viene tuttavia da una persona che non è all'oscuro dei veri problemi della ristorazione, e delle stesse osterie. Come tutti gli esercizi, esse si trovano di fronte al dilemma di rinnovarsi o scomparire, di adeguare i servizi alla clientela e di consumare kilowatt. Quest'ultimo aspetto non riguarda solo i fornelli e le luci, ma gli accessori e gli svaghi che danno un tono di moda all'ospitalità. Un solo aneddoto, dell'anno 1959. La vecchia *Osteria del Bay* in via Quarto a Genova è stata tramandata di padre in figlia sino a Rosetta, la nipote. Coi suoi piatti tradizionali, lasagne col pesto, pollo alla cacciatora e fritture, attira turisti di passaggio e fedeli avventori, amanti della caccia. Grande novità: nella sala è stato installato un juke box di cui la proprietaria va fiera[2]. È ancora un'osteria oppure sta trasformandosi in altro? Nessuna paura, la ritroveremo vent'anni dopo, fedele alle origini, nelle guide di Veronelli.

Felice Cùnsolo non ignora che il quadro dei valori gastronomici risulta enfatizzato e che un approccio consumeristico è molto meno allegro, perciò decide di equilibrare la propria descrizione: alle 50 ricette piemontesi fanno riscontro 15 calabresi, così come agli 8409 ristoranti, trattorie, osterie della regione nord-occidentale, ne corrispondono 3669 nel Sud. Conscio dei limiti dei censimenti, corregge anche quest'ultimo dato, con un consiglio di gusto: «Se vi trovate a sostare, nella stagione propi-

2. *All'insegna del Bay*, "Enotria", estate 1959, p. 110

zia, in qualche paese montano della Calabria, fatevi preparare un bel capretto al forno. Sentirete che squisitezza. Nei paesi della costa chiedete del pesce, ma lasciatevelo servire come fanno loro»[3].

L'oste fa la voce grossa solo a Roma, ma sappiamo che ha dalla sua le statistiche di tutta l'Italia. Come conciliare questa cucina di popolo con le guide che cominciano a dettar legge? Queste ultime indicizzano ristoranti e trattorie con la menzione della categoria, dell'ambiente, del prezzo, sacrificando la quasi totalità degli esercizi. Dei 777 ristoranti e trattorie della provincia di Mantova, citati da Cùnsolo, la guida dell'Accademia Italiana della cucina ne seleziona 14, di cui tre "eleganti", tre "popolari" e gli altri "comuni". È forse possibile rappresentare diversamente la varietà delle offerte? Non potendo ipotizzare una rilevazione sistematica, per la quale mancano gli strumenti, occorre seguire la via che era stata tracciata dai soci del Touring nel 1931.

Per quanto i problemi annonari della Repubblica continuino a preoccuparlo, l'italiano considera la regione e le province come i principali referenti geo-gastronomici. Alle guide del CIST, ai ricettari domestici, si affianca materiale promozionale e di propaganda di ogni provenienza, come le *Cartine gastronomiche regionali* distribuite dai Laboratori farmaceutici Bouty, nel 1954[4]. Sono carte geografiche con l'indicazione dei centri urbani abbinata all'icona delle specialità (conserve, formaggi, dolci, piatti) destinate all'educazione e al turismo. Nelle Marche lo sguardo si sofferma sul *potacchio* di Ancona, le *olive ripene* di Ascoli, i *calcioni* di Macerata e, distribuite negli interstizi: porchette, prosciutti, salsicce affumicate, caciotte e pecorini. La Basilicata, per la quale la *Guida gastronomica* del 1931 era stata avara, appare un piccolo eden olezzante di scamorze e salumi, con pentole di lumache fumanti e le celebri olive di Fer-

3. F. Cùnsolo, *Gli Italiani a tavola*, Milano, Görlich, 1959, p. 168
4. *Cartine gastronomiche regionali*, Milano, Istituto De Agostini, 1954 (proprietà dei Laboratori Bouty)

randina. C'è poco di nuovo nella selezione dei "prodotti tipici" ma risorse e ricchezze locali vengono comunicate in modo didatticamente efficace. Questi e altri supporti fanno desiderare, per tutti gli anni Cinquanta, guide e inventari in grado di stimolare una nuova investigazione di piatti e prodotti. La scoperta delle trattorie e delle osterie escluse dalle guide dipenderà da questo censimento.

A Cùnsolo il TCI affida il compito di aggiornare la *Guida gastronomica d'Italia*, la cui seconda edizione esce a Milano nel 1969. Pur contando su un apporto associativo rilevante e su numerosi consulenti, l'autore ha compiuto 400 sopralluoghi e intervistato 2000 persone «cuochi, ristoratori, casalinghe, studiosi di folklore e storia locali». Il paese da esplorare e descrivere è del tutto nuovo. L'Italia centro-settentrionale possiede, oltre a una rete ferroviaria modesta, le migliori autostrade d'Europa. Con l'automobile, la distanza dal "prodotto tipico", in ore e chilometri, non è più la medesima, e, accorciata, si traduce in una vera e propria bulimia di esperienze gustative. Il paese appare più ricco, con un potere d'acquisto sempre ineguale ma cresciuto, e ne risentono il numero delle specialità e i modelli di consumo che la guida propone. In una stessa regione, il Piemonte, i luoghi in grado di offrire uno o più prodotti, passano da 125 a 405. Questo è possibile integrando all'inventario un mercato alimentare in espansione. Cùnsolo decide di inserire 173 toponimi nuovi di natura enologica, registrando l'importanza che il vino avrà nello sviluppo delle province di Cuneo e Asti. A spingerlo a questa scelta non è estranea l'istituzione, nel 1963, delle Doc. Assieme al vino, il tartufo ha un ruolo capitale: 59 località, il 14 per cento del totale, sono indicate come punti di consumo. Tenendo conto che si tratta di un prodotto autunnale e che la sua raccolta era diminuita del 50 per cento rispetto al 1931, si può cogliere la crescita della domanda e il suo significato. Richiedendo non solo degli alimenti ma dei valori gastronomici, gli italiani si dichiarano disponibili a pagare la qualità e i beni di consumo rari. Il nuovo modo di comprare appare anche il riflesso della urbanizzazione e della ricchezza procurata dall'industria: limitrofo dell'area torinese, assai vicino a Milano, il Piemonte meridionale è un giacimento di prodotti agricoli in cui investire il superfluo, redditi, tempo libero e appetito.

Nel 1931 la guida si rivolgeva ai turisti italiani e stranieri; nel 1969 coinvolge direttamente gli operatori:

> Quest'inventario, mentre educe il turista, spinge gli osti pigri e restii a riguardare con maggiore attenzione le specialità locali. Molti ristoratori sono infatti dominati da un complesso di inferiorità che li porta a considerare più buono quanto proviene da fuori. L'unico modo per convincerli a servire i piatti tipici della loro regione è quello di farglieli chiedere dagli avventori forestieri. Dopo sei o sette richieste, anche l'oste più complessato comincerà a pensare che mangiari così ricercati debbano certamente avere un fascino particolare e si metterà a prepararli[5].

Nelle vacanze e nei week-end, la domanda essendo più forte nel Settentrione, questa parte d'Italia gode di un trattamento di favore. È al turismo di massa che la *Guida gastronomica* intende rispondere, nel 1969, moltiplicando la segnalazione di sagre della polenta e della castagna, in ottobre, di feste del "bue grasso" e della carne, poco prima di Natale, degli asparagi in primavera e delle fragole e delle pesche all'approssimarsi dell'estate. Il calendario festivo-gastronomico non ha più la funzione di offrire le primizie ma di salvarle dalla scomparsa. Se il vino richiama una clientela di compratori che tesaurizzano, la castagna resta l'oggetto di un consumo effimero sempre più raro in città. I diversi canali dell'offerta non sono incompatibili: il ristoratore in Piemonte vende cartoni di vino; le castagne ricevute in piazza non escludono una buona bottiglia e un cibo più solido. Trattorie e osterie, punto fermo dell'escursione, tappe ineludibili della gola, finiscono per beneficiare della vendita delle specialità e della promozione organizzata da municipi e aziende autonome di soggiorno.

5. *Guida gastronomica d'Italia*, di Felice Cùnsolo, Milano, TCI, 1969, p. 7

A mano a mano che ci si sposta verso il centro-sud dell'Italia, la moltiplicazione dei siti e delle specialità decresce, in particolare nelle zone bonificate e nei vecchi latifondi. Considerando una provincia come Latina, che nel 1931 faceva ancora parte di Roma, si vede chiaramente che i luoghi da visitare restano qualitativamente gli stessi. Dei 18 presenti nel 1969, solo un terzo sono stati aggiunti e si tratta, per la maggior parte, di centri di produzione di olio e di prodotti caseari. Al contrario, le nuove stazioni balneari beneficiano di un abusivo riconoscimento di tipicità. L'isola di Ponza, in provincia di Latina, ne è l'esempio. La sua povertà secolare contrasta con la cucina marinara che le viene attribuita, copiata da quella della costa tirrenica fra Formia e Gaeta. Le "specialità" sulle terrazze digradanti, sugli scogli brulli, privi d'altra acqua che quella piovana, arrivano con e dopo i turisti. *L'aragosta alla Fra' Diavolo, l'insalata di aragosta, la coccia di grancevola, l'arrosto di sarago, il dentice al forno con patate* sono frutti dell'intraprendenza ponzese (nel periodo delle vacanze il pesce vi è assai raro) e della piccola industria alberghiera. Sin dai primi anni Sessanta i pescatori subacquei avevano potuto constatare, tra gli scogli, la rarefazione delle prede, e, presso gli abitanti, la loro assenza totale. Persino i pomodorini, coltivati nelle terrazze intorno alle casupole bianche dell'isola, appena sufficienti alle scorte domestiche di salsa, erano simbolo di una atavica indigenza più che di una risorsa pregiata.

Questa immagine dell'Italia, che s'ingegna a offrire di se stessa una figura più florida che plausibile, è destinata a cambiare. Nel 1984 il TCI decide di rifare per la terza volta l'indagine. L'osservatorio e il centro della produzione editoriale resta Milano, capitale dell'industria. I dati e le conclusioni della *Guida all'Italia gastronomica* correggono in modo significativo il quadro di soli quindici anni prima. Gli autori, Massimo Alberini e Giorgio Mistretta, sono giornalisti e hanno ben conosciuto l'Italia di Felice Cùnsolo e con lui condivisa l'euforia degli anni Sessanta. La loro scelta di escludere di nuovo il vino (che ha ormai numerose guide e periodici specializzati) e di selezionare più severamente i prodotti, risponde a una esigenza di rigore e di qualità nel comunicare con un pubblico avvertito e "specializzato".

I nomi dei siti produttori, dal 1969 al 1984, si riduce in modo significativo, alla fine di un processo di abbandono delle campagne e soprattutto delle colture montane. Il bilancio ovviamente è diverso a nord e a sud. Nelle regioni più ricche, vengono sacrificate le microculture alimentate dalla raccolta di funghi e di lumache, da prodotti agricoli di basso reddito, mele, ortaggi e barbabietole, mentre biscotti e liquori vengono ormai considerati specialità industriali. Il degrado ambientale accelera la scomparsa dei pesci d'acqua dolce e della cacciagione, e la trota di fiume, ai primi posti nel 1931, cinquant'anni dopo è menzionata solo cinque volte, in Piemonte. In Calabria e Basilicata avviene il contrario: olio, olive e fichi restano le risorse prime e tradizionali. Nel mutato quadro italiano, la cucina assume maggiore rilevanza: la fragilità degli ingredienti tipici viene compensata con la loro trasformazione in cibi, nella quale trattorie e ristoranti hanno un ruolo eminente. I nomi dei piatti accompagnano e spesso sostituiscono quelli dei prodotti: se Cumiana, in provincia di Torino, coltiva particolari mele, esse vengono segnalate, come da menù, cotte e ripiene con amaretti. Anche i negozi fanno parte dell'inventario: a Gaiole in Chianti, si raccomanda di «acquistare nelle macellerie le ottime salsicce locali». Lo scivolamento dai prodotti ai piatti autoctoni, nelle zone senza tradizione del ristoro, permette infine di salvare la promozione turistica, ribadendo l'esistenza delle nuove isole gastronomiche, Ponza e le Tremiti.

Senza segnalare nomi di locali e indirizzi, la saldatura fra prodotto, distribuzione e consumo, è devoluta alla trattoria. Era una conseguenza dell'impostazione data da Felice Cùnsolo, ben avvertita da altre guide come *Gli itinerari della buona tavola* dell'Accademia Italiana della cucina[6] che abbinavano la prospezione regionale, la segnalazione dei locali e l'indicazione

6. *Itinerari della buona tavola, annuario della Accademia italiana della cucina,* è al terzo anno quando esce la guida del Touring curata da Cùnsolo

di piatti in parte della tradizione e in parte creativi, sottolineando il primato «di una cucina italiana schiettamente e sanamente popolare»[7]. Nel 1984, una valutazione più realistica e commerciale del prodotto e l'apertura alla trattoria, erano scontate. A dar loro corpo è una nuova figura professionale, il giornalista-gastronomo, che si può avvalere di una buona bibliografia (inesistente nel 1931) ed è abituato a recensire i locali, a dar punti, a visitare il territorio seduto in macchina quindi a tavola. Se il termine "osteria" pare caduto di nuovo in disgrazia, nel 1984, un ampio ventaglio di esercizi, dalla bottega al ristorante, ha il compito di filtrare le tradizioni e i prodotti, di fornire il primo assaggio di una cucina sino ad allora ignota. I golosi viaggiano e i prodotti non sono da meno, ma il loro incontro può avverarsi difficile e la trattoria è divenuta la prima, e talora l'unica, tappa della degustazione.

7. *Itinerari della buona tavola 1970,* Milano, 1969, p. 7

LA SACRA FAMIGLIA

Vincolata al quadro generale della ristorazione, l'osteria perde l'anima e resta un guscio che può ospitare pizzaioli o grandi chef. Cessa d'esistere come esercizio commerciale modesto, diffuso e diversificato per rinascere in una scala di valori e di punteggi che i recensori vogliono sempre più esigente e ampia. A differenza del periodo pre-bellico in cui il padrone poteva diventare una celebrità conosciuta da mezzo mondo, come Alfredo della Scrofa con le sue fettuccine al *triplo burro*, è il modello di cucina italiano, più che il suo pittoresco gestore, sin dagli anni Sessanta, ad attirare nuovi clienti. Le piccole trattorie, rinnovando arredo e servizio, studiando il modo di comunicare con i piatti, riformulati in una versione "attuale", ripulita di quello che avevano di troppo stagionale, festivo o sapido, offerti in porzioni, forme e vasellame adeguati, possono diventare ristoranti degni della curiosità internazionale. Talora, la trasformazione da piccola cucina di campagna in locale che attira da lontano gli avventori, avviene discretamente. *I ristoranti di Veronelli* sono, da questo punto di vista, un discreto osservatorio. Se prendiamo l'edizione 1978 vi troviamo enunciate le regole della retorica gastronomica: forte personalità del recensore, rapporto "confidenziale" con il cuoco, assenza di pregiudizi culturali. L'osteria con cucina e la «cuoca della trattoria campagnola» vi sono ammesse anche se «nulla in Italia è più costante del mutare delle osterie»[1] e la via per raggiungere i vertici della classifica è irta di difficoltà. Nelle insegne codesto termine è scarsamente presente: solo 21 esercizi si fregiano del titolo, di cui alcuni come l'*Antica Osteria del Ponte* della Cassinetta di Lugagnano per un vezzo antiquario, in omaggio alla memoria delle vie d'acqua e del paesaggio lombardo. Nel valutarne la tipologia, sono meno della metà quelli che possono vantare un vero passato e pochissimi sono sempre sulla breccia e fanno una cucina adeguata alla loro storia. Tra di essi alcuni (*Da Ni-*

1. *I ristoranti di Veronelli*, Milano, Rizzoli, 1978, p.5

nuccio a Sessa Aurunca, *Toe Drüe* a Sestri Ponente e *L'osteria di Rubbiara* a Nonantola) hanno una cuoca, mamma, moglie o padrona, ai fornelli. Tranne uno, di Trieste, a 3000 lire, tutti si situano nella fascia ristorativa "medio-alta" dalle 8000 alle 10.000 lire, sulla buona via dunque, perché si guadagna il "sole", massimo riconoscimento, intorno alle 15.000 lire.

Il limite delle guide di questo tipo stava nella selettività che, agli occhi della clientela più abbiente, figurava come un alto merito, mentre obbligava a soste alla cieca chi non poteva pianificare il viaggio o non disponeva di risorse adeguate. La qualità inoltre, segnata da cappelli e soli (o cuori) da Luigi Veronelli, era il risultato della decimazione di migliaia di esercizi. Felice Cùnsolo lo aveva stigmatizzato, sin dal 1970, in un convegno nazionale sui "problemi dell'alimentazione moderna", tenutosi a Bari, parlando della guida Michelin 1970: «Su oltre sessantamila esercizi operanti nel settore ne troviamo citati appena 5.832 meno del 10%, 3880 alberghi con o senza ristorante, e 1943 tra ristoranti e trattorie. Gli esercizi contrassegnati con la stella di buona cucina sono 162 con la doppia stella di cucina eccellente soltanto 13»[2]. Se un'ulteriore ricerca confermava la presenza dei piatti regionali, nei locali considerati meritevoli, i criteri di scelta condizionavano pesantemente la loro tipologia, escludendo settori intieri della ristorazione inadeguati o incompatibili con il modello offerto dalla o dalle stelle. A questo approccio, tutto fondato sull'evento, pranzo o cena, se ne potevano opporre altri che integrassero ai valori dell'ospitalità quelli della struttura gestionale e soprattutto del prezzo.

Nella gran parte dei locali presi in considerazione da Veronelli e dalla guida Michelin, siamo di fronte a un modello caratterizzato dalla conduzione familiare e da un'attenzione all'insediamento geo-gastronomico. Sono le coppie, con l'eventuale aiuto di un'ava o l'innesto di una figlia, cioè una "famiglia" che attinge a un piccolo mercato, a fornitori fedeli, e nutre la sala: è

2. F. Cùnsolo, *Rivalutazione della cucina regionale*, "Il Cuoco", aprile 1970, p. 13

un requisito, molto apprezzato da una clientela assai impreparata a considerare la formazione professionale maschile, nazionale e internazionale, come un attestato di competenza. Non esiste la cucina italiana, ma una regionale e provinciale sì, fatta da uomini e donne che lavorano in proprio e non si sradicano volentieri. Il riconoscimento di Veronelli e di altri va dunque, oltre che alla gestione, alla fedeltà municipale, a una cultura espressa in un paesaggio predefinito o reinnestata là dove esisteva un'economia locale. Nelle grandi città, avviene il contrario. La tradizione può diventare uno stile, in concorrenza o in sintonia con altri, anche stranieri, tutti alimentati da un unico mercato generale, da cui vengono le derrate e i prezzi; può dunque rarefarsi e sparire, salvata da pochi ristoranti che la ripropongono in chiave colta e costosa. Siccome la famiglia ha smesso di nutrirsi secondo rituali pregressi e, di provenienza disparata, non garantisce la cucina come un tempo, a cena l'avventore va in compagnia degli amici e ricerca il nuovo o l'insolito quotidiano. Si avverte, a Milano, il bisogno di osterie "milanesi"? Probabilmente no, anche se botteghe del vino, crotti, cantine, trani sembrano pullulare per la clientela soprattutto serale e notturna. Si ricerca una ristorazione di media qualità e prezzo, espressa in qualsiasi dialetto o lingua d'origine, purché nuova, sapida e rapida. I cuochi, anche quando preparano piatti milanesi, non hanno bisogno di un certificato di nascita.

Altre sono le difficoltà della piccola impresa mononucleare che voglia affermarsi risalendo da un angolo oscuro del paese a qualche fama provinciale o nazionale. Essa si scontra con un modello a piramide che seleziona severamente i locali, per una clientela mobile, competente, versatile; deve poi guadagnare l'inserimento negli itinerari obbligati che conducono alla presenza in una guida. Alcune cittadine diventano, grazie al vino, oppure a un prodotto pregiato, oppure a industrie alimentari di fama, il perno di una ristorazione diffusa. Caso per caso, ogni piccolo padrone, anche quello che è figlio d'arte, gioca il proprio destino commerciale e non sempre ha le carte in regola. Molto spesso, con la scomparsa di una figura di cuoca, si spegne negli eredi più giovani anche la memoria dei suoi gesti, delle ore consumate al lavoro, di una perizia acquisita con infinita pazienza e sottomissione. Donde il ricorso ad altre forze per reintegrare un sapere perduto. Non sempre il risultato premia gli investimenti. Riemergono nella nuova generazione vizi gastronomici che la vecchia non conosceva: piatti banalmente regionali, senza un gusto proprio, prodotti imposti dal mercato e dalla distribuzione, il progressivo abbandono dei tagli poveri di carne, delle verdure e delle erbe fresche, delle conserve di casa.

La crisi della famiglia che andava in trattoria e che si sposta verso la ristorazione "nuova" (dalla tavola calda alla pizzeria, al ristorante cinese), contagia la famiglia che cuoce e serve. Alcuni abbandonano, altri tengono duro, soprattutto lontano dal centro delle città dove gli sfratti sono meno rapidi, e le mura appartengono per usucapione a chi vi è nato e cresciuto. Se una volta l'unità del nucleo era un assioma morale, con il passar del tempo la impongono il sistema fiscale, il costo del lavoro, la richiesta di piatti "della mamma", introvabili nelle case. Si assiste così a un doppio fenomeno di decomposizione delle osterie, in cui una coppia di vecchi provvede a tutto sino alla chiusura, sino alla morte, e di nascita di nuovi locali in cui la coppia di giovani, non necessariamente marito e moglie, riapre i battenti, fa di nuovo appello alla famiglia, all'amicizia, ferma nel riconoscere nel proprio modello di ristoro una continuità generazionale. Di tipico, nella nuova cucina d'osteria, c'è anche questo progetto che associa, attorno alle ceneri di una vecchia gestione, nuove forze legate da una organizzazione del lavoro, da legami d'affetto e da conoscenze nuove, cioè senza precedenti nel passato.

La lenta agonia del ristorante d'albergo, avvertita ben prima delle guide di Veronelli, favorisce un sistema che premia l'autodidatta, femminile e maschile:

> I locali in cui si fa da mangiare in Italia sono, oggi, circa 90.000, più altri 10.000 circa ad apertura stagionale. Si tratta di ristoranti, trattorie, osterie, pizzerie e rosticcerie. Secondo una stima della Federazione Italiana Cuochi non più di 30.000 di essi dispongono di un

cuoco professionista. Più o meno altrettanti sono a conduzione familiare. Per il resto l'identità, e soprattutto la qualificazione di chi sta ai fornelli rimane un mistero[3].

I cuochi professionisti sono i primi a lamentarsi di un sistema in cui l'80 per cento del personale uscente degli istituti alberghieri viene immediatamente riassorbito dalle aziende familiari e rinuncia ad allargare la propria competenza. Laddove in Francia scuole, tirocini, *curricula* e concorsi formano il futuro chef, in Italia una trattoria può emergere senza collezionare titoli di studio, anzi avvalendosi degli stessi parenti o amici che cucinano, scelgono il vino, servono in sala e tengono la contabilità. La città fornisce la clientela, mentre la provincia è l'insediamento in cui la piccola impresa attecchisce meglio e riesce a far quadrare i bilanci. Le guide incoraggiano ora un modello ora l'altro, professionale o familiare, del capoluogo e della campagna, ora entrambi avvertendo che non sono necessariamente compatibili. Gli *Itinerari gastronomici di "Gioia"* di Giorgio Mistretta avevano dimostrato, sin dal 1970, che è possibile immaginare una carta geo-gastronomica *sui generis* per attraversare tutta l'Italia, pranzando al ristorante, senza fermarsi una sola volta a Milano e a Roma[4].

Ogni trattoria con un minimo di ambizione è sollecitata a esprimersi in molti modi. Come Arlecchino serve due padroni, il cuoco italiano dovrebbe accontentare il provinciale e il cittadino, il conservatore e il gastronomo, la comitiva nuziale e quella turistica. Dagli anni Settanta, la *nuova cucina* ispirata dalla cultura francese, impone esercizi continui a tutto il sistema ristorativo, premiando la decorazione delle vivande, l'abbinamento di ingredienti insolito, la varietà del menù, l'eliminazione del piatto di portata, la lievitazione del conto. Essa può integrarsi a quella tradizionale e disintegrarla, così come affiancarsi

3. *Cucina italiana vecchia e nuova: esperienze a confronto per una migliore ospitalità turistica,* "Quaderni TCI 2", Milano, 1981, p. 9
4. G. Mistretta, *Itinerari gastronomici di "Gioia"*, Milano, Rusconi, 1970

a essa e trasformarla per via di levare. La sua affermazione ha, in un primo momento, distrutto, nell'immaginario degli stessi clienti, porzioni, sapori, prezzi; in un secondo ha investito il patrimonio culinario, nel tentativo di ricodificarlo. Alcuni chef lo considerano uno stile che rende forbito il linguaggio tradizionale dei sapori, che formula diversamente quello che esisteva e continuerà a piacere. Quando Alberini e Mistretta compilano la *Guida all'Italia gastronomica* questa *nuova cucina* che rappresenta il gusto internazionale, creativo e di moda, è in auge, e l'occasione offerta dal TCI è troppo favorevole per non ribadire la necessità di un ritorno alle radici storiche e agricole, costituite dai prodotti e dai piatti. La saldatura fra produzione locale, modello gastronomico e trattoria serve proprio a questo, a togliere via di scampo a quanti sperano di utilizzare, al tavolo, il jolly della creatività personale, della novità. Se nel 1931 una lista nuda e cruda di piatti e prodotti bastava a sconfiggere la cucina alberghiera francese, richiamando i golosi a prestare attenzione alle proprie origini domestiche e municipali, nel 1984 piatti e prodotti non costituiscono un argomento sufficiente contro una *nouvelle cuisine* che è pronta a utilizzarli a modo suo, secondo codificazioni proprie, e il problema della gestione diventa basilare.

I principali cuochi che diffondono in Italia il nuovo codice francese sono uomini di mestiere, educati a lavorare in un ambito esclusivamente professionale, determinati a trasmettere le loro conoscenze ad allievi che un giorno ricopriranno il rango di chef. A questa struttura, propria del ristorante e della brigata, la trattoria e l'osteria oppongono una compagine familiare, una associazione fondata non sull'autorità ma sui legami di sangue, sulla collaborazione e sull'amicizia. Da un lato dei salariati, dall'altro dei parenti uniti da una piccola attività commerciale: si tratta di due organizzazioni del lavoro incompatibili, arroccate su posizioni e mentalità diverse. Dietro questa fase recente della storia gastronomica, sta un nodo culturale antico, in via di scioglimento. Nelle vecchie osterie, all'uomo spettava il banco e il servizio mentre veniva devoluto alla donna gran parte del lavoro di cucina, secondo il principio della continuità dal privato al pubblico. Questa mamma-cuoca non esisteva solo in Italia. La "cuisine des bonnes femmes" delle "mères" lionesi, Brazier e Fillioux, era stata celebrata da Curnonsky e Andrieu, negli anni Trenta, rivelando al mondo intero l'esistenza di filiazioni professionali femminili di altissima competenza[5]. Nel basso Piemonte, simili figure avevano avuto, e avevano ancora negli anni Ottanta, particolare prestigio senza aver risolto un problema cruciale, almeno nelle cucine, quello della continuità dei saperi e dei piatti e quello della gestione con una manodopera d'altra natura, non necessariamente allevata in seno al nucleo familiare. Tutta la società italiana avverte che il ruolo nutritivo della donna è a una svolta e che essa sempre di più vuole affrancarsene, ma, nella ristorazione, questo può significare la rinuncia a piatti tradizionali, paste fresche e lunghe cotture che richiedevano un asservimento manuale, a favore di uno stile compatibile con gli orari prescritti dalla legge e una vita privata non più identificata con la presenza in cucina.

Lo scontro tra la madre, l'eterna cuoca che nutre la famiglia, e i figli che hanno da lei appreso solo i rudimenti del mestiere, e le sono subentrati, senza sostituirla integralmente, non ci sarà. In molti casi per sopraggiunta vecchiaia della prima, in altri per l'esistenza di nuore docili e volonterose nipoti, in altri ancora perché la formazione professionale degli uomini è pur sempre avvenuta in famiglia sotto un'egida femminile. Le nuove generazioni compenseranno la propria inadeguatezza con corsi dell'associazione italiana sommeliers, con l'aggiornamento delle attrezzature e con derrate che abbreviano la manipolazione e la cottura, con un menù più scaltro e più fantasioso. Gli scompensi generazionali si traducono invece in una definizione bassa di certi piatti laddove la *sfoglina* assente, il *lasagnolo* fuor d'uso, le mutate condizioni del mercato, gli orari più confacenti a una vita privata, impongono dei cambiamenti di menù. Ne soffrono le paste fresche e le lunghe cotture, caricate di un plusvalore e

5. Curnonsky - P. Andrieu, *Les fines gueules de France*, Paris, Didot, 1935, pp. 326-327

quindi di un costo eccessivo. Il passaggio delle consegne, a partire dagli anni Sessanta, appare delicato: discendenti ed eredi, rivendicato il lavoro delle donne, e tolta loro l'autorità nutritiva, elaborano, in un gruppo di lavoro misto, un proprio ruolo e un proprio stile. Sino a che la famiglia arcaica era sopravvissuta, le nozioni stesse di cucina di territorio, di piatti della tradizione non avevano alcun senso, a tal punto la fusione era totale fra uomo e ambiente, e nel caso di nuclei emigrati nelle grandi città, fra la donna e la memoria gustativa trasmessa ai figli. Ma dal momento in cui il cuoco, salariato o imprenditore, subentra alla madre e ne deve raccogliere l'insegnamento, provvedendo lui stesso a iniziare la moglie, si ritrova di fronte a tre strade: rifarsi alle consuetudini nutritive, alle pratiche ambientali e rendersi interprete di un sapere acquisito, cercando di ripetere quindi le ricette e accettando un futuro all'ombra faticoso e rassicurante; oppure, fatti i conti, tentare una via innovativa, sensibile alle mode gastronomiche, orientata verso piatti semplificati ma di un certo effetto, con una patina, più che con una struttura, tradizionale. La terza via è quella di tipo "francese": scelto un maestro, il figlio d'arte può rivendicare la sovranità del mercato e delle tecniche culinarie, specializzarsi e vendere la propria competenza lontano dal luogo d'origine. Siccome la ristorazione è un commercio caratterizzato da una sorprendente varietà di esercizi, mutevoli nell'insegna, nel servizio e nel menù, e il compromesso, nei piccoli affari, è talora più facile che nei grandi, da questo scontro a porte chiuse, in una cucina, nasceranno sorprendenti combinazioni e formule ristorative inedite.

La nuova osteria con una vaga parentela con la vecchia, è una di queste. In essa la genitrice è scomparsa, le figlie sono uscite dai ranghi, i figli, dopo un tirocinio nel campo avverso, sono tornati al ruolo già occupato dalla mamma-cuoca, e alcuni loro amici o amiche si sono associati in quella che è una brigata, nel senso meno militaresco possibile. Su un punto, nell'ultimo decennio, questi padroncini assomigliano ai loro rivali, gli chef: sono entrambi fieri di recitare un ruolo importante nella cultura gastronomica. Occorre continuare ad apprendere, per cucinare e per vendere, aggiornarsi per non essere risucchiati dall'anonimato. Rispetto ai loro padri che erano piccoli imprenditori, con mamma, moglie e figlia senza libretto di lavoro, essi operano in un settore commerciale più rischioso, in cui l'arricchimento è meno spettacolare. Ne sanno molto di più sul vino, sulle materie prime, e sulle conserve, i salumi e i formaggi, già ritenuti poco rappresentativi e di rinforzo. Siccome il fast-food si è diversificato e moltiplicato, la piccola trattoria e la neo-osteria rappresentano il primo livello emergente della ristorazione aperto a tutti e quello in cui è più facile ristudiare, dei cibi tradizionali, quelli ripetibili, senza deludere. Se pure la famiglia si è disciolta o vive nella certezza della propria dissoluzione, alcuni suoi piatti si possono ancora salvare e riproporre. La mamma-cuoca è sotterrata, il suo culto si riaccende esumando i lasciti della sua frazionatissima eredità.

TRAPASSO E RITORNO

Un modo usuale di raccontare la storia di un locale, è di descriverne le origini, decantando la modestia e la qualità degli esordi, mettendo in rilievo il grande cammino compiuto dai gestori. Una lettura delle annate 1969-1971 di "Alberghi e ristoranti d'Italia" rivela, accanto alle insegne di consolidata reputazione, l'esistenza di altre, sospinte da una sorta di scala mobile su su verso le pagine dei periodici specializzati, primo gradino per attirare l'attenzione e i punteggi delle guide. La curva ascendente coincide con l'evoluzione dell'osteria in trattoria (o ristorante), con il passaggio da una generazione alla seguente e, molto spesso, con la successione di una madre-cuoca. Quella discendente può avere le stesse cause, ma non essere avvertita dalla stampa. La crescita dei consumi, verso la fine degli anni Cinquanta, generalizza questo fenomeno, sia in città che nei paesi. Ecco tre storie, tre casi.

Milano, via Nino Bixio 6[1]. Due coniugi toscani aprono una friggitoria nel 1930. Sette anni dopo questa diventa una piccolissima trattoria, con dieci tavoli, nella stessa città. Sul finire degli anni Cinquanta la cucina toscana, di tipo campagnolo, comincia a entrare in crisi. Il figlio riprende in mano le sorti, subentrando alla madre, apre il menù prima a piatti milanesi poi a specialità regionali, liguri tra le altre, a ricette eleganti e ad alcune sue invenzioni. I tavoli restano quindici, la cantina non s'arricchisce ma cambiano il menù e la clientela. Con la *costoletta del priore*, al taleggio fuso e pomodoro, il piccolo locale decolla.

Genova, via Mura delle Grazie[2]. Rina Traverso, ex-sarta, alla fine della guerra rileva un'osterietta, aiutata dalla zia. A poco a poco questa si ingrandisce, si abbellisce mantenendo la cucina genovese classica: stoccafisso alla marinara, burridda di seppie,

1. G. Colorni, *Un piccolo ristorante milanese sulla via dell'eccellenza*, "Alberghi e ristoranti d'Italia", marzo 1969, p. 30
2. G. Colorni, *A Genova dalla Rina*, "Alberghi e ristoranti d'Italia", febbraio-marzo 1970, p. 22

totani ripieni. A sessant'anni, la madre si riserva la gestione mentre il figlio e la nuora la sostituiscono in cucina, coadiuvati da un cuoco di mestiere. Quattro cameriere servono in sala. Nella continuità gastronomica, ma con un trapasso gestionale, *Da Rina* è diventato un ristorante conosciuto.

Al *Due palme* di Centallo[3], si recita un copione ormai noto. C'è l'osteria dei Dalmasso, in questo paese presso Cuneo, dove si va a bere e a giocare a carte, e vi si trova alloggio. Nel 1954 Ernesta, la moglie, comincia a far da mangiare prima per pochi avventori, poi per tutta la clientela. La leggenda vuole che Nino Bergese vi abbia transitato per caso, divenendo amico della coppia, aiutandola con i suoi consigli. In cucina lavorano quattro donne: zuppa di trippa, vitello alla panna, flan di spinaci e finanziera trasformano il *Due palme* in ristorante. Rimodernato, è nella guida Veronelli del 1978.

A queste storie tutte imperniate su di un'ascesa spettacolare negli anni del boom economico, se ne potrebbero aggiungere altre, quella del *Moro* di Sant'Ilario d'Enza[4], osteria con mamma in cucina, trapiantata sulla via Emilia e divenuta ristorante per banchetti di 300 coperti con nuora-chef, "donna delle minestre" e "sfoglina". A Roma e nel Lazio, identico copione, e famiglie più numerose ancora, tutte insieme e al lavoro[5] Chiave del successo resta la cucina "familiare" che da una generazione all'altra viene rivisitata, riformulata, corretta alla luce di nuovi piatti di successo, in cui la panna e la pasta, il formaggio e la carne sono abbinamenti apprezzati. I grassi di origine bovina, amministrati senza risparmio, favoriscono questa ascesa, e sono indicatori ben evidenti della dieta degli italiani. Dalla mamma alla nuora, dalla mamma al figlio, la gestione, più remunerata, gua-

3. G. Colorni, *Il ristorante Due Palme di Centallo,* "Alberghi e ristoranti d'Italia", settembre 1970, p. 28
4. G. Colorni, *Dal Moro tutto è fatto in casa,* "Alberghi e ristoranti d'Italia", settembre 1971, p. 16
5. *Un'"oasi" in cucina,*"Agb Alberghi, bar, gastronomia", settembre 1975 (sull'*oasi* di borgo Faiti, fra Roma e Napoli); *Il ristorante "Checcarello di Bagnaia,* "Agb Alberghi, bar, gastronomia", novembre 1975

dagna in decoro borghese: rifacimento del locale, inserimento nel menù di piatti creativi, in breve, lo stile di un ristorantino ambizioso. In tutti questi casi, l'osteria è morta e nessuno grida viva l'osteria, perché un'altra realtà le è subentrata. Ma forse non è proprio defunta, le sue ricette giacciono in fondo a un baule in attesa che qualcuno si metta a frugare e a leggerle. Nel frattempo, hanno terminato la loro modesta esistenza molti punti di ristoro condannati dalle leggi del trapasso senza figli e senza capitale, gli uni divenuti bar, gli altri chiusi per far posto a negozi più redditizi.

Qualche affarista di talento rema al contrario e, di fronte alla morìa dei locali tradizionali, pensa di importarli dal sud e di farli rinascere in una nuova versione. Peppino Strippoli, imprenditore di sinistra e promotore di vini, arriva a Milano da Cerignola nel 1959, e apre in via Palermo, nel 1964, *A la frasche*[6]. La frasca, da Trieste alla Puglia, la esponevano i contadini dopo la svinatura, per attirare i consumatori a provare il "nuovo". Iscritta nell'insegna, con un'ortografia meridionale, ricorda il vino genuino, bevute a poco prezzo, la campagna tranquilla e assolata. Le *osterie* del signor Strippoli sono delle ricostruzioni tutto-legno della bottiglieria con cucina, stile snack-Manduria. Tra i piatti, il colmo della pugliesità (per i lombardi): orecchiette al ragù del macellaio e braciola alla barese. Panzerotti e calzoni con cipolla vengono introdotti a Milano per questa via e riscuotono un grande successo presso una popolazione affamata di cibo veloce e di prezzi corti. Esotico e rustico (si mangia senza tovaglia, i cibi son pronti, non c'è servizio al tavolo, le bottiglie sono a consumo), il nuovo locale attecchisce nel terreno lasciato libero dalla scomparsa dei trani e prospera grazie a una nostalgia particolarmente cocente in una delle capitali della vecchia osteria. I suoi prezzi sconfiggono, negli anni Settanta, il ristorante tradizionale e contrastano le prime manifestazioni del fast-food: sono compressi da acquisti all'ingrosso e

6. G. Colorni, *Milano conquistata da un pugliese,* "Alberghi e ristoranti d'Italia", febbraio 1969, p. 30

dalla gestione affidata a piccoli nuclei "familiari". Tutto rincara tranne la *pasta e fagioli* a trecento lire (nel 1975)[7]: è un piatto che da il nome all'esercizio Strippoli di via Venini a Milano.

Questi locali mostrano chiaramente che i due fenomeni, la scomparsa delle osterie e il loro ritorno di fiamma nella versione pseudo-antico e finto-regionale, si incrociano, soprattutto là dove la modernizzazione è più veloce e radicale. Mettono un dito sulla piaga dei ristoranti: i costi e la scarsa originalità. Offrendo i vini pugliesi oltre che il cibo, rispondono a un desiderio di armonia gustativa, completata dalle finte giare vetrificate e dalle oliere offerte, con il pane, a consumo libero. In un mercato che oscilla fra nuova cucina e pietanze confusamente italiane, il signor Strippoli ha scelto il marchio dalla propria terra d'origine, e instaurato in Milano tante microscopiche Puglie. Non sono pochi gli avventori che vi trovano rifugio e passano felici la serata con l'impressione di essere in vacanza.

Come se un sisma facesse smottare territori immobili da un'eternità, sospingendoli verso una deriva sempre più abitata e urbana, la geografia gastronomica italiana viene sconvolta dall'improvvisa ricchezza che ha fatto sorgere un ristorante là dove c'era una mescita, che insedia catene di locali trapiantati in città dalla campagna, da regioni lontane e da paesi esotici. Il rifacimento "elegante" e il restauro "rustico" sono le conseguenze di una ristrutturazione di tutto il paesaggio nazionale. L'ubicazione dell'osteria era un segnale per orientarsi e per nutrirsi, essa si dissolve nel reticolo di strade e autostrade percorse da mezzi di locomozione pubblici e privati, lasciando il posto a una distribuzione diversificata e capillare, dove i valori nutritivi veri e falsi, tradizionali e plagiati si confondono. Le trattorie toscane prima della guerra, le pizzerie con la ripresa economica e i locali pugliesi a Milano negli anni Settanta, erano una sfida alla gastronomia e alle tradizioni autoctone proprio perché rispondevano a un buon rapporto qualità/prezzo e al desiderio di pranzare in modo diverso da quello domestico, senza spostarsi

7. *Duemila lire tutto compreso,* "Agb Alberghi, bar, gastronomia", gennaio-febbraio, 1975

e senza essere in vacanza. La ripetizione di un piatto, lontano dalla sua terra d'origine, pone il problema dell'autenticità del modello e delle sue alterazioni dovute all'approvvigionamento, ai costi, alla gestione. A grande distanza, sussistono ancora i prodotti tipici? E le imitazioni non sono anch'esse parte integrante di un mercato? Sono domande che gli autori delle guide gastronomiche del Touring si erano posti solo in parte.

Tavoli, panche, pinze e palette di ferro sono finite nelle discariche o nei magazzini dei venditori di mobili antichi, mentre il gas, in bombole o erogato dalla municipalità, arriva ovunque, cambiando modi di cuocere millenari. Anche le più modeste botteghe subiscono gli effetti di questa circolazione d'aria nuova, della luce elettrica e del butangas. La lentezza ad aggiornarsi diventa un indice di vecchiaia e le osterie, negli anni Ottanta, appaiono i luoghi in cui il caffè si prepara con una *moka* annerita dall'uso, la lampadina pende da un filo coronata da un piccolo paralume di vetro opaco, una sveglia ricorda l'ora posata accanto alle bottiglie di liquore e due corna di stambecco inchiodate a una parete hanno finito da tempo la loro funzione di reggi-tabarri. È il degrado, che il moderno denuncia nel giro di pochi anni, a prendere il posto dell'antico. I primi a perdere l'identità ambientale e territoriale sono i piatti che la caccia non riempie più nello stesso modo, né la raccolta nei boschi né gli orti domestici né la transumanza delle bestie. Non è esatto dunque dire che l'osteria è morta, perché tutta la civiltà ha passato il guado, distruggendo in se stessa quasi tutte le tracce della propria decrepitudine.

Il culto delle reliquie rinasce proprio da questa consapevolezza. L'avevano annunciato le guide gastronomiche del Touring, fornendo, fra le righe, lunghi elenchi di prodotti scomparsi o in via di disparizione. Lo ripetono i giornalisti-gastronomi ricordando la trasmissione delle ricette, per via ereditaria, e ricostruendo la filiazione dei piatti in funzione della famiglia e della loro origine. Lo ribadiscono gli appelli, sempre più ossessivi, alla tradizione, alla qualità, lanciati in ogni sede, legislativa e commerciale, e ripresi come preghiere votive dai consumatori stessi. Reliquie divengono le pentole di terracotta in cui cuocere i fagioli e i fagioli stessi, di Pescia o di Zeri, l'odore del lardo e quello del fumo, le vecchissime cuoche, sopravvissute alla loro leggenda e stupite, in rare occasioni, di riprendere con mano tremante un lavoro che a tavola viene applaudito e giudicato miracoloso. Anche il risultato della più sagace modernità si trasforma in reliquia. Riprodurre salumi estinti, cucinare piatti con ricette "storiche" sono atti di rifondazione in grado di consentire la replica dei valori gastronomici. In questo clima che favorisce il plagio, la superstizione rinasce e con essa la truffa. C'è chi paga fortune per un tartufo istriano venduto come albese, e chi accostando al naso un salame industriale etichettato come prodotto d'artigiano, inala l'arte della norcineria.

Gli alimenti che le legislazioni fasciste definivano "genuini", sono diventati Doc e si apprestano a trasformarsi in Dop. Su di essi si imprimono marchi, segni pubblicitari, etichette, ricettine, con l'effetto di filtrarne la tipicità, enfatizzando il valore commerciale. Alcuni prodotti hanno perso ogni fascino, altri invece, riscoperti col fiuto e con molto denaro, sono oggetto di un consumo che assomiglia a un mercato nero e a un sacrificio clandestino ai numi tutelari della tavola. Per i gastronomi è più difficile assegnare un valore a ogni oggetto nutritivo, confezionato secondo regole artigianali. Passando dalla bottega alla cucina, questa difficoltà cresce. Il pullulare dei nuovi ristoranti blasonati d'antico e delle trattorie venute su come funghi dal ceppo delle osterie suona come una mistificazione. A misura che le ferite inferte dal "nuovo" sono ricoperte in stile "rustico", questo appare come uno scherzo del destino, come l'arredo di una farsa piccolo borghese. Riesaminando i menù ci si accorge che l'evoluzione dei piatti locali verso ricette eleganti, tutta panna, e il recupero fra queste delle pietanze, dette regionali e locali, si sono tradotti nella fine dei codici che identificavano una cucina con uno spazio geografico e una cultura trasmessa per via ereditaria, nel culto del risparmio e della festa. Come restaurarli? È assai difficile risalire la china, riparare un errore madornale, quello che, negli anni Cinquanta, ha sancito la fine delle osterie e promosso una ristorazione più commerciale che culturale. Dei piatti d'un tempo sembra che non resti altro che la crescita folle dei prezzi, andata di pari passo solo al calo delle porzioni.

Gli anni Settanta e Ottanta sono segnati da questa nuova angoscia che gli osti non avevano conosciuto. Quanto inciderà l'inflazione sui conti? Mantenere la qualità senza aumentare i prezzi, così come stabilizzare questi senza diminuire la prima, è un vero problema. Assai difficile è assegnare un valore al cibo che sia a un tempo culturale e finanziario: i vertici delle guide toccano cifre astronomiche, quelli della fascia che è esclusa dalle segnalazioni, sono nel più assoluto marasma, insidiati non solo dai costi di gestione ma dalla difficoltà di aggiornare le proposte gastronomiche. La famiglia era la risposta per rendere flessibile l'esercizio ai contraccolpi dell'inflazione, il lavoro nero tempera solo in parte lo scioglimento dei nuclei familiari, soprattutto nelle grandi città. La clientela, invece, non disarma, pagando salato è più esigente nelle sue richieste, non si accontenta dell'olio ma vuol conoscerne la provenienza, non le basta il fiasco ma desidera una carta dei vini e una cantina assortita. Il formaggio e la verdura fresca sono altri costi aggiunti, difficili da governare perché deperibili. Sui prezzi, abbinati a piatti dai nomi oscuri e dall'apparenza banale, frana l'ex-osteria divenuta, in una sola generazione, ristorante, abituata a ricevere una clientela affamata negli anni Sessanta, più grassa e più prudente in quelli seguenti, schizzinosa un ventennio dopo. Paradossalmente, chi aveva mantenuto il proprio onesto decoro, invecchiando senza sottopiatti e luminarie, riguadagna terreno, attira i *gourmets*. Il prezzo del pasto ha fatto fallire i gestori e rimpiangere le ostesse, ha spazzato via le finte creazioni e rimesso in primo piano una congrua e qualificata pietanza ripescata in una tradizione familiare di cui un numero sempre minore di persone gode. Condannando molti esercizi e provocando conversioni continue, l'inflazione ha accelerato due fenomeni radicali: l'affermazione del fast-food e la rinascita di un tipo di locali a buon mercato e tradizionali, con una carta modesta ma assortita di alcuni piatti del luogo e una cantina ben selezionata. Prodotti di conserva tipici e formaggi a giusta maturazione figurano come contrassegni di un'ospitalità indirizzata a degustatori avvertiti se non colti. Sono questi gli ultimi indici del lusso. I tempi sembrano maturi per l'affermazione di un'*osteria nuova*.

Epilogo

Osterie d'Italia 1991-2001

Paola Gho

PIANO, PIANISSIMO

Osterie d'Italia, Sussidiario del mangiarbere all'italiana nasce nella primavera del 1990 intorno ai tavoli di Peppino Cantarelli a Samboseto, osteria e simbolo perché capace, rimanendo se stessa, senza rinnegare la sua storia né la sua natura, di attingere l'empireo delle stelle Michelin, tra piatti di culatello e frizzantini della Bassa. La gente di Arcigola Slow Food ci aveva ragionato più col cuore che con la testa, senza ricerche di mercato alla mano né prospettive di *business*, ma con, chiara, un'intuizione: che fosse venuto il tempo di far emergere le tante e belle cucine locali sommerse, le trattorie a conduzione familiare che non comparivano nelle guide, molto occupate a registrare, in quegli anni, il fenomeno della cosiddetta *nouvelle cuisine*. Si percepivano, intorno, la voglia di ospitalità schietta; il desiderio di luoghi semplici ma veri, ricchi di calore, di piatti non anonimi ma ben radicati nella tradizione regionale; di soste meditate, lontane dalla fretta della ristorazione post-moderna. Si coglieva l'affacciarsi di una nuova generazione di consumatori curiosi e per nulla immemori, attenti al buono e al bello, sensibili ai piaceri della vita.

Arcigola si era costituita quattro anni prima, nel 1986, come lega enogastronomica dell'Arci, ed era certo una novità, in una sinistra da sempre votata più al francescanesimo che all'epicureismo, un'associazione che rivendicava per tutti il "diritto al piacere", il gusto della convivialità, la soddisfazione del cibo e del vino. Ma che nel suo programma ci fosse ben di più di una semplice istanza alla liberazione di un godimento troppo a lungo represso e che la creatura di Carlo Petrini fosse ben altro che un'allegra confraternita di *bons vivants* fu chiaro a tutti già tre anni dopo quando, a fronte della sempre più massiccia invasione dei fast food anche nel nostro paese, Arcigola presentò il Manifesto dello Slow Food e lanciò la sua campagna a favore del "mangiar lento".

Il Manifesto, stilato da Folco Portinari, intellettuale da sempre attento alle tematiche dell'alimentazione, espone i cardini della filosofia slow. «La velocità è diventata la nostra catena, tutti siamo in preda allo stesso virus: la Fast Life, che sconvolge le nostre abitudini, ci assale fin nelle nostre case, ci rinchiude a nutrirci nei Fast Food [...] Perciò, contro la follia universale della Fast Life, bisogna scegliere la difesa del tranquillo piacere materiale. Contro coloro, e sono i più, che confondono l'efficienza con la frenesia, proponiamo il vaccino di un'adeguata porzione di piaceri sensuali assicurati, da praticarsi in lento e prolungato godimento». L'omologazione dei sapori è il nemico da battere: «... contro l'appiattimento del Fast Food riscopriamo la ricchezza e gli aromi delle cucine locali», perché «... è nello sviluppo del gusto e non nel suo immiserimento, la vera cultura, di qui può iniziare il progresso, con lo scambio internazionale di storie, conoscenze, progetti». La lista dei firmatari dell'appello è un *parterre* culturalmente e politicamente qualificato. Ci sono esponenti della sinistra storica evidentemente non insensibili al buono come Gerardo Chiaromonte, intellettuali, scrittori e artisti come Antonio Porta, Gina Lagorio, Sergio Staino, Gianni Sassi, Dario Fo, Francesco Guccini, esponenti dell'ambientalismo come Ermete Realacci. A Parigi, nel dicembre del 1989, il Manifesto è sottoscritto dai rappresentanti di una trentina di paesi del mondo: valicati i confini nazionali, Arcigola è diventata Movimento Internazionale Slow Food.

Intanto, l'elaborazione teorica aveva cominciato a trovare una sponda nella realizzazione di guide e pubblicazioni. Nel 1988 era uscita la prima edizione di *Vini d'Italia*, la guida che avrebbe portato una ventata di aria nuova e fresca nell'enologia italiana di qualità che in quegli anni stava iniziando la sua rivoluzione culturale. Una "guida al bere bene per esperti e curiosi" dedicata ai nuovi consumatori, animata da intenti di informazione e di formazione per quella inedita schiera di bevitori avveduti e critici di cui si intravvedevano avanzare le avanguardie. La guida è realizzata da Arcigola insieme al Gambero Rosso, che ne è l'editore, un gruppo formatosi nelle esperienze consumeristiche di una trasmissione televisiva che ha fatto epoca, "Di tasca nostra", nonché responsabile dell'omonima rivista, che uscirà per alcuni anni come supplemento del quotidiano "Il manifesto" (un'altra breccia nella tradizionale "anoressia" della sinistra), prima di diventare testata autonoma.

L'anno seguente, il 1989, aveva intanto visto la luce (sempre in collaborazione con il Gambero Rosso e da questo edita) un'opera ambiziosa, molto significativa delle tematiche care ad Arcigola. L'*Almanacco dei golosi* è un inventario della produzione agroalimentare di qualità in Italia, un tentativo di dare visibilità a quel fitto tessuto di artigiani che mantiene vivi specialità, tecniche e saperi di tradizione antica, spesso tra mille difficoltà di ordine produttivo, commerciale, distributivo. L'*Almanacco*, recita la prefazione, «nasce dalla voglia di creare uno strumento capace di rinnovare quella che cinque secoli fa Bartolomeo Platina definì "l'onesta voluttà" non disgiunta dalla buona salute [...] per la quale [...] Grimod de la Reynière compilò i suoi *Almanachs del gourmands* [...] Il Gambero Rosso e Arcigola, la più grande associazione gastronomica nazionale, hanno voluto riprendere l'esempio del gastrosofo francese per dare l'opportunità alle persone intelligenti, curiose, di raggiungere nuove soglie del gusto». Consapevoli del fatto che «L'Italia nasconde ancora una miriade di piccoli artigiani che [...] continuano a confezionare, come secoli fa [...] salumi, formaggi, dolci» e che «Quei salumai, quei casari, quei pasticceri sono, a volte magari inconsapevolmente, gli unici depositari di una fetta della nostra cultura materiale», l'*Almanacco* si propone «di portare questo patrimonio a conoscenza del più vasto pubblico possibile». Consapevolezza della valenza "culturale" della produzione alimentare, esigenza informativa, volontà di salvaguardia sono dunque le parole chiave di questo lavoro.

Ancora priva di una casa editrice propria, Arcigola realizza nello stesso anno e pubblica, sempre per i tipi del Gambero, la *Guida turistica enogastronomica delle Langhe e del Roero*, primo esempio di uno strumento, che sposa turismo, vino e cibo, messo a disposizione del turismo del gusto di cui si manifestavano le avvisaglie proprio nella terra del Barolo e del Barbaresco. In occasione della prima *Convention dei vini piemontesi*[1] tenutasi ad Alba nell'autunno del 1990, Arcigola Slow

1. L'organizzazione di manifestazioni sul vino e sul cibo, cominciata proprio con la *Convention dei vini piemontesi* e culminata nel *Salone del Gusto* di Tori-

Food presenta l'*Atlante delle grandi vigne di Langa. Zona del Barolo*, repertorio dei cru del Barolo, altra opera che va incontro alla forte domanda di informazione che viene dagli appassionati di vino.

Riscoperta delle tradizioni produttive e loro salvaguardia, affermazione del valore della diversità contro i rischi di omologazione, istanza del territorio, attenzione al vino e al prodotto tipico, promozione di un turismo attento e consapevole: le tematiche di Arcigola Slow Food ci sono già tutte in questi primi lavori editoriali. Ma il popolo dei soci che si va infoltendo - *gourmets* di lungo corso ma soprattutto giovani curiosi di scoperte - chiede uno strumento che lo accompagni nei suoi viaggi, un repertorio di soste a tavola dove ritrovare, negli ambienti e nel piatto, quell'inventario di piaceri che il lento procedere della chiocciolina, simbolo di Slow Food, evoca e suggerisce. I tempi sono maturi per una nuova guida ai locali di ristorazione, una guida fortemente caratterizzata dal punto di vista dell'associazione e dei suoi temi, diversa nei contenuti e nello stile dalle molte già presenti sul mercato: questo avevano intuito i governatori Arcigola Slow Food riuniti a Samboseto. *Osterie d'Italia*, e lo dimostrerà il suo immediato successo, ha un pubblico devoto prima ancora di essere concepita.

UN MONDO SOMMERSO

Al suo nascere *Osterie d'Italia* vuole dunque essere la risposta italiana a chi pensa di fare dei nostri pasti un rituale sbrigativo dai sapori appiattiti. Nella ricchezza e nella varietà delle cucine regionali (un patrimonio troppo unico e prezioso per lasciarlo andare disperso, per lasciarlo seppellire dalla valanga di rucola e di panna che in quegli anni sembra sommergere le cucine), Slow Food individua il terreno dove recuperare il piacere del cibo e della convivialità, contro la tristezza di un hamburger e la supponenza di certa cucina sedicente "alta". E nell'osteria

no, passando attraverso decine di altri eventi, tutti fortemente innovativi per stile e contenuti, è un altro dei settori di intervento di Arcigola Slow Food identifica il luogo-simbolo della cucina tradizionale, della conduzione familiare, del servizio semplice, dell'accoglienza ospitale senza orpelli, dell'offerta di vino del territorio, del prezzo contenuto. C'è quindi l'intento di restituire la memoria di una tipologia di locale che fa parte della storia del nostro paese, per favorirne la rinascita con un vestito nuovo, modellato sui gusti mutati, sulle nuove abitudini alimentari. Con la consapevolezza che non si tratta di imbalsamare, con un'operazione archeologica, i resti di una tipologia di esercizio del passato, legata a una società rurale o urbana pre-consumistica. È Folco Portinari, nella prefazione alla prima edizione del 1991, a fugare ogni eventuale malinteso: «Oggi l'osteria è una sorta di reperto archeologico, il segno di una civiltà sopraffatta dalla civiltà delle macchine. Sia chiaro che dico questo senza alcun tremolio nostalgico nella voce, ma con una neutralità dell'informazione, di un notaio che registra la disponibilità dei beni».

Ma se l'osteria classica - intesa come luogo di somministrazione di cibo e, soprattutto, vino - è morta, essa ha lasciato qualche eredità. Nel motivare «Perché Osterie d'Italia», i curatori ricordano che «esistono piacevoli luoghi di convivialità che dell'osteria tradizionale hanno conservato alcuni importanti aspetti: l'ospitalità calda e generosa, il servizio familiare, la cucina di territorio, l'offerta di vino, il prezzo contenuto». «Arcigola si è assunta l'impegno di fornire la mappa di queste piacevolezze», di dare visibilità a un mondo poco esplorato dalla letteratura di settore, «con la convinzione che vi è nella gente un desiderio diffuso di scoprire quei locali accoglienti, vivibili, dove si mangiano i buoni piatti della tradizione regionale e si gustano i vini del territorio, senza essere dissanguati da costi spaventosi o imbalsamati da coreografie pletoriche [...] Locali ai quali siamo disposti a perdonare con bonomia l'assenza della carta dei vini o i bicchieri non di cristallo boemo, ma ai quali chiediamo cordialità, tolleranza dei nostri tempi di convivialità, un minimo di cultura del vino, rispetto per l'autenticità dei piatti, con buone materie prime e senza manipolazioni peregrine».

Mobilitando 170 tra fiduciari, soci, collaboratori diversi, *Osterie d'Italia 1991* mette insieme più di 700 schede, un repertorio eterogeneo tenuto insieme da un filo conduttore fatto di «aderenza alla cucina di territorio, offerta qualificata di vino, ambiente confortevole e ospitale, buon rapporto qualità/prezzo». Diverse le tipologie di locali presenti nel volume, ognuna indicata nel blocchetto anagrafico in capo alla scheda insieme alle informazioni pratiche (indirizzo, telefono, giorno di chiusura, ecc.). Si comincia con le *osterie tradizionali*. «Ce ne sono ancora, soprattutto in certe regioni del Nord dove le loro radici erano più profonde». Ma poiché «l'operazione di Arcigola non intende nutrirsi di folklore e di archeologia, ma soprattutto di "qualità ritrovata" [...] Si sono scelte le più storiche e le meglio conservate, ma anche quelle che si sono sapute adeguare ai tempi con proposte enogastronomiche di qualità almeno accettabile». Quindi le *trattorie tradizionali*, che «sono le più numerose e spesso costituiscono l'evoluzione naturale della vecchia osteria. I piatti di tradizione sono il loro tessuto, il vino talora si esaurisce in ridotte proposte di sfuso locale [...] Non mancano imprese più "giovani", dove una maggior cura per i vini si unisce al recupero dei piatti di tradizione, talora alleggeriti o reinterpretati [...] Rappresentano, queste ultime, la nuova imprenditorialità...». Tra i *ristoranti*, «si sono scelti quelli che garantiscono una buona cucina di territorio, ambienti raccolti, prezzi contenuti», mentre sono parecchie le *enoteche* con mescita e cucina, «segno che la cultura del vino si va affermando. Si sono privilegiate quelle che, in abbinamento ai vini, propongono spuntini con prodotti locali, preparazioni fredde o calde, possibilità di consumo al tavolo». E ancora, le *aziende agrituristiche* (frutto di «una selezione rigorosa»)[2] e i *circoli*.

In tutti i casi, i locali segnalati non dovranno presentare conti

2. Il fenomeno dell'agriturismo si è sviluppato in Italia, soprattutto a partire dagli anni Ottanta, in modo impetuoso e in forme eterogenee a seconda delle regioni (anche perché di competenza regionale sono le normative che lo regolano). Se in Toscana, ad esempio, si applica soprattutto all'accoglienza, in altre realtà si è configurato come una forma di ristorazione alternativa, non di rado dedita a banchetti e caratterizzata da una qualità non sempre ineccepibile (pensiamo alla situazione del Piemonte o della Sardegna). *Osterie d'Italia* ha registrato il fenomeno con prudenza, i ristori agrituristici segnalati sono percentual-

superiori alle 50 mila lire vini esclusi. È questa la soglia che i curatori hanno individuato e che continuerà a costituire il limite da non superare per essere inseriti nella guida. Solo a partire dall'edizione 1999 si ammette qualche eccezione (fino alle 60 mila) per indirizzi considerati «particolarmente preziosi e meritevoli di segnalazione». «Si tratta di indirizzi che riteniamo preziosi, la cui cancellazione avrebbe significato rendere più povera la guida. Osti e ristoratori cresciuti con noi [...] Abbiamo dunque ritenuto giusto continuare a segnalarli, e plausibili ci sembrano conti che, pur superando la fatidica soglia, sono ampiamente compensati dall'originalità della proposta gastronomica e dai piaceri che questa sa dispensare». D'altra parte, il tarlo dei prezzi rodeva l'*équipe* di Osterie fin dal 1994, quando la prefazione al volume avvertiva che la scelta di «materie prime particolarmente pregiate (pesce, tartufi, funghi...)» avrebbe facilmente potuto far lievitare il conto. È un discorso ripetuto ogni anno, e dal 1996 applicato anche alle situazioni delle grandi città e dei luoghi di villeggiatura, ma la fascia di prezzo dei locali considerati non subisce impennate significative.

UNA CUCINA AMBIENTALE

Se la scelta del settore di ristorazione da esplorare rappresenta la prima novità di *Osterie d'Italia*, altri caratteri ne disegnano la fisionomia originale rispetto agli stili usuali e consolidati della critica gastronomica. Ancora a Folco Portinari si deve la definizione di "sussidiario": «non una guida, cioè, ma un aiuto, un compagno discreto, non un professore o un magistrato giudicante; ma un libro come quelli pinocchieschi che ci suggerivano, nelle prime classi elementari, alcune buone letture, semplici e gustose, propedeutiche ed educative». Un sussidiario che non distribuisce «voti, stelle, cappelli, soli [...] Per motivi di onestà

mente pochi: dai 61 nell'edizione del 1996 si è passati ai 52 del 2000. In più, a partire dal 1995, un inserto dedicato all'ospitalità rurale in Trentino, dove l'agriturismo sembra rivelare quei caratteri di semplicità e schiettezza che dovrebbero connotare la tipologia. Dal 2001 un analogo inserto è dedicato alla Valle d'Aosta culturale, di decenza, secondo il senso del movimento». Lontana dal giustizialismo e dalla retorica di tanta critica gastronomica, *Osterie d'Italia* non dà giudizi di valore e le sue segnalazioni sono solo in positivo. Le recensioni dei locali consigliati, che non si esauriscono in un arido elenco di piatti, sposano uno stile piano, discorsivo e raccontano storie: di professionalità che evolvono, di cucine che modificano la loro linea, di piatti che scompaiono, di altri che vengono recuperati con un appassionato lavoro di ricerca, di materie prime specifiche di un territorio, di altre - più standardizzate - che invadono il mercato. Di anziani osti che chiudono l'attività, di giovani imprenditori che la rilevano, di famiglie ben radicate nella loro regione, di *globetrotters* della ristorazione che, dopo l'avventura della "grande cucina", si ritagliano uno spazio più vivibile nella trattoria di campagna.

Grande rilievo viene dato alla proposta dei piatti tipici: evidenziati nelle schede descrittive con la grafia in rosso, i più significativi vengono descritti in un'appendice alla prima edizione. Il *leit motiv* della cucina di territorio è ripreso, nelle prime tre edizioni, da una singolare sezione denominata "Ho voglia di... Lo trovo a...". Si tratta di una sorta di dizionario in cui il lettore, accanto alle voci che indicano i più diffusi piatti delle diverse cucine regionali, trova i nomi delle osterie e delle trattorie che li preparano.

Questo inventario consente di disegnare un quadro significativo dei menù che attendono gli utenti della guida, la maggior parte dei quali risultano decisamente caratterizzati da accenti tradizionali. I ricettari delle osterie di tutta Italia decretano il trionfo di agnolotti e ravioli, citati 120 volte, dal *plin* e monferrini, di ricotta e col tocco alla ligure, di porcini e di pesce, di zucca e di carciofi, di patate e al tartufo. Di tagliatelle, tagliolini e *tajarin* (130 presenze in più di 50 versioni diverse). Di zuppe e minestre, con l'onnipresenza della pasta e fagioli (preparata in una cinquantina di cucine). Degli gnocchi, presenti un centinaio di volte, nei modi più classici (al ragù, al pesto, ai formaggi), ma anche in versioni rare, come quelli di cioccolata e ricotta. Di baccalà e stoccafisso, proposti in un centinaio di locali, alla livornese o alla vicentina, con pomodoro o porri, fritti o in umido, mantecati o all'anconetana, con le olive o con le patate. Del coniglio, segnalato ben 130 volte (alla ligure, al *civet*, al vino, ai peperoni, al sale, e persino alla frutta). Della trippa (più di 70 segnalazioni: alla romana, alla reggiana, alla trentina, in brodo, accomodata) e delle lumache (in una quarantina di locali). Ci sono poi piatti diffusi in aree determinate, come il bollito (che si può trovare in una quarantina di menù) e la polenta al Nord (un'ottantina di presenze tra Piemonte, Lombardia, Triveneto, e qualche comparsa nell'Appennino tosco-emiliano). Nelle regioni del Centro, i crostini (di milza, ai funghi, ai fegatini, di cinghiale) e il piccione raccolgono, entrambi, più di venti citazioni. Per il resto, *Osterie d'Italia* mette in mostra la straordinaria ricchezza del repertorio culinario delle nostre regioni che appare, alla lettura delle schede, vivo e vitale. Basti citare, a titolo di esempio e un po' alla rinfusa, la presenza diffusa di piatti come l'acquacotta in Toscana (13 volte), la *casoeula* nel Milanese (12), i canederli-Knödel in Trentino Alto Adige (24), la coda alla vaccinara nell'area romana (11), il *frico* in Friuli (20), il *bonèt* in Piemonte (27), la torta sbrisolona nel Mantovano (7). Qua e là compaiono anche preparazioni di rara reperibilità come le alborelle del Po fritte, le virtù abruzzesi, la *cioncia* toscana, il *comau* delle valli occitane. O addirittura piatti oggi estinti per legge come la zuppa di datteri o lo stufato di ghiro.

La cucina di territorio (o di tradizione) che esce dai fornelli delle osterie d'Italia è dunque per molti cuochi riproposta fedele dei piatti di sempre, quelli che hanno segnato la storia gastronomica di una regione. Per altri invece è la ricerca sui ricettari storici, vissuti come una materia viva e in evoluzione, o (in tempi di *melting pot* culturale) il confronto con tradizioni "altre". È un desiderio di rinnovamento dettato da un lato dalle esigenze di una clientela spesso abituale che ama variare i suoi pasti, dall'altro da una istanza di creatività o dalla volontà di "alleggerire" le preparazioni. Nella prefazione a *Osterie d'Italia 1993* si scrive: «Si notano due tendenze parallele: da un lato è palese l'attaccamento ai piatti che hanno segnato la storia di una regione, dall'altro si avverte il desiderio di innovare. Così spunti di "rivisitazione" appaiono qua e là». Una tendenza che già Piero Sardo aveva benedetto nella prefazione all'edizione 1992: «ben vengano, allora, i tipicissimi garganelli fatti al torchio sposati a più leggeri condimenti di stagione, siano le erbe o le verdure primaverili. L'importante è anche fuggire l'appiattimento e la banalità dei cibi cui ci obbliga l'impersonale ristorazione del fast food, e ciò sarà possibile, crediamo, solo ripristinando il legame con la cucina di tradizione senza trascurare un minimo di ricerca». La voglia di nuovo passa allora attraverso piatti come gli stracci di mais con salsa ai porri, il pollo profumato con vino bianco e prezzemolo, il passato di ortiche, lo strudel di verdure, la mousse di luccio, il soufflé di mortadella, gli gnocchi di farina integrale con polpo e sugo di pesce, il *saor* di radicchio e zucca, la tacchinella in salsa pungente, l'insalata di sedano con fegato, olive nere e arancia, il semifreddo alla grappa...[3] Ma è una voglia di nuovo che fa temere, come si scrive nella prefazione all'edizione 1995 (proprio quella che regala agli acquirenti un mini-ricettario con "50 piatti da salvare della cucina di territorio"), «qualche rischio di omologazione quando, forse per comodità o forse per moda, si annoia l'avventore - dalle Alpi alla Sicilia - con l'*angus beef*, il lardo al rosmarino, il prosciutto di cervo...». Non piace, a *Osterie*, quella rivisitazione che «diventa una comoda etichetta per legittimare improbabili esercizi di creatività o proporre una cucina esile e senza radici». E se non si sposa «l'immobilismo», si guarda altresì «con qualche apprensione al dilagare, lungo tutta la penisola, di materie prime e preparazioni standardizzate, di un modello gastronomico omologato fatto di tagliate e petti d'anatra, di affumicati e carpacci» (dalla prefazione all'edizione 1998).

La fedeltà a un modello di cucina e a una tipologia rimane un punto di riferimento e una discriminante, pur senza rigidità né estremizzazioni. «I criteri con cui la schiera dei recensori seleziona, segnala e descrive i locali sono, giocoforza, flessibili:

3. I dati relativi ai piatti e alla loro diffusione si riferiscono all'edizione 1993 di *Osterie d'Italia*

perché i gusti sono in evoluzione, perché i costumi di vita cambiano, perché la ricerca - e l'ambizione - di chi fa cucina rifiuta la fossilizzazione... perché non si possono eternamente mangiare acciughe al verde, polenta *taragna* e pasta e fagioli e bere il vino del contadino del podere accanto. I grandi vini nazionali e internazionali sono entrati in semplici trattorie, sono offerti formaggi di buoni produttori anche nella sperduta osteriola di paese, il servizio al piatto (e con belle presentazioni) si va sostituendo alle fiammenghille traboccanti (ma là dove l'oste porta il classico vassoio da cui ci si serve a ripetute riprese il piacere è sempre grande, forse di più), i condimenti e le salse sono più leggeri, le preparazioni, stagionali, accostano in modo nuovo ingredienti e interpretano, rivisitano, ricreano... Ma se c'è un punto fermo, una discriminante cui *Osterie d'Italia* non intende rinunciare è la consapevolezza - che ricerchiamo negli osti - delle radici e del territorio, àncore di salvezza dall'omologazione e dall'appiattimento» (dalla prefazione del 2000).

DA 700 A 1700

Negli anni *Osterie d'Italia* si fa più attenta e prende a guardare più da vicino le proposte dei locali segnalati. È del 1993 l'introduzione di una serie di simboli finalizzati a mettere in rilievo particolari titoli di merito di talune osterie. Il più importante, la "Chiocciolina", premia «un locale che ci piace in modo speciale, per l'ambiente, la cucina, l'accoglienza in sintonia con lo Slow Food». Un titolo di merito ma soprattutto un gesto di affetto, consapevole «del fatto che ogni attribuzione di merito reca con sé larghi margini di soggettività». Quelli insigniti della "Chiocciolina" sono «i nostri locali del piacere: luoghi che abbiamo apprezzato ora per la cucina di alto valore tradizionale, ora per l'ambiente, ora per il senso dell'ospitalità, ora per la presenza della cultura del vino, ora per tutte le qualità messe insieme». 88 su un migliaio di segnalazioni alla prima uscita, crescono costantemente quanto prudentemente: sono 123 (su 1400) nel 1995, 160 (su 1587) nel 1998 e 186 (su 1665) nell'edizione del 2000. Da sempre attenta al vino, Slow Food sottolinea poi con il simbolo della "Bottiglia" una «Proposta dei vini ricca e qualificata». Prendendo in considerazione gli stessi anni, si hanno rispettivamente 272, 351, 415 e 503 locali considerati ben forniti di vino: dunque un incremento deciso, spia inconfutabile della crescita di una cultura enologica nel nostro paese. Il "Piattino" contrassegna i locali che offrono «Non un menù completo ma piatti freddi e spuntini», un modo per dare il giusto rilievo a quella pletora di *wine-bars*, enoteche, vinerie che stanno spuntando come funghi un po' in tutta la penisola, a testimoniare il crescente interesse per le specialità alimentari artigianali e per il vino, le proposte che di solito caratterizzano l'offerta di questo genere di locali. Nel 1997 compare il timbro "Novità" a indicare le segnalazioni nuove rispetto all'edizione precedente, a sottolineare il sensibile *turn-over* che caratterizza il repertorio degli indirizzi consigliati (qualche centinaio ogni anno). La sinergia tra *Osterie d'Italia* e le tematiche e le attività del movimento fa sì che nel 1999, sull'onda del successo di "Cheese, le forme del latte", la manifestazione internazionale sui formaggi organizzata a Bra da Slow Food dal 1997 con cadenza biennale, compaia il simbolo che connota i "Locali del buon formaggio", «con una selezione di prodotti caseari particolarmente ricca per quantità e/o interessante per tipologie». Nel 2000 sono 240 (erano 236 nella precedente edizione), a significare una cultura casearia crescente. Dal 1994 inoltre, in calce alle schede compaiono una serie di indirizzi: negozi, artigiani, aziende dove acquistare specialità gastronomiche locali e prodotti di qualità; ma anche bar, caffè, mescite, pasticcerie per una sosta piacevole. In continuo incremento anche i percorsi attraverso tradizionali luoghi di convivialità e le tradizionali tappe del "mangiare per strada", un modo per segnalare e contribuire a mantenere in vita consuetudini e preparazioni spesso quasi archeologiche. Nella prima edizione comparve l'inserto "Andar per *ombre* a Venezia", che piacque tanto a lettori e collaboratori che, edizione dopo edizione, i percorsi sono diventati ben 28, dai farinotti liguri ai trippai fiorentini, dai crotti della Valchiavenna alle putìche di Catanzaro, dai "fornelli" pugliesi ai *Törggelen* altoatesini, dai *goti* veronesi ai *tajut* friulani.

Tutto questo mentre il numero dei locali recensiti è passato, con un incremento costante, dai 700 della prima edizione ai 1.665 di quella del decennale (attraverso i 1000 del '93, i 1418 del 1996, i 1606 del 1999), senza che il rigore nel decidere gli inserimenti sia venuto meno. Sintomo evidente del buono stato di salute del modello "osteria" nell'ambito del settore ristorativo. Ma anche conseguenza di una presenza sempre più capillare di Slow Food sul territorio nonché di un metodo di lavoro capace di coinvolgere, per l'edizione del 2000, 250 collaboratori. La realizzazione pratica della guida è un altro dei suoi caratteri peculiari, un meccanismo ben oliato che fa marciare all'unisono la redazione centrale e i collaboratori periferici: i governatori e i fiduciari di Slow Food. Da loro giungono le segnalazioni dei locali da inserire - o da confermare - nella guida, segnalazioni che la redazione centrale vaglia, sistema e rifinisce dal punto di vista redazionale. Ogni anno, poco dopo l'uscita della nuova edizione, a Bra si preparano "piani di lavoro" destinati ai collaboratori, tenendo conto anche dei riscontri giunti dai lettori e dai soci. A livello periferico, soprattutto per le regioni più grandi, si attivano incontri operativi di coordinamento, in cui si decide un programma di visite, anche incrociate e sempre anonime, per preparare l'edizione successiva. I gruppi di lavoro si muovono, visitano, tornano, valutano e inviano le recensioni. Quando si profilano "casi dubbi", è la redazione stessa che, attraverso il personale interno di Slow Food o con precise commissioni, effettua il controllo diretto di quel locale. Alla vigilia della stampa - tra luglio e agosto - qualche telefonata di controllo a campione assicura che i "dati anagrafici" dei locali inseriti (giorno di chiusura, ferie, carte di credito, ecc.) non siano nel frattempo variati. Con questo sistema i locali sono tenuti sotto controllo costantemente. Periodicamente poi, la redazione ridiscute e precisa con i collaboratori i criteri per la selezione dei locali e l'intera filosofia della guida.

SOCI, LETTORI, OSTI

Arrivata a vendere 80.000 copie, *Osterie d'Italia* è un grande successo editoriale, e non solo in Italia: dal 1994 è pubblicata, con cadenza biennale, anche in Germania (dove dal 2001 esce ogni anno) con una tiratura di 25.000 copie. Un'altra spia che dimostra la giustezza dell'intuizione di chi l'aveva concepita è il fenomeno di imitazione: negli ultimi anni sono arrivate in libreria guide alle osterie milanesi, romane, veneziane...[4], ad attestare una tendenza che è quasi una moda.

Ma c'è un fenomeno nuovo e originale che fa di *Osterie* qualcosa di più e di diverso da una semplice guida. A partire dalla seconda edizione, in calce al volume è stata pubblicata una scheda che invita gli utenti a esprimere il proprio giudizio sui locali visitati e a segnalarne di nuovi. Una suggestione che è stata accolta con entusiasmo e che fa sì che la redazione sia quotidianamente inondata di lettere, fax, e-mail: i lettori raccontano le loro esperienze, puntualizzano, precisano, consigliano, suggeriscono. Si è stabilito un rapporto che lascia percepire come "Le Osterie" siano vissute da molti come una condivisione di interessi: con Slow Food e con quello che rappresenta l'immagine dell'osteria, quella della memoria e quella di oggi. Slow Food e la sua filosofia sono diventati un riferimento ideale e concreto, un progetto da condividere; *Osterie* una buona compagna di viaggio ma anche un veicolo per stabilire rapporti umani, per vivere bei momenti di convivialità, per scoprire, insieme a piatti e vini, luoghi, atmosfere, persone. In una parola, *Osterie d'Italia* è diventata il veicolo dell'identità associativa, la carta d'identità dell'appartenenza. Sono gli stessi osti (che non di rado ospitano le attività promosse dall'associazione) a confermarlo: il cliente che entra nel loro locale con il *Sussidiario* è, il più delle volte, "diverso". È intelligente e informato, il suo stile di comportamento è fatto di curiosità e tolleranza, di consapevolezza e disponibilità, di serenità e rispetto del lavoro altrui. È una sorta di circolo virtuoso quello che si è creato, con il movimento a dettare temi e filosofia, i lettori che vanno alla ricerca

4. Tra le tante ricordiamo: Enzo Redaelli, *Osterie milanesi*, Il Torchio; De Santis - Del Canuto, *Le Osterie romane*, Newton Compton; Michela Scibilia, *Venezia Osterie e dintorni*, Libreria Sansovino; Petrolini - Bellato, *Osterie & Locande d'Italia*, viennepierre edizioni; Cicardi - Lazzarin, *Osterie, locande & prodotti tipici*, Vivalda; la collana *Ristoranti, osterie e frasche* della Demetra

dei locali che li interpretano, gli osti che sposano lo stile Slow Food. Il cerchio si chiude, l'impegno di Slow Food si rinnova. Partito con la crociata contro l'appiattimento decretato dal fast food d'importazione si è poi impegnato anche sul fronte della ristorazione nostrana. *Osterie d'Italia* è uno degli strumenti più visibili del suo programma e uno dei più aggreganti. Una specie di "libretto rosso"? Quasi.

MODE E TENDENZE

Undici anni di *Sussidiario del mangiarbere all'italiana* consentono di affermare che è nata, anche grazie alla guida e al suo successo, la "nuova osteria italiana"? La risposta è difficile. Contaminazioni, commistioni, attraversamenti rendono improbabile una rigida classificazione dei locali presi in considerazione e ardua - nonché inutile - la determinazione di un paradigma rigido. Certo *Osterie d'Italia* è un ottimo osservatorio da cui cogliere alcune tendenze e rimarcare talune differenze rispetto al passato. Se un tempo l'osteria forniva servizio senza soluzione di continuità; era, in campagna, uno dei luoghi di aggregazione sociale e, in città, una sorta di mensa per chi lavorava, oggi all'osteria (o trattoria o mescita con cucina, che dir si voglia) si va per incontrare gli amici, per "andar fuori" la sera, per il pranzo domenicale con la famiglia, per un mezzogiorno poco impegnativo: un piatto caldo ben eseguito e un calice di vino di qualità in alternativa al panino o alla tavola fredda. Vi si coltiva dunque la convivialità più che la socialità, con in più un ruolo nuovo: quello di luogo dell'educazione del gusto. Corsi di degustazione (di vino, formaggio, salumi e quant'altro), Laboratori del Gusto[5], incontri con produttori di vino e artigiani del cibo sono all'ordine del giorno ormai in moltissimi locali e riscuotono i favori di un pubblico diffuso, per lo più giovane. Dunque,

5. La formula, lanciata da Slow Food al Vinitaly di Verona del 1994, è uno degli strumenti ideati per realizzare il progetto di educazione del gusto, obiettivo dichiarato del movimento: una scuola di assaggio capace di abbinare sapere e piacere, basata sull'approccio diretto al prodotto e al suo artefice

si tratta di locali che, se pur con fisionomie diverse, assolvono a molteplici funzioni e soddisfano esigenze tipiche del costume di vita - e del gusto - attuale.

Dal punto di vista gastronomico, la conduzione familiare (ancora largamente diffusa), con il rimando di madre in figlia, di nonna in nipote, continua ad assicurare la memoria di certi piatti altrimenti in via d'estinzione, e la cura nell'eseguirli: qualche condimento sarà alleggerito, qualche pollo sarà un po' meno ruspante ma raramente la cuoca cucina con superficialità o distrazione, è orgogliosa della sua ricetta e determinata a fare bene. D'altra parte, è sempre più presente (soprattutto nelle grandi città, ma non solo) una tipologia di locale che si fa chiamare di volta in volta osteria, enoteca, vineria, *wine-bar, bar à vin, enoiteca*[6]. *Osterie d'Italia* ne ha registrato la presenza significativa già nel 1992 (quando la prefazione nota «l'allargamento vistoso di una tipologia di locale che forse raccoglierà l'eredità dell'osteria tradizionale, l'enoteca con mescita e cucina dove, in molti casi, la proposta di qualche piatto di territorio si abbina alla cultura di qualità») e l'anno seguente ne ufficializza la presenza con l'istituzione del simbolo del "Piattino". Quale che sia la denominazione scelta, non v'è dubbio che questi locali si caratterizzano per una serie di tratti comuni. Negli ambienti anzitutto. Al di là dell'insegna, di cui si è riscoperto il fascino[7], si allineano il grande bancone per la mescita, i tavoloni per le compagnie di giovani avventori, gli scaffali con le bottiglie in bella vista (ma anche le cantine-frigorifero per conservare le bottiglie alla giusta temperatura). Il legno va per la maggiore, così come un certo gusto rusticheggiante, ma non mancano suggestioni post-moderne, con inserti di pietra, plastica e acciaio. Quanto

6. L'*enoiteca* è una nuova categoria di locale creata in Veneto da Mauro Lorenzon. Per potersi fregiare del nome e poter far parte della relativa associazione occorre rispettare un decalogo che prevede, tra l'altro, la mescita a rotazione di almeno quattro vini per categoria (dagli spumanti ai liquorosi); la presenza in cantina di una rappresentanza di vini da vitigni a vocazione diversa, di vini regionali ed esteri, di vini prodotti da piccole aziende agricole

7. Sarà solo un caso se *Osterie d'Italia* ha caratterizzato le sue copertine proprio con immagini di insegne di osterie vecchie e nuove?

all'apparecchiatura, il tovagliato è magari di carta e le stoviglie senza troppe pretese, ma in compenso bicchieri e *decanters* sono i cristalli delle *griffes* più ricercate. E se il servizio è spigliato, il vino sarà oggetto di ogni attenzione: scelto, stappato, versato e bevuto sempre con gesti appropriati. Perché qui si viene soprattutto per bere (spesso è possibile farlo a bicchiere, e dunque assaggiare diverse bottiglie nel corso di una serata senza dover spendere una fortuna), e la carta dei vini è il vero oggetto del desiderio dei clienti. In questi ambienti informali, comandati per lo più da osti di nuova vocazione, giovani come la loro clientela, si troveranno poche preparazioni cucinate (di solito non più di tre o quattro tra antipasti e primi, e sovente non ci sono i secondi) ma sempre una selezione (più o meno ampia, più o meno qualificata) di piatti freddi. I "taglieri" di salumi e formaggi, le bruschette, gli affumicati, le conserve (dai sottoli al caviale). In ogni caso sarà presente qualcuno dei prodotti-simbolo del riscatto dell'artigianato alimentare, che sia il castelmagno o il pecorino di fossa, il lardo di Arnad o di Colonnata, la bottarga di muggine o il tonno di Favignana. E poi ci sarà un'attenzione per il territorio e la sua produzione, e non di rado una sinergia fra osterie da un lato e produttori dall'altro. La nuova osteria si connota dunque, contrariamente a quella storica, per la qualità della proposta del vino, e proprio dallo svilupparsi di una rinnovata cultura in questo settore trae origine. Una cultura che ha accompagnato il rinascimento dell'enologia italiana, risorta dalle sue ceneri dopo lo scandalo del metanolo (1985) e capace di trovare il suo rilancio proprio in una fase di brusco calo dei consumi (dai 62 litri pro capite del 1988 si è passati ai meno di 40 attuali).

Non meno significativi alcuni altri orientamenti che già si intravvedono qua e là. L'allestimento, accanto a quelle dei cibi e dei vini, di carte dedicate agli oli extravergini, ai caffè, alle acque minerali (quando non addirittura ai sigari!); l'indicazione della provenienza dei prodotti serviti a tavola (segnalando l'artefice di formaggi, salumi e quant'altro) e delle materie prime utilizzate in cucina, esplicitando al consumatore finale il percorso compiuto da una carne, da un pesce, da una verdura, ecc.

(la "tracciabilità"). A proposito di materie prime, c'è da sottolineare la sempre maggiore attenzione per i prodotti certificati biologici, a celebrare le auspicate nozze fra ambientalisti e *gourmets*.

Quanto alle tendenze dominanti nella ristorazione, non è fuori luogo rivendicare per *Osterie* e per Slow Food un ruolo decisivo nei cambiamenti che sono avvenuti. Definitivamente celebrati i funerali della *nouvelle cuisine* (o almeno della *nouvelle cuisine* all'italiana), è venuto il tempo di quella che i francesi chiamano *cuisine identitaire*, che riscopre la regionalità e il territorio. Questo non significa che non ci sia più spazio per un modello creativo, ma è certo che oggi, anche per la grande cucina, il legame con il territorio è un'istanza imprescindibile. In secondo luogo, termini come "osteria", "tradizione", "tipicità" sono addirittura abusati, tanto che rischiano di consumarsi, di perdere di significato. E se è vero, come affermano i semiologi, che la parola - strumento di comunicazione ma anche veicolo di idee - è una formidabile cartina di tornasole del cambiamento, *Osterie d'Italia* ha fatto la sua parte. Per fortuna non è solo una moda. Perché molto spesso dietro l'insegna ci sono solidi contenuti: giovani osti che sanno parlare di vino, cucine che manipolano materie prime del territorio, tavoli e banconi che invitano ai salumi e ai formaggi degli artigiani locali, ricette tradizionali rigorosamente rispettate oppure saggiamente rilette, senso dell'ospitalità e, non ultimo, gradevoli ambienti accortamente ristrutturati. Insomma, le osterie sono rinate e molte di quelle già esistenti hanno ripreso vigore. Questo è forse il dato più eclatante della ristorazione odierna, ed è un'altra conseguenza del successo di *Osterie d'Italia*.

BIBLIOGRAFIA

AA. VV., *I segni dei mestieri*, Roma, Leonardo de Luca, 1992

AA. VV., *Osterie d'Italia, sussidiario del mangiarbere all'italiana*, Bra, Slow Food Editore, 1991-2001

AA. VV., *Osterie romane*, Milano, Ceschina, 1937

AA. VV., *Osterie romane, con prefazione di Augusto Jandolo e Ettore Veo,* Milano, Ceschina, 1949

AA. VV., *Turismo per tutti, Alberghi e ristoranti d'Italia e d'Europa*, Milano, TCI, 1966

Andreoli A., *Il vivere inimitabile - Vita di Gabriele d'Annunzio*, Milano, Mondadori, 2000

Artusi P., *La scienza in cucina*, Torino, Einaudi, 1970

Bachi R., *L'alimentazione e la politica annonaria in Italia*, Bari, Laterza, 1926

Barigazzi G., *Le osterie di Milano*, Milano, Mursia, 1968

Barth H., *Crispi*, Leipzig, Rengersche buch handlung, 1893

Barth H., *Osteria Kulturgeschichtlicher führer durch italiens schenken von Verona bis Capri von Hans Barth-Rom*, Julius Hoffmann, Verlag Stuttgart, [18 aprile] 1908

Barth H., *Osteria, Guida spirituale delle osterie italiane*, Roma, Voghera, s. d. (1910)

Barth. H. *Osteria Kulturgeschichtlicher führer durch italiens schenken von Gardasee bis Capri von Hans Bart-Rom, zweitw auflage,* Julius Hoffmann, Verlag Stuttgart, 1911

Barth H., *Osteria*, Firenze, Le Monnier, 1921 (2a edizione)

Bertarelli L. V., *Guida d'Italia del Touring Club Italiano - Firenze e dintorni*, Milano, 1937

Bertarelli L. V., *Guida d'Italia del Touring Club Italiano - Napoli e dintorni*, Milano, 1927

Bertarelli L. V., *Guida d'Italia del Touring Club Italiano - Roma e dintorni*, Milano, 1933

Bertarelli L. V., *Guida d'Italia del Touring Club Italiano - La Sardegna,* Milano, 1918

Bo G. - Pozzuolo M., *Osterie & Ricette vercellesi (Iris e dintorni)*, Vercelli, Arti grafiche Gallo, 1993

Boni A., *La cucina romana*, Roma, Edizioni della Rivista preziosa, s. d.

Bottai G., *Diario 1935-1944*, Milano Rizzoli, 1985

Buttitta A., *Cultura figurativa popolare in Sicilia*, Palermo, Flaccovio, 1961

Carnacina L., *A la carte*, Milano, Veronelli, 1958

Carpentieri F., *Il vino e l'alcoolismo*, Casalmonferrato, Ottavi, 1923

Cartine gastronomiche regionali, Milano, Istituto De Agostini, 1954 (Laboratori Bouty)

Cavazzana G., *Itinerario gastronomico ed enologico d'Italia*, Milano, Banco Ambrosiano, 1949

Cervellati A., *Bologna la Grassa*, Bologna, Istituto tecnico Aldini-Valeriani, 1960

Cimmino F. - Pica V., *Trattorie popolari napoletane*, Napoli, Pierro,1900

Collodi C., *Opere*, Milano, Mondadori, 1995
Colorni G., *I segreti dei grandi cuochi*, Milano, Franco Angeli, 1967
Cùnsolo F., *Gli italiani a tavola*, Milano, Görlich, 1959
Cùnsolo F., *Guida gastronomica d'Italia*, Milano, TCI, 1969
Cùnsolo F., *Il potere d'acquisto del mercato italiano*, Milano, Görlich, 1958
Curnonsky - P. Andrieu, *Les fines gueules de France*, Paris, Didot, 1935
Di Giacomo S., *Taverne famose napoletane*, Trani, Valdemaro Vecchi, 1899
Di Renzo Vianello W. - Bravetti G., *La Romagna in Osteria*, Imola, Guidicini e Rosa, 1982
Dossi C., *Note azzurre*, Milano, Adelphi, 1964
Ermacora C., *Vino all'ombra, guida sentimentale delle osterie del Friuli, di Trieste e dell'Istria con un panorama dei vini ad uso del bevitore intelligente*, Udine, Le Panarie, 1935
Federazione Nazionale Fascista Pubblici Esercizi (a cura della), *Trattorie d'Italia 1938*, Roma, 1938
Federazione Nazionale Fascista Pubblici Esercizi (a cura della), *Trattorie d'Italia 1939*, Roma, 1939
Ernesto Ferrero, *Dizionario storico dei gerghi italiani,* Milano, Mondadori, 1991
Gadda C. E., *Quer pasticciaccio brutto de via Merulana, Romanzi e racconti II*, Milano, Garzanti, 1989
Gandi G., *Antiche e caratteristiche trattorie fiorentine*, Firenze, Rossi, 1929
Gerosa Brichetto G., *L'osteria di Linate ed altri racconti*, Peschiera Borromeo, Comitato celebrazioni linatesi, 1982
Gnoli U., *Alberghi e osterie di Roma nella Rinascenza*, Roma, Maglione editore, 1942
Goldoni C., *L'osteria della posta, Tutte le opere*, vol. VIII, Milano, Mondadori, 1948
Guerrini O., *Sonetti romagnoli*, Bologna, Zanichelli, 1957
Guida itinerario dell'Italia - parte II - Guide regionali, fascicolo III - Lazio, Milano, 1898
I ristoranti di Veronelli, Milano, Rizzoli, 1978
Italie - Manuel du voyageur par K. Baedecker - deuxième partie, Italie centrale et Rome, Coblentz, 1872
Italie - Manuel du voyageur par K. Baedecker - première partie, Italie septentrionale, Coblenz 1873
Italie - Manuel du voyageur par K. Baedecker - première partie, Italie septentrionale, Leipzig, 1886
Italie - Manuel du voyageur par K. Baedecker - troisième partie, Italie du Sud et la Sicile, Koblentz, 1872
Italie centrale, Rome - manuel du voyageur par Karl Baedecker, Leipzig 1909
Italie méridionale - manuel du voyageur par Karl Baedecker, Leipzig, 1903
Italie septentrionale - manuel du voyageur par Karl Baedecker, Leipzig, 1913
Itinerari della buona tavola 1970, Annuario dell'Accademia Italiana della Cucina, Milano, 1969

Jannattoni L., *Il ghiottone romano*, Milano, Bramante, 1965
Jannattoni L., *Osteria romana*, Milano, Ceschina, 1970
Jannattoni L., *Osterie della vita e dell'amore. Andantino romano*, Roma, Frattina, 1972
Lawrence D. H., *Libri di viaggio*, Milano, Mondadori, 1981
Luzzatto Fegiz P., *Gli Italiani e il vino*, Milano, Edizioni Doxa, 1952
Magni E. - Mauri G., *Vecchie osterie della Brianza*, Albese, Meroni, 1978
Maioli G. - Roversi G., *Civiltà della tavola a Bologna*, Bologna, Ges, 1981
Manzoni A., *I promessi sposi*, Milano, Guglielmini e Redaelli, 1840
Marescalchi A., *Folklore vitivinicolo*, Milano, Gualdoni, 1935
Marescalchi A., *Il libro dell'oste*, Casale, Cassone, 1911
Mariotti G., *Arte e industria della mensa,* Roma, Mercurio, s. d. (1939?)
Mariotti G., *Gastronomia alla ventura*, Roma, Edizioni Mercurio, s. d.
Mariotti G., *Itinerari ghiotti,* Milano, a cura delle Terme di San Pellegrino, 1936
Mariotti G., *Quando siam dall'oste insieme...*, Roma, Treves, s. d.
Mastriani F., *Ciccio il bettoliere di Borgo Loreto*, Napoli, Monte, 1912
Mastriani F., *Ciccio, il pizzaiolo di Borgo Loreto*, Napoli, Lucet, 1950
Medici L., *Vecchie osterie milanesi*, Milano, Quaderni di poesia, 1932
Mistretta G., *Itinerari gastronomici di "Gioia"*, Milano, Rusconi, 1970
Monelli P., *Barbaro Dominio*, Milano, Hoepli, 1957
Monelli P., *Il ghiottone errante*, Milano, Treves, 1935
Monelli P., *La guerra è bella ma è scomoda*, Milano, Treves, 1929
Monelli P., *O.P. ossia il vero bevitore*, Milano, Longanesi, 1963
Nahartii de Luco M., *Trattorie e cuochi celebri nella Napoli dell'Ottocento*, Napoli, Regina, 1969
Notari U., *Il giro d'Italia... a tavola*, Perledo, Edizioni d'Italia, s. d.
Orazione serio-faceta in lode dell'Osteria e dell'ostiero I. B., Brescia, Bettoni, 1834
Orefice M. A., *Ciao Barbajan! Storie di osti e di osterie a Conegliano dal 1400 al 1960*, S. Lucia del Piave, C.S.C., 1997
Oriani A., *I racconti*, Roma, Salerno, 1977
Panzini A., *Dizionario moderno*, Milano, Hoepli, 1905
Panzini A., *Dizionario moderno*, Milano, Hoepli, 1918
Piovene G., *Viaggio in Italia*, Milano, Mondadori, 1957
Puoti B., *Vocabolario Domestico Napoletano e Toscano*, Napoli, Del Vaglio, 1850
Redaelli G., *Milano in campagna. Guida delle Villeggiature Italiane*, Milano, 1920
Roma di Federico Fellini, a cura di Bernardino Zapponi, Bologna, Cappelli, 1972
Rufini A., *Notizie storiche intorno all'origine dei nomi di alcune osterie, caffè, alberghi e locande esistenti nella città di Roma*, Roma, Tipografia legale, 1855
Sada L., *I tabernacoli baresi dell'onesto peccato*, Bari, Edizioni Santo Spirito, 1972

Spatuzzi A. - Somma L., *Saggi igienici e medici sull'alimentazione del popolo minuto di Napoli*, Stamperia della R. Università, 1863

Stecchetti L., *In bicicletta*, Catania, Giannotta, 1901

Torri A., *Cecco l'imbriacone ovvero I disordini dell'osteria, libro proposto principalmente al popolo di campagna*, Milano, Pirola, 1848

Touring Club Italiano, *90 anni di turismo in Italia, 1894-1984*, Milano, T.C.I., 1984

Touring Club Italiano, *Guida gastronomica d'Italia*, Milano, 1931

Turismo gastronomico Tourisme gastronomique a cura del Centro Italiano Sviluppo Turistico, Milano *1954*

Turismo gastronomico Gastronomic Tourism, a cura del Centro Italiano Sviluppo Turistico, Milano 1955

Turismo per tutti, Alberghi e ristoranti d'Italia e d'Europa, Milano, TCI, 1966

Zapponi B. (a cura di), *Roma di Federico Fellini*, Bologna, Cappelli, 1972

Zezzos R., *Vecchie botteghe e mercanti milanesi*, Milano, Bottega del '900, 1934

Zorzi E., *Osterie Veneziane*, Bologna, Zanichelli, 1928

RIVISTE

La nostra indagine si è avvalsa di collezioni complete di periodici alcuni dei quali, *Enotria* in particolare, ricchissimi di riferimenti alle osterie. Elenchiamo qui, con menzione dell'anno e del mese, solo le testate e i numeri citati in nota.

Agb Alberghi, bar, gastronomia, settembre 1975, novembre 1975, gennaio-febbraio 1975

Alberghi e ristoranti d'Italia, febbraio 1969, marzo 1969, febbraio-marzo 1970, settembre 1970, settembre 1971

Bollettino della Doxa, 15 ottobre 1961

Bollettino di informazione della Reale Accademia d'Italia, giugno 1941

Enotria, gennaio-febbraio 1932, luglio 1933, agosto 1933, ottobre 1934, marzo 1936, luglio 1937, aprile 1938, aprile 1941, luglio 1956, estate 1959, primavera 1960, luglio 1966, gennaio 1970

Il Cuoco, aprile 1970

Il delatore, giugno 1964

L'Albergo in Italia, gennaio 1931, luglio-agosto 1938, gennaio-febbraio 1940, marzo-aprile 1940, novembre-dicembre 1940, marzo-aprile 1941

L'Illustrazione Italiana, 19 dicembre 1937

La gola, novembre 1984

La lettura, novembre 1909

La Riforma Sociale, agosto-ottobre 1915, febbraio-marzo 1916

Movimento operaio e socialista, gennaio-aprile, 1985

Quaderni TCI, 2, Milano, 1981

Rivista di Bergamo, luglio-agosto 1931

Rivista Mensile Touring Club Ciclistico Italiano, ottobre 1896, maggio-giugno 1897, aprile 1901

Slow messaggero di gusto e cultura, gennaio-marzo 1997